JN328099

実証分析入門

empirical analysis

データから
「因果関係」を
読み解く作法

Hatsuru Morita 森田 果［著］

日本評論社

● はしがき

　本書は、法学セミナーに連載（681〜707号）した「法律家のための実証分析入門」を加筆修正の上で 1 冊にまとめたものなので、同連載を始めた由来から話を始めた方がよさそうだ。

　2010年頃、筆者の同僚（当時）の小粥太郎さんが法学セミナーに連載を持っていたこともあって、小粥さんから「同誌編集長の上村真勝さんが、テーマは何でもいいから森田に連載してもらえないかと言っている」との相談を受けた。「ん？　今、何でもって言ったよね？」と聞いたら、「そう、『森田果のお料理教室』でも『森田果の食べある記』でもいいらしいよ」との返事が返ってきたので、ふーんと受け流していたところ、6 月頃になって上村さんが本当に仙台にやってきた。

　他人がやっていないことでないとやる気が起きない天邪鬼な筆者としては、University of Chicago（UofC）滞在時から計量経済学を中心とする計量分析の手法を学び続けてきた一方で、日本では計量分析を使った法学研究が少ないことや、裁判実務での計量分析の扱われ方に疑問を抱いていたので、法学セミナーの読者には需要がないだろうなと思いつつ「実証分析なんてどうですか？」と提案したら、上村さんからなんと OK が出た。そこで、上村さんの勇気ある決断に敬意を表して、連載を引き受けることにした。

　連載を開始するにあたっては、2006〜2008年に東北大学法学部・大学院法学研究科で開講していたゼミをベースにして、最近の実証分析の主流になりつつあるにもかかわらず、日本語でそれを紹介する入門書があまり見当たら

なかった因果推論（causal inference）を追加することにした（第16章以降）。ゼミにおいては、数式の展開の仕方やプログラミングの仕方を手取り足取り教えることができる。しかし、法学学習誌でそれを行うと読者層とのミスマッチが激しくなりすぎるので、実証分析手法のより直感的な理解や、実証分析を行う・読む際のノウハウを提供することを主目的に設定した。

その後、連載開始準備中の2011年3月に東日本大震災に襲われたが、何とか7月に連載初回を脱稿することができた。連載中は、毎月やってくる原稿締め切りに追われる――特にサブタイトルを考えるのが重労働――生活になったけれども、連載途中で声援を送ってくれた「法の経済分析ワークショップ」の研究者（特に家田崇さん・江口匡太さん・久保大作さん・胥鵬さん）や蟻川靖浩さんのおかげで何とか乗り切ることができた。また、理系で実証分析を利用する研究者としての立場から毎回原稿を読んでくれた秋月祐子さんにも多くを助けられている。

以上のように、本書のセールスポイントは、①因果推論の世界の紹介、②実証分析の直感的な理解、③実証分析のノウハウ、という既存の教科書や授業ではなかなか取り上げられないテーマを扱っている点にある。この意味で、本書は、（法学に限らない）実証分析の学習にあたっての副読本として活用すると最も役立つのではないかと考えている。もちろん、そこまで本格的に実証分析を学ぶつもりのない読者（特に法律家）が、本書だけを読んで実証分析の「ツボ」を掴もうとすることも、本書のもう一つの利用方法だ。

他方で、本書があえて取り上げなかったテーマもある。まず、本書は、時系列データの処理については基本的に取り上げていない。これは、時系列データの分析における問題関心にはやや特殊なものがあるし（たとえば単位根〈unit root〉など）、時系列データの変化（variation）は、クロスセクションデータやパネルデータのそれに比べると今ひとつの感があり、因果推論に使う（そして、法学的政策的インプリケーションを導き出す）ことはやや難しいと筆者が感じているからだ。もちろん、ファイナンスの一部のように、株価データなどの時系列データを使わざるを得ない場合もあるけれども。

もう一つ、筆者のこれまでの興味関心が計量経済学に偏ってきたため、社

会学や心理学で多く扱われる手法については、本書はほとんど取り上げていない。たとえば、分散分析（ANOVA/MANOVA）や構造方程式モデル（SEM）などは、本書では取り上げていない。ただ、数学的なメカニズムには共通するところがあるので、本書の後にそれらの分野の教科書を読めば、比較的簡単に理解できるだろう。

また、統計学の基本的な手法も、本書は多くを取り上げていない。これは、統計学の入門書はこれまでに多くの優れた書籍が公刊されてきており、そこに本書が追加するものは特にないと考えたからだ。統計学の基本的な手法を学びたい方は、入門書にあたってみるとよいだろう。

本書を刊行するにあたっては、前述したように連載の途中で助けてくれた方々の他、筆者に実証分析を教えてくれた多数の先生方（UofC・ICPSR・ECPRなど）や友人の指導・助言に多くを負っている。また、法学セミナー連載中においては、上村さん、そして、途中から編集長となった柴田英輔さんには、数式や図表の多い、法学らしからぬ特殊な原稿の組み版で多くの迷惑をおかけした。さらに、書籍化にあたっては、日本評論社第2編集部で経済書を専門とする吉田素規さんにも追加的に編集の労をとっていただいた。これら多くの方々に深く感謝申し上げたい。

筆者は、UofC滞在時以来、一見無意味な数字の羅列の中から世界の姿が立ち上がってくることの美しさ・楽しさに魅せられて、実証分析に取り組んできた。読者の方にも、この感動に触れていただくことができれば、本望である。

2014年4月

森田　果

※ 本書で使用したデータや統計ソフトウエア用のソースコードは、http://sites.google.com/site/empiricallegalstudy/ にて配布しています。

●目　次

はしがき　*i*

第1章　実証分析における心構え：これからの「実証」の話をしよう―*1*
  1　はじめに　*1*
  2　実証分析の限界　*3*
  3　実証分析の怖さ　*6*
  4　読書案内　*8*
  5　具体例：駐車禁止違反の取り締まり　*10*

第2章　実証分析の落とし穴：こんなの絶対おかしいよ―*14*
  1　実証分析は本当に「客観的」か？　*14*
  2　客観性を高めるために　*17*
  3　具体例：離婚法制の変化と離婚率　*19*
  4　前章の補足：相関関係と因果関係　*23*

第3章　確率統計の基礎：高校時代に逢った、ような……―*25*
  1　平均・分散・標準偏差：分布の形　*25*
    1.1　平均　*26*
    1.2　分散　*27*
  2　相関関係・共分散　*29*
  3　確率　*32*
  4　母集団と標本　*35*

第4章　OLS：わたしの、最高の友達―*38*
  1　回帰とは　*38*
  2　推定：OLS（最小二乗法）　*42*

iv

3　OLSの特徴　　46

第5章　重回帰分析：魔女の作り方 ―――――― 49
　　　1　前章の続き：線形って？　　49
　　　2　重回帰　　52
　　　3　補足：データの種類　　56

第6章　決定係数 R^2：☆もりはつ☆の59%は勢いで出来ています ―― 61
　　　1　決定係数 R^2　　61
　　　2　重回帰と R^2　　62
　　　3　R^2 の「相場観」　　64
　　　4　切片なしモデル　　67
　　　5　インテリジェンス事件高裁決定　　69

第7章　仮説検定(1)：お前はもう死んでいる ―――――― 72
　　　1　推定　　72
　　　　　1.1　平均の推定　　73
　　　　　1.2　母集団の分散がわからないと　　74
　　　2　仮説検定　　76
　　　　　2.1　仮説検定　　76
　　　　　2.2　有意水準と p 値　　77
　　　　　2.3　両側検定と片側検定　　80
　　　　　2.4　さまざまな仮説検定　　82

第8章　仮説検定(2)：私が死んでも代わりはいるもの ―――― 83
　　　1　OLSと仮説検定　　83
　　　2　表の読み方　　86
　　　3　具体例：議員定数と政府支出　　88
　　　4　その他の仮説検定　　91

第9章　さまざまなモデル：ダミーも、交差も、あるんだよ ―――― 95
　　　1　ダミー　　95

2　多項式　*99*
    3　交差項　*100*
    4　具体例：女性取締役任用の義務付け　*103*

第10章　バイアス：いや、そのりくつはおかしい ———— *108*
    1　説明変数を落とすことによるバイアス　*108*
    2　モンテカルロ・シミュレーション　*111*
    3　バイアスへの対処　*115*
    4　測定誤差・欠測値・異常値　*116*

第11章　不均一分散への対処：こんなこともあろうかと ———— *118*
    1　不均一分散　*118*
        1.1　不均一分散　*118*
        1.2　頑健な標準誤差　*122*
        1.3　どのような場合に頑健な標準誤差を使うべきか？　*123*
    2　WLS　*125*
    3　GLS　*126*

第12章　目的変数が質的変数の場合の分析手法：
　　　　　飛ばねぇ豚はただの豚だ ———— *128*
    1　線形確率モデル（LMP）　*129*
    2　線形確率モデルの問題点　*131*
    3　非線形モデル　*134*
        3.1　プロビット・ロジット　*134*
        3.2　潜在変数アプローチ　*137*
        3.3　プロビット・ロジットと線形モデルの比較　*139*

第13章　最尤法（MLE）：OLSとは違うのだよ、OLSとは！ ———— *140*
    1　MLEの考え方　*141*
    2　MLEの計算方法　*143*
    3　当てはまりの良さの指標　*145*
    4　仮定を可視化するMLE　*147*

第14章　目的変数が三択以上の場合の分析手法： B'z より Perfume ―――――― 153

1　順序プロビット・ロジットと多項プロビット・ロジット　153
2　具体例：パブリック・コメントの実証分析　156
　2.1　データ　157
　2.2　目的変数が二択の場合　158
　2.3　目的変数が三択の場合　160
　2.4　この分析の問題点　162

第15章　サバイバル分析：坊やだからさ ―――――― 164

1　サバイバル分析における基本用語　164
2　パラメトリックなハザードモデル　168
3　コックス比例ハザードモデル　170
4　トービット　172
5　具体例：社外取締役の採用　173

第16章　因果効果の推定：あんなのただの飾りです。 偉い人にはそれがわからんのですよ。―――――― 177

1　因果効果の推定　178
　1.1　3つのアプローチ　178
　1.2　潜在的結果と反事実　179
2　割当メカニズム　181
3　ランダム化と階層化　183
　3.1　ランダム化比較対照実験　183
　3.2　階層化・下位分類化　184
4　おわりに：観察データ分析の心得　187

第17章　マッチング：人類補完計画 ―――――― 189

1　マッチング　189
　1.1　具体例：職業訓練プログラムの因果効果　190
　1.2　マッチングに使う共変量が複数ある場合　193
　1.3　次元の呪い　194

  2 プロペンシティスコア・マッチング *195*

  3 合成コントロール *196*

第18章 DD：劇的（？）ビフォーアフター———*200*

  1 DD *200*

    1.1 反事実の補完 *200*

    1.2 DD の推定 *203*

  2 DD の限界 *204*

    2.1 並行トレンド *205*

    2.2 ユニット構成の変化 *207*

    2.3 長期的影響を DD で測定できるか？ *208*

    2.4 マッチングと DD *208*

  3 具体例：放射能汚染損害の推定 *209*

第19章 固定効果法（FE）：あなたとは違うんです———*211*

  1 FE *211*

    1.1 FE の推定方法 *213*

    1.2 クラスタリング *214*

    1.3 FE の構造 *215*

    1.4 FE の判別条件 *216*

  2 RE *218*

  3 さまざまなバリエーション *219*

    3.1 時間の影響 *219*

    3.2 時間差 *220*

    3.3 因果効果の異質性 *221*

    3.4 具体例 *221*

    3.5 TSCS データ *222*

第20章 操作変数法（IV）：俺を踏み台にした!?———*223*

  1 具体例：従軍経験が平均賃金に与える影響 *224*

  2 IV のメカニックその１：2SLS *226*

  3 IV の判別条件１ *228*

  4 IV の判別条件２ *231*

5　IVの光と影　*232*

第21章　LATEと構造推定：
なんでもは知らないわよ、知ってることだけ ―――― *235*

　1　IVのメカニックその2：LATE　*236*
　2　LATEと構造推定の仁義なき戦い　*240*
　　2.1　構造推定　*240*
　　2.2　仁義なき戦い　*241*
　　2.3　重要なポイント　*244*

第22章　不連続回帰（RD）：3分間待ってやる ―――― *246*

　1　Sharp RD　*247*
　2　Fuzzy RD　*249*
　3　RDの注意点　*251*
　　3.1　関数形とノンパラメトリックRD　*251*
　　3.2　強制変数の操作可能性　*253*
　　3.3　グラフの活用　*254*
　4　具体例：コーポレートガバナンスと企業価値　*255*

第23章　はじめての構造推定：見えるぞ、私にも構造が見える ―― *259*

　1　Heckmanの2段階推定　*260*
　2　構造推定、さらには観察データの信頼性　*264*

第24章　イベントスタディ：昨日の僕は今日の僕ではない ――― *273*

　1　イベントスタディ　*274*
　2　長期のイベントスタディ　*279*
　3　単一企業の場合　*281*
　　3.1　イベントスタディ　*281*
　　3.2　反事実＝ナカリセバ価格の構築　*282*

第25章　量的テキスト分析：読まずに死ねるか ―――― *285*

　1　テキストの入手とクリーニング　*287*

2　前処理　*288*
　　3　テキストの分類　*290*
　　　　3.1　カテゴリが既知の場合　*290*
　　　　3.2　カテゴリが未知の場合　*292*
　　4　スケーリング　*293*

第26章　ベイジアン統計学：ベイジアンは滅びぬ、何度でもよみがえるさ！ ―― *297*

　　1　ベイズの定理　*298*
　　2　ベイジアン統計学　*300*
　　　　2.1　頻度主義との違い　*300*
　　　　2.2　事前分布と主観確率　*302*
　　　　2.3　情報を持たない事前分布（無情報事前分布）　*304*
　　3　MCMC　*305*
　　　　3.1　個別のパラメータの事後分布の推定　*305*
　　　　3.2　モンテカルロ　*305*
　　　　3.3　マルコフ連鎖　*306*
　　　　3.4　ソフトウエア　*308*
　　4　おわりに　*309*

第27章　その他の分析手法：もう何も怖くない ―― *310*

　　1　推定手法　*310*
　　　　1.1　GMM　*310*
　　　　1.2　EL　*312*
　　2　ノンパラメトリックな手法　*314*
　　　　2.1　ブートストラップ　*314*
　　　　2.2　Lowess/Loess　*316*
　　　　2.3　bounds アプローチ　*317*
　　3　その他の手法　*318*
　　　　3.1　SUR　*318*
　　　　3.2　主成分分析と因子分析　*319*
　　　　3.3　欠損値の補完　*320*
　　4　おわりに　*321*

索　引　*323*

第1章 実証分析における心構え
これからの「実証」の話をしよう

① はじめに

　実証分析とは、客観的データに基づいた分析手法であり、理論研究と対をなす。社会科学では、複雑な現実社会を分析するためにさまざまな理論モデルを構築するのが一般的だけれども、理論モデルのうちいずれが現実をよりよく説明するのかは、理論モデル同士で論争しても決着がつきにくい（論理的に破綻しているような場合は別として）。そのような場合、現実社会のデータに基づいて、いずれの理論モデルがより当てはまりがよいかを検証することができれば、決着をつけることができる[1]。

　たとえば、ある条文（憲法でも刑法でも民法でも）の解釈でA説とB説との間で争いがある、あるいは、ある問題点に対する法的解決策としてA案とB案との対立があるとしよう。それぞれの学説・政策の妥当性を、それらがもたらす社会的な結果から評価しようというのであれば、客観的データに基づいて、いずれがより望ましい結果をもたらすのかを測定することが一番直

　1）もうちょっと言うと、「科学」とは、世界を説明するための仮説を構築し、それを検証し、検証結果に基づいて仮説を構築し直すという作業の永遠の繰り返しである。

接的な手法である。実際、米国では多くの政策評価がなされているけれども、政策を実施する際にデータを収集して当該政策がどのような結果をもたらすかを記録するようになっている。また、法学研究の分野でも、米国では実証分析を伴うものがしばらく前からかなりの割合を占めるようになってきている。法学でしばしば利用される利益衡量（たとえば静的安全と動的安全のどちらを重視すべきか）は、解釈者が過去に見聞きしてきた経験等からの直観的判断でなされがちだけれども、実証分析を使えば、それを客観的データに基づいて行うことができ、第三者による評価や検証も可能になる。

　このように見てくると、実証分析が役に立つのは、研究者や立法担当者だけかと感じられるかもしれないが、必ずしもそうではない。訴訟でも実証分析の手法は使われることがある。たとえば、上場企業であれば株価という企業価値の指標があるから、株価の変化を追えば会社法において裁判例が言う「企業価値の毀損」があったのかどうかを検証することができるかもしれない（たとえば森田（2010））。また、賃金等で労働者の男女差別があったかどうかについても、賃金水準等の変化を観察すれば、結論を出すことができるかもしれない。独禁法でも、一定の行為によって消費者が害されたかどうかを、商品市場に関するデータを分析することで判断できるかもしれない。そうすると、これからの弁護士は、このような訴訟資料を適切に活用することができるように、実証分析手法に通じている方が望ましい。さらに、弁護士のそのような訴訟活動を前提とすると、それを評価する立場にある裁判官も、実証分析の手法を理解できなくてはならない。実証分析の手法を理解せずに、一方当事者の提出してきた「間違った実証分析」を裁判官が鵜呑みにして判決を書いてしまったら、それは不幸なことである。

　そこで、本書は、研究者や立法担当者のみならず、弁護士や裁判官などの法曹実務家にとっても次第に重要性が増してきている実証分析について、自分で実証分析ができるようになるか、あるいは、そこまでは行かなくともせめて、他人が行った実証分析の妥当性を評価できるような「実証分析リテラシー」とでも言うべきものを身につけられるようにすることを目指す。もっとも、後述するように、自分で実証分析を行えるようにするためには、本書

だけでは足りず、より多くのことを学ぶ必要があるから、学習のための手がかりを提供するにとどまる可能性が高いのだけれども。

なお、実証分析と一口に言っても、大別して2つのタイプのものがある。定性的なものと定量的なものとである。定性的な実証分析とは、フィールドワークやケーススタディなどによって収集されたデータを分析するものである（たとえば森田（2004））。法学において伝統的に行われてきた判例研究は、ある意味定性的な実証分析の一つだと位置づけることもできる。このような定性的な研究は、一つのケースに深く立ち入って分析することで、より深みのある分析ができるという利点がある一方で、分析が当該ケースの特殊性に限定され、分析者の主観も入りやすいので、どこまで分析結果を一般化できるのか、客観性の確保が難しいという欠点がある。

他方、定量的な実証分析とは、たくさんのケースにまたがって多量のデータを収集した上で、統計的な手法によってそれを分析していこうとするものである。定量的な実証分析は、個別のケースの特殊性に立ち入った深い分析が難しいという欠点はあるものの、一般性・客観性に優れるという利点がある。法律は一般的に適用されるものであることに鑑みれば、通常は、一般性・客観性に優れる定量的な（統計的な）実証分析手法の方が、望ましいツールと言えることが多いだろう。そこで本書では、定性的なものではなく、定量的な実証分析手法を取り上げる。さらに、定量的な実証分析手法の中にもさまざまなものがあるが、本書では計量経済学（econometrics）を主に扱う。これは、他の統計的手法と比べ、計量経済学は、後述するような社会科学の実証に特有な問題の克服に取り組んできているため、法学における活用にも有用だからである。

② 実証分析の限界

もっとも、実証分析は、あらゆる問題に対して答えを提供できる万能のツールではない。

まず、そもそも評価に必要なデータをどこまで入手することができるのか、

という問題がある。前述したように、米国では政策評価のためにデータを収集することが日常的に行われているし、それ以外の場合であっても、企業が研究者に対し企業秘密に該当するような情報ですら提供してくれるという風習がある（森田（2007）を参照）。けれども、日本では、政策評価がきちんと行われてきたわけではないし、企業も研究者に対して積極的に情報提供してくれることはあまりない。加えて、個人情報保護法の施行以来、政策評価のために必要なデータを収集することが難しくなっている。さまざまなシンクタンク等でアンケート調査がなされることがあっても、それを他の人々が活用することはなかなか認められない。

　また、データの入手性という点では、入手したいという情報がそもそも入手できる性質のものではない場合もある。たとえば、人の能力というデータが欲しかったとしよう。けれども、人の能力は、目に見えないものであり、そのものを測定することはできない。このような場合、人の能力と相関関係を持っており、かつ、測定しやすい代理変数（proxy）をその代わりに使う。IQのような知能テストの点数などがこの場合の代理変数となり得る。IQは、人の能力そのものではないけれども、能力が高い人ほどIQが高くなりやすいという相関関係があるから、人の能力という変数の代わりにIQを使うのである。もっとも、IQと能力とは必ずしも一致するわけではない。能力が高いのにIQが低い場合もあれば、能力が低いのにIQが高くなる場合もあり得る。代理変数を使った場合は、このような測定誤差のために、十分に正確な検証ができるとは限らない。

　さらに、仮に統計データがあっても、その内容・定義については慎重に見る必要がある。たとえば、失業率を考えるときに、厚生労働省が公表している「失業者数」には、ホームレスはほとんど含まれないが、結婚退職して専業主婦になるが失業保険を受給している人も相当数含まれている。これに対し、警察庁の犯罪統計上の「失業者」は、かかる厚生労働省の定義とは無関係に、「本人が失業者だと申告した者」を数えている。このように、目の前にある統計データが本当に自分の欲している数字なのかを、きちんと確認する必要がある。

他にも、社会科学における実証分析は、自然科学における実証分析にはない限界がある。自然科学における実証分析は、多くの場合、再現可能性がある。実験室において与えられた条件を具備すれば、他の研究者が行った実験の再現可能性をチェックできる。そしてまた、そのような実験においては、一定の操作（たとえば新薬の投薬）を与えた処置群（treatment group）とそうでないコントロール群（control group）とをランダムに割り振ることができるから、その2つのグループに現れた結果を比較すれば、その差が当該操作のもたらす効果（投薬の効果）だと結論づけることができる。しかし、社会科学の実証分析では、そのような理想的な環境はむしろ稀である[2]。

　社会科学の実証分析で扱われるデータの大部分は、「過去に生じた社会的事実」であり、それを全く同じ条件で再現することは不可能である。たとえば、「離婚要件を緩和したら何が起こるか」ということを知りたいときに、特定の国の特定の過去の時点で離婚要件を緩和したときに何が起こったかを知ることはできる。しかるに、離婚要件の緩和の社会的帰結を知りたいのであれば、「離婚要件を緩和した状態」（処置群）と「緩和しない状態」（コントロール群）を比較することが必要なはずだ。ところが、後者は、現実には存在し得なかった「反事実（counterfactual）」であり、それを直接知ることはできない──過去にさかのぼって歴史をやり直せるのでもない限り。さらに、仮に反事実を想定できたとしても、別の国、あるいは、異なる時点で離婚要件の緩和が行われていたら何が発生するかについては、分析結果を直ちに当てはめられるとは限らない。離婚要件の緩和がもたらす社会的帰結には、離婚要件以外のさまざまな社会的経済的要因が影響しているはずであり、それらの条件を再現できるとは限らないからである。

　それに、処置群とコントロール群の双方が存在していても、両者がランダムに割り振られているとは必ずしも限らない。たとえば、失業者に職業訓練を与えるという法政策を導入したとする。この場合、職業訓練を受けた人と

---

[2] いわゆる実験経済学や心理学のように、被験者を実験室に呼んできて一定の作業を行わせるというタイプの研究は、そのような稀なケースである。

職業訓練を受けなかった人との間に、再就職までの待機期間に差があるかを調べたとしても、それが職業訓練の成果だ（職業訓練を受けた「から」早く再就職できた）と結論できるとは限らない。失業者が職業訓練の受講を申請する制度の下では、職業訓練を申し込んだ人は、申し込まなかった人に比べ、元々労働意欲が強かったり、再就職先に関する情報を持っていたりするなどの要因を有している可能性が高い。そうすると、職業訓練を受けた人と受けなかった人を単純に比較しただけでは、職業訓練の効果を測定しているのではなく、申請者の属性がもたらす効果を測定しているに過ぎない可能性がある。これは、選択バイアス（selection bias）と呼ばれるもので、法政策への参加を自発的意思に委ねるような通常のケースでは、参加を選択するような人は選択しない人に比べて何らかの特徴を持っていることが多く、それが結果に影響を与えてしまうことによって発生する。

このように、社会科学における実証にはさまざまな限界がある。計量経済学は、自然科学には見られないこれらの問題点を克服するために発達してきたものであり、標準的な統計学と計量経済学との違いの一つはまさにこの点にある。計量経済学の中にも被験者をランダムに割り振る実験を行うことでこれらの問題を克服しようとする動きがあるけれども[3]、一般的には本書で紹介していくような計量経済学上の工夫を駆使することで問題解決をはかる向きが多い。たとえば医学系の計量生物学（biometrics）の世界では、社会科学にともなうこのような問題点に取り組む必要が少ないので、口の悪い計量経済学者の中には、計量生物学者のことを「彼らはバイアスに無頓着だ」と批判する者もいるとかいないとか。

③ 実証分析の怖さ

前述したように、実証分析によって明らかにできることには限界があるだけでなく、実証分析には、さまざまな形で「濫用」される危険性もある。

---

[3] Duflo（2010）や Abramowicz, Ayres and Listokin（2011）を参照。

まずそもそも、計量経済学だけではなく、統計的データ一般に関わる問題であるが、統計資料の「見せ方」によっては読者を誤導するように使われることがある。グラフの表示の仕方を変えたり、データの範囲を操作したりすることで、ミスリーディングな表を作ることや、相関関係（correlation）と因果関係（causation）の取り違えなどは昔からよく知られている[4]。アンケート調査のようなサーベイの場合には、質問票をどのような書きぶりにするかによって、全く異なった結果が導かれることもしばしばある[5]。

このようなデータの提示の仕方に伴う危険性だけでなく、実証分析そのものにも危険性がある。実証分析を学び始めた頃、次のような格言を教えられることが多い（人によって多少の表現の違いがある）："if you torture the data long enough, it will tell anything."「データをいじり続けていれば、どんな結論でも導き出せる」という趣旨である。前述したように、社会科学における実証分析は、自然科学とは異なる障害を乗り越えるためにさまざまな工夫を編み出してきたのだけれども、それらを複雑に組み合わせていくと、分析者の望ましいと思う答えを導けてしまうことがあるのである。そのような可能性を認識し、情報操作に抵抗できる能力が、実証分析の読み手の側に必要になってくる[6]。

複数の実証分析手法のうちいずれがより妥当なのかについては、通常、大学院で経済学を学んだりワークショップ等で多くの実証研究に触れたりすることで、おおよその「相場観」が養われる。このため、学術雑誌に掲載される論文では、peer reviewという審査によって怪しい実証分析はかなりの部分がはじかれる。しかし、そのような手続を経ずに裁判所に提出される訴訟資料については、読み手（裁判官や弁護士）のリテラシーが要求されることになる。ただ、一つの大まかな目安としては、単純な分析手法を使って明瞭

4）これらのさまざまな手法についてはハフ（1968）や谷岡（2000）が詳しい。メディアリテラシーを身につけるためにも、一読をお勧めする。
5）質問票の作り方に関する注意点についてはたとえば、Tourangeau, Rips and Rasinski（2000）を参照。
6）森田（2010）の三2を参照。

な結果が出ている、あるいは、たった一つのグラフできれいな結果が見えるような実証分析は信用できるのに対し、あまりに複雑な手数をかけている分析は怪しいものである蓋然性が高い[7]、ということは言えよう。

　このように、実証分析は、単なるテクニックだけでなく、アートとしての側面も持っている。計量経済学の教科書を読めば、さまざまなケースに応じて使うべき公式が書いてあるけれども、実証分析を適切に行っていく（読んでいく）ためには、それらの公式を理解するだけでは不十分である。経済系Ph.D.大学院のコースワークや経済系ワークショップの中で教えられる（身につく）相場観——業界用語で「エコノメ的直感」とも呼ぶ——を身につけることが必須である。学部レベルの統計学の授業や、大学院であってもMBAなどの統計学の授業では、このようなエコノメ的直感を必ずしも十分に教えてくれない。このため、教科書に書いてあることが全てだと思い込んでしまいがちだが、必ずしもそうではないことにも注意が必要である。本書では、通常の教科書では必ずしも触れられていない、このようなエコノメ的直感についても、できるだけ言及していきたい。

④ 読書案内

　では、本書を元に、実際に実証分析手法（計量経済学）を独学するには、どのような本を読んでいけばよいのかについて、簡単な道案内をしておこう。まず、統計学入門についてはさまざまな教科書が出版されているから、書店で手にとって自分に合うものを1冊選んでいただきたい[8]。他方、計量経済学についてのよい教科書は、残念ながら英語のものである。これは、計量経済学を本格的に学ぶのが大学院以降であり、そこでは英語での研究成果の公表が求められるため、最初から英語で学んだ方が実用的だからである。

　計量経済学の初級の教科書として筆者のお勧めは、Wooldridge (2013)

---

7) この点は、筆者がシカゴ大学大学院経済学研究科でLevittの授業を受けていたとき、彼が繰り返し強調していた。

である[9]。同書は、数学的記述を控えめにしながら、計量経済学の全体をカバーし、しかも前述したような「エコノメ的直感」についてもある程度配慮されており、計量経済学を初めて学ぶ者が独学するのには最適だろう。この本を読み終わった後で、中級あるいは上級の教科書（Wooldridge のもう1冊の教科書、Greene、Hayashi、Hamilton など）へと進むのがよい。ベイジアンについては、Gelman et al.（2014）がお勧めである。

　初級の教科書と中上級の教科書の大きな違いの一つは、線形代数（linear algebra/ matrix algebra）を使っているかどうかである。初級の教科書でも線形代数への言及が部分的にあるが、もし自分で実証分析を応用してみたいと考えているのであれば、線形代数をマスターすることが必須である。線形代数とは皆さんが高校時代に勉強した行列の演算である。なぜ単純な数の演算ではなくて行列の演算が必要になるのかは、実証分析で扱うデータを想像すればわかる。データとはたとえば、1万人について100個の属性の値を記入した、エクセルの巨大な表のようなものである。この巨大な表を分析するときに、いちいち「○行×列と△行□列を掛け合わせて」などと指示していたのでは日が暮れてしまう。そこで、巨大な表（＝行列）について、その表全体をまとめて足し算・かけ算等をする方法を決めておけば表記が簡単になる（プログラミングも簡単になる）のである。線形代数とは、このような表同士の演算規則だと思えば難しいことはないし、実際に覚えなければいけないこともたいした量ではない。

8）定量的な実証分析で使う統計学には、Fisher に始まる古典的統計学とベイジアン（ベイズ統計学）という2つの大きな流れがある。両者の間には多くの違いがあるけれども、実践していく上での違いは、古典的統計学が、やや技巧的な前提に立脚しているけれども計算量が少なくてすむのに対し、ベイジアンは、より人間の思考法に沿っているけれども計算量が膨大になりがちだ、という点である。このため、これまでの実証分析のかなりの部分は古典的統計学に基づいてなされてきたけれども、コンピュータの計算能力の向上に従い、ベイジアンに基づく実証分析も最近は次第に増えてきている。本書では、主に古典的統計学の立場からの実証分析手法を紹介した上で、第26章においてベイジアンとはどのような分析手法なのかについて解説する。

9）また、Wooldridge 以外に、Stock and Watson（2010）も初級の教科書として人気がある。

なお、実証分析は、「自分の手で」実際に行ってみないとなかなか覚えることはできない。ここに掲げたような教科書はいずれも練習問題が付されているから、手持ちの PC に統計パッケージソフト[10]をインストールし、それを自分の手で解いてみることを強くお勧めする。

⑤ 具体例：駐車禁止違反の取り締まり

本章の最後に、興味深い実証分析の具体例として Fisman and Miguel (2007) を紹介しよう。これは、米国ニューヨーク市での駐禁違反の取り締まりを分析したものである。ニューヨーク市には国連本部があるため、世界各国からの国連外交官が滞在している。国連外交官も外交官であるため、外交特権があり、不逮捕特権が適用される（外交関係に関するウィーン条約）。このため、国連外交官が駐禁違反をして違反切符を切られても、国連外交官は罰金を支払う必要がなく、国連外交官による駐禁違反が横行して社会問題になっていた。そこで、2002年10月、ニューヨーク州は法改正し、3回以上駐禁違反の罰金を滞納した国連外交官からは、外交官ナンバープレートを没収できることにした[11]。Fisman and Miguel (2007) は、この前後で国連外交官たちの行動はどのように変化したのかを調べたのである。その結果は次の通りだ。

まず、図1-1からわかるのは、2002年10月の法改正後は、国連外交官たちの駐禁違反が1/10以下に激減（縦軸は対数であることに注意！）したことである。このことから、法ルールの設定した制裁（インセンティヴ）にした

---

[10] 初心者でも比較的使いやすいソフトウエアとして Stata（http://www.stata.com/）があるが、高価である。フリーソフトでは、R（http://www.r-project.org/）が強力かつ便利である。

[11] 筆者は国際法の専門家ではないので、この法改正がウィーン条約に抵触するかどうかは立ち入らない。なお、この法改正と同時に、当時ニューヨーク州選出上院議員だったヒラリー・クリントンらによって、「罰金額の110%を当該国連外交官の出身国への海外援助の金額から差し引くことができる」という法改正もされたが、こちらは実際にはエンフォースされなかった。

第1章 実証分析における心構え

図1-1 国連外交官の月別駐禁違反数

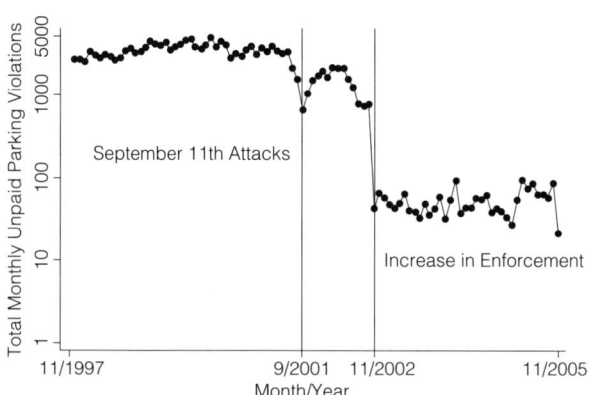

図1-2 国連外交官一人当たりの駐禁違反数と出身国の腐敗度指数の関係（2002年11月以前）

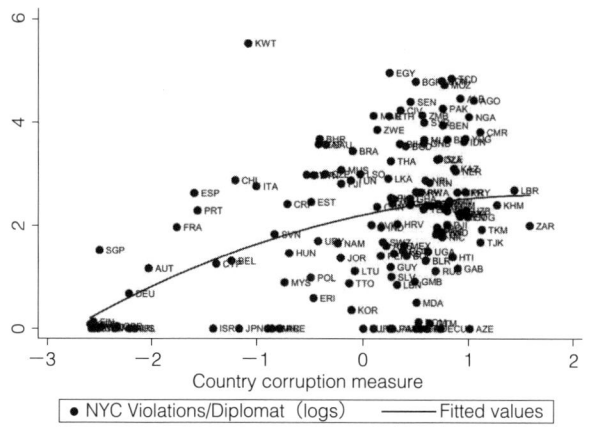

がって個人の行動は変化するのだ、ということが非常にはっきりと読み取れる。もう一つ面白いのは、出身国の腐敗度指数（corruption index）と外交官一人当たりの駐禁違反数との関係を示した図1-2（2002年11月以前）と図1-3（2002年11月以降）である。2002年10月の法改正前後を問わず、腐敗度の高い国出身の外交官ほど、より多くの駐禁違反を犯すことが読み取れ

図1-3 国連外交官一人当たりの駐禁違反数と出身国の腐敗度
指数の関係（2002年11月以降）

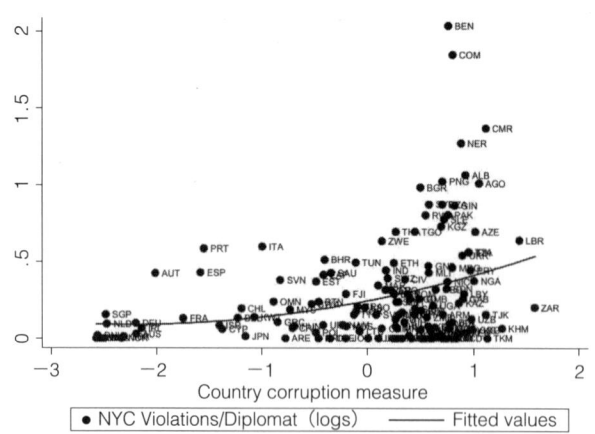

る。そのような関係が見られる理由が、習慣なのか文化なのか内面化された規範なのか派遣元国の評判なのかまではわからないけれども、法のインセンティヴ以外の要因も影響していることが看取できるのである[12]。

このように、Fisman and Miguel（2007）は、駐禁違反に関する法ルール改正がどのような社会的効果をもたらしたのかを測定して見せた上で、法ルール（インセンティヴ）だけでは十分にコントロールしきれない人間行動の決定要因が他にもあることを明らかにしてみせたのである。このような実証分析は、面白いだけでなく、政策評価・制度設計にも役立てることができるだろう。

---

12) なお、この研究は、「たった一つのグラフで結果がきれいに見える」という点で、優れた実証研究である蓋然性が高いことにも留意。

【参考文献】

谷岡一郎（2000）『「社会調査」のウソ——リサーチ・リテラシーのすすめ』文春新書

ハフ、ダレル（1968）『統計でウソをつく法——数式を使わない統計学入門』高木秀玄訳、講談社ブルーバックス

森田果（2004）「宮城県における日本酒をめぐる取引の実態調査」『法学』68巻5号、793-820頁

　　——（2007）「実証研究ノスヽメ」『NBL』850号、6-8頁

　　——（2010）「会社訴訟における統計的手法の利用——テクモ株式買取請求事件を題材に」『旬刊商事法務』1910号、4-17頁

Abramowicz, Michael, Ian Ayres and Yair Listokin（2011）"Randomizing Law," *University of Pennsylvania Law Review*, 159, pp.929-1005.

Duflo, Ester（2010）"Social experiments to fight poverty," TED Talk on: http://www.ted.com/talks/esther_duflo_social_experiments_to_fight_poverty.html.

Fisman, Raymond and Edward Miguel（2007）"Corruption, Norms, and Legal Enforcement: Evidence from Diplomatic Parking Tickets," *Journal of Political Economy*, 115, pp.1020-1048.

Gelman, Andrew, John B. Carlin, Hal S. Stern, David B. Dunson, Aki Vehtari and Donald B. Rubin（2014）*Bayesian Data Analysis*, 3rd ed., Chapman and Hall/CRC.

Stock, James H. and Mark W. Watson（2010）*Introduction to Econometrics*, 3rd ed., Prentice Hall.

Tourangeau, Roger, Lance J. Rips and Kenneth Rasinski（2000）*The Psychology of Survey Response*, Cambridge University Press.

Wooldridge, Jeffrey M.（2013）*Introductory Econometrics: A Modern Approach*, 5th ed., South-Western.

第2章 実証分析の落とし穴
こんなの絶対おかしいよ

　前章の「実証分析の怖さ」において、実証分析には「濫用」される危険があることに言及した。本章では、前章に引き続いて、この点をもうちょっと詳しく見てみよう。

① 実証分析は本当に「客観的」か？

　前章で、実証分析が優れている点の一つは、それがどのモデル・解釈・法政策がより妥当かどうかを、データに基づいて客観的に検証できることにある、と書いた。確かに、きわめて主観的な普通の法学解釈論に比べれば、実証分析は、相対的により客観的な手法ではある。けれども、そのことは、実証研究が主観的な評価から完全に自由であることを意味しない。手法の客観性とは程度の差であって、実証分析といえども相当に主観的な部分がある。これが実証分析が濫用される危険性の理由の一つになっている。
　このことを考えるための具体例として、法学からいったん離れて、次のような事例を考えてみよう。今、あなたが新しい肥料を開発したけれども、その利用が本当に農作物の収穫量の増加につながるかどうかを実証分析によって検証したいと考えたとする。肥料の投入量と農作物の収穫量との関係を調べるために、6カ所ほどの農地について、それぞれ肥料の投入量を変えて農

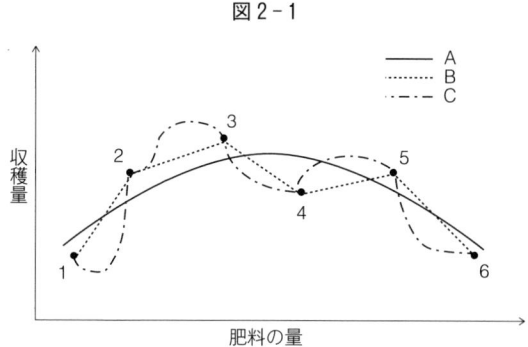

図2-1

作物の収穫量を測定してみたら、図2-1の点1から6のようなデータが得られたとしよう。

　もちろん、肥料の投入量・農作物の収穫量といった2つの変数から、両者の関係を分析することは難しい。農作物の収穫量に影響を与える要因としては、肥料の投入量の他にもたとえば、日当たり、降水量、水はけ、土壌、周囲の他の作物、などさまざまなものがある。そうするとたとえば、肥料の投入量が多い地点で農作物の収穫量が多くなっていたとしても、それが肥料のせいだと結論づけることはできない。その地点で収穫量が多くなったのは、肥料を多く投入したからではなく、日当たりが良かったり、水はけが良かったりしたからかもしれないからだ。

　このような問題を解決するための一つの方法が、前章でも取り上げたランダムな割当である。どの地点にどれだけの肥料を投入するかをランダムに決めていれば、仮に一つひとつの地点において、日当たり・水はけ・土壌などが違っていたとしても、サンプル数が増えていけば、平均的にはそれらの影響の効果は無視できるはずだ[1]。たとえば、同じくらいの量の肥料を投入した地点が20カ所あったとしよう。この20カ所の中には、日当たりがよい場所もあれば悪い場所もある。けれども、20カ所の平均をとれば、日当たりのよさはだいたい平均的な値になるだろう。もちろん、その20カ所の選び方が、一定の法則に従って行われていれば、日当たりのよさについて何らかのバイアスが発生するかもしれない。しかし、ランダムに選ばれていれば、平均的

な値に収束していくだろうと期待できるのである。

　では、仮に日当たり・水はけ・土壌など、肥料の投入量以外の要因のばらつきについては特段のバイアスがなかったとしよう。この場合に、図2-1の点1から6のようなデータが得られた場合、肥料の投入量と農作物の収量との間にどのような関係があると考えるべきだろうか。この場合の候補はいくつかあり得て、たとえば図2-1のA、B、Cの3つの関係が考えられる。問題は、この3つの関係のどれが「客観的に正しい（＝真実を言い当てている）」かを断言できないことである――そんなことは神様にしかわからない。

　ただ、筆者なら（そして多くの読者もおそらく）A、B、Cのうちでもっとも妥当なのはA（放物線）だと考えるだろう。そう感じる理由は、肥料の投入量と収穫量との関係が、BやCのような凸凹した関係であると想定するよりは、Aのようななめらかな関係にあると想定することの方が自然であること、および、肥料を投入すると初めのうちは農作物の収穫量は増えるけれども、多すぎる肥料はかえって農作物の生長を阻害するという、事前の知識（あるいは先入観・思い込み）とである。同様に、BとCとを比較するならば、上下のブレの激しいCよりもBの方がより真実らしいと考えるだろう。その理由もやはり、肥料の投入量と収穫量との関係は、よりなめらかな関係にあると想定することが自然だという事前の知識にある。

　しかし、Aがよい（あるいはCよりもBがよい）というこの決断は、決して完全に「客観的」な決断ではない。むしろ、事前の知識に依拠したきわめて主観的な決断である。もしこのような決断が「客観的」に見えるとするならばそれは、この決断が依拠している事前の知識が、読者（あるいは業界）において割と広く受け入れられているからだろう。けれども、もし、そのよ

1）ここで「平均的には」と言っているけれども、サンプル中における**実際の**日当たり・水はけ・土壌には偏りがあり得る。「平均的には」というのは、「仮に無限の数のサンプル地点をとっていけば、その平均にはばらつきがなくなっていくだろう」という意味である（この説明はやや不十分だけれども、さしあたりは直感的にこう考えてもらってかまわない）。現実には、無限の数のサンプルをとることはできないので、その分、偏りが出てくる（そして、偏りの幅はサンプル数が大きくなればなるほど小さくなる。

うな事前の知識を共有しておらず、BやCの方がより正しいと主張する人が出てきた場合に、私たちはAが正しいのだという自分の主張を100％「客観的」に裏付けることはできないのである。

② 客観性を高めるために

前節で挙げた具体例はやや極端な例だけれども[2]、私たちが行う実証分析は、決して完全に「客観的」なものではあり得ず、きわめて主観的な——とはいっても、伝統的な法学に比べればはるかに客観的だ——作業である。では、そのような性質を本来的に持っている実証分析の客観性を高めるためには、どのような対応をとればよいのだろうか。

実証分析の客観性（あるいは説得性）を高めるためにこれまで広く行われてきたのは、頑健性（robustness）チェックあるいは感度（sensitivity）チェックと呼ばれる手法である。たとえば、「死刑制度に犯罪抑止効果があるのか」という命題を実証分析によって明らかにしたいと考えたとしよう[3]。具体的には、殺人事件の発生確率が死刑執行確率によって左右されるのかどうかを検証することを考える。

この場合、殺人事件の発生確率に影響を及ぼす可能性がある要因は、死刑執行だけではない。一世帯あたりの平均年収・貧困率・失業率・国籍・年齢・都市化の程度・男女比率・父母のどちらかを欠く家庭の割合など、さまざまな要因が考えられる[4]。殺人事件発生確率に死刑執行が及ぼす影響をモ

---

[2] 前節のロジックを推し進めていくと、物理など自然科学の実証分析も、実は主観的なものだということになる（Leamer（1983））。

[3] ちなみに、先に種明かしをしておくと、死刑制度の抑止効果を実証分析によって確認することはほぼ不可能であり、今までこれに成功した分析はほとんどない。州ごとに法ルールの違いがある米国でさえ、死刑制度の抑止効果を検証することは難しい。これは、死刑判決を受けたとしても死刑執行の確率が著しく低いので、「死刑あり状態」と「死刑なし状態」の差を統計的に比較することが困難だからである。

[4] さらに話を難しくする要因には、死刑執行確率が殺人事件発生確率の影響を受けている場合（殺人事件が多発すると死刑執行が多くなる）もあり得る。

デル化する際に、これらのうちどれを取り込むかは、その人の考え方によって違い得る。たとえば、殺人事件は経済的要因のみによって発生すると考える人であれば、世帯年収・貧困率・失業率などだけを取り込んだモデルを推定すべきだと主張するだろうし、殺人事件は激情によって発生するのだと考える人であれば、むしろ男女比率・片親家庭の割合などだけを取り込んだモデルを推定すべきだと主張するだろう。しかも困ったことに、私たちは、どれが「客観的に正しい（真実である）」のかを知ることができない。

このような場合に、自分と違う考えを採っているかもしれない読者であっても説得するために必要なのは、自分が妥当だと考えているモデルだけではなく、他の考えられるモデルについても推定を行い、その結果を示すことである。もし、それぞれの分析結果が同じような傾向を示していれば、その分析結果は頑健（robust）であり、過度に敏感（sensitive）ではないとして、より高い客観的妥当性が認められると考えてよい。これに対し、違うモデルを使うと全く違う結果が導かれてしまうような場合には、その分析結果は頑健ではなく、あまり信用できないと考えるか、あるいは、複数のモデルのうちいずれかは現実的ではなく、特定のモデルの方がより真実に近いのだということを示す何らかの追加的根拠を提示しなければ、読者は説得されないだろう。

そこで、実証分析を行う場合は、自分が正しいと考えるモデルだけではなく、それ以外のモデルあるいは手法による分析結果をも並べて提示することによって、自分の示した結果が頑健であるということを示すのが一般的な慣習である。実際、アカデミックな実証分析では必ずそうなっている（本書で引用されている文献をチェックしてみよう）。もし頑健性テストをしていなかったら、レフェリーからそれを求められる。

ところが、実証分析が法廷に訴訟資料として提出される場合には、頑健性テストがきちんとなされているとは限らない。当該当事者にとって有利な分析結果だけが法廷に提出され、不利な分析結果が隠されてしまう危険がある。特に、一風変わった手法で分析がされており、しかもその分析手法による結果しか提示されていない場合は注意深く読む必要がある[5]。

③ 具体例：離婚法制の変化と離婚率

それでは、怪しい結論を導いてしまった実証分析の例として、Friedberg (1998) を取り上げて検討してみよう[6]。この論文は、米国の多くの州で1970年代以降に離婚法制が急速に変わったことがどのような影響を及ぼしたのかを分析したものである。米国では伝統的に離婚には夫婦双方の合意が必要とされていたが（双方的離婚）、70年代以降に、夫婦のどちらか一方の請求のみによって（しかも相手方が有責でなくても）離婚ができるという制度（一方的離婚）を採用する州が急速に増えた。そこでFriedbergは、離婚法制が緩和された前後において、離婚率がどのように変化したのかを分析しようとしたのである。

このような研究は、コースの定理[7]が離婚法制にも当てはまるかどうかを問うものといえる。コースの定理が妥当するのなら、どのような離婚法制の下であっても、離婚することが望ましい夫婦は離婚するし、そうでない夫婦は離婚しないから[8]、離婚法制は離婚率に影響を与えない。これに対し、コースの定理が妥当しないのなら、（たとえば）離婚しやすい法制の下では離

---

5) この意味で、頑健性テストは、自らの主張に有利な結果だけを公表し、それ以外は公表を控えるという公表バイアス（publicity bias）を、部分的にでも緩和できることになる。ここで「部分的にでも」というのは、公表バイアスを完全に除去することはできないからである。実証分析を行った結果、「○○は××に影響がある」という統計的に有意（第7・8章で解説）な結果が出れば、その分析結果を公表するけれども、「影響がない」という結果が出た場合には、その分析結果はお蔵入りにしてしまうことが多い。お蔵入りにされた分析内容を、読者は通常知ることができない。でも、研究会などにおいて、著者に対して「なぜ△△というモデルを分析していないのですか？」と質問すると、「いや、それもやってみたけれど、面白い（有意な）結果が出なかったから書いてないんだ」と裏話を教えてくれることがある。

6) Friedberg (1998) は、*American Economic Review* というトップクラスの経済学系ジャーナルに掲載された論文であり、当然レフェリーによる厳しい審査を受けている。にもかかわらず、このような論文が公表されてしまうことも稀にある。

7) コースの定理については、いわゆる「法と経済学」の教科書なら必ず記述があるので、そちらを参照されたい。

婚が増えると予想される。では、Friedbergの分析結果はどうだったのか。

　Friedbergの導いた結論は、双方的離婚から一方的離婚に移行することで、離婚率が大幅に——4.6％の離婚率がおよそ0.45ポイント（1割も！）——上昇する、というものであった。この結論が正しければ、離婚法制の変化にコースの定理は妥当せず、離婚法制の緩和によって離婚率は上昇するということになる。ところが、彼女がこう結論づけたのは、分析対象の2つのモデル（p.616, Table 3の3.3と3.4）のうち、片方だけに基づいてであった。彼女が採用しなかったモデルにおいては、双方的離婚から一方的離婚に移行しても、離婚率はほとんど変わらないという結果が導かれていた。つまり、彼女は、複数のモデルに基づく分析結果を提示し頑健性をチェックしたところ、矛盾する結果が出たので、片方の結果だけを採用し、もう片方は捨てたということになる。では、彼女はなぜそうしたのか。

　Friedbergが採用しなかったモデルは、離婚法制を変化させた州と変化させなかった州を単純に比較したものである。このモデルにおいては、両者の州に離婚率の変化の差は見られなかった。これに対し、彼女が採用したモデルは、各州ごとに他の州とは違った傾向（trend）があることを想定し、その分を補正したものである。後者の方が望ましいと彼女が考える理由は、離婚率に影響を与える隠れた（＝データがなくモデルに含めることのできない）要因にはさまざまなものがあり得るが、それらの要因が州ごとに時間を追って変化していれば、単純に離婚法制の変化にともなう離婚率の変化を観察しただけでは、離婚法制の変化による影響ではなく、隠れた要因の変化による影響をも取り込んでしまうため[9]、前者だけを取り出すことが望ましいからだというのである。

8）より詳しくは、Becker (1981) ch.10を参照。たとえば、女性からの離婚を認めず、男性からしか離婚できないイスラム法の下でも、離婚したい女性は、男性側に何らかの便益を供与することによって、男性に形式的に離婚手続を踏んでもらい、離婚を実現することができる。

9）厳密に言うと、そのような影響の混和が発生するのは、隠れた要因が離婚法制の変化と同時に発生している場合だけである。

ちょっと待った。隠れた要因の影響が混和してしまうのは、隠れた要因の変化と離婚法制との変化がシステマティックに相関している場合だけである——両者の関係がランダム（無相関）であれば、隠れた要因の変化の影響は平均的にはキャンセルされるから。けれども、先行研究によれば、離婚法制の移行がいつ発生するかはおおよそランダムであるとされているため、それとこの結果は矛盾する[10]。

しかも、Friedbergの分析したデータを使って、一方的離婚に移行した州と双方的離婚にとどまった州を比較すると、少なくとも、離婚法制の移行が始まる前の時期については、前者の州の方が後者の州に比べて離婚率が次第に高くなっていく傾向が観察される。だとすると、この州ごとの傾向の影響を補正を組み込むことによって、離婚率の変化はより小さくなるはずである——補正しない状況では、一方的離婚に移行した州は、離婚法制の変化による影響に加えて、離婚率自体の上昇傾向によってより高めの離婚率が出ていることになるから、補正を組み込むことによって後者のプラスの影響が取り除かれ、前者のみの影響は低い値になる。ところが、Friedbergの分析結果はむしろ逆である。

こんなの絶対おかしいよ——というわけでFriedbergのデータ[11]を緻密に分析してみせたのがWolfers（2006）である。彼の分析によれば、双方的離婚から一方的離婚に移行することによって、離婚率は一時的に上昇するけれども、次第に元の離婚率に戻っていき、最終的には元の離婚率よりもむしろ低くなるという構造を持っていることが判明した（図2-2）。そうすると、Friedbergの採用しなかった補正前のモデルは、BとDとを比較していたことになるから「離婚法制の影響なし」となり、彼女の採用した補正後のモデルは、CD間の下落傾向の影響を除去し、BとCとを比較していたことにな

---

10) 仮に十分にランダムでないとしても、「影響なし」から「0.45％の離婚率上昇」というほどの大きな差をもたらすものではないはずだ。
11) ちなみに、最近の経済学系のジャーナルでは、他の研究者による再現可能性を確保するために、データとプログラミングコードの公開を義務づけているものが次第に増えている。

図2-2

離婚率

A B C D E

離婚法制の変化　　　　　　　　年

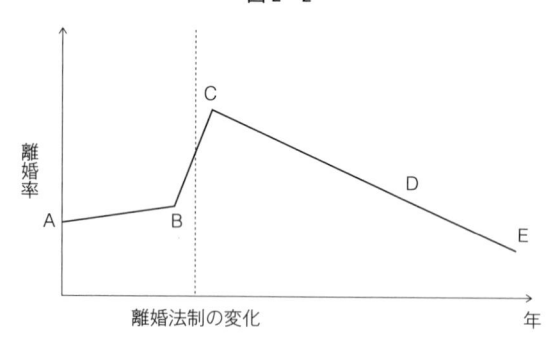

るから「離婚法制の変化は離婚率を増やす」という結論になっていたと理解できる。

　離婚法制の変化によって離婚がしやすくなった直後には、離婚する方が望ましかったけれども何らかの理由で離婚できなかった夫婦が離婚するから、一時的に離婚が増える。けれども、その最初の波が通り過ぎれば（およそ10年）、結局、離婚した方が望ましい夫婦は離婚し、そうでない夫婦は離婚しない、という元の水準に落ち着く（コースの定理の状態に回帰する）。ただ、興味深いのは、もう少し長期的（およそ15年）に見ると（図2-2のE）、元の水準より離婚率が低下することである。

　このように、離婚のしやすい一方的離婚の方が、最終的には離婚率を減らすという不思議な結果はなぜ生ずるのだろうか。確実なことはまだわからないけれども、今日までに提唱されている有力な仮説は、おおざっぱに言うと次のようなものである（Wickelgren (2007)）。離婚しにくい法制に比べ、離婚しやすい法制の下では、離婚時に得られる分配をより多くするために、パートナーは婚姻関係の価値を高めるような努力をするインセンティヴを持つ。そのようなインセンティヴによって、パートナーにとって婚姻継続の価値が高まり、結果的に離婚率が減少する、というのである[12]。壊れやすい関係であるからこそ、かえって当事者たちが頑張って関係を壊れにくくするなんて、素敵な話じゃないか、と筆者は思う[13]。

ともあれ、Friedbergが、複数のモデルに基づいた分析結果を示していたからこそ、私たち読者が彼女の分析のおかしさに気づく可能性が高まるわけである。頑健性チェックの有用性が見てとれるだろう。

④ 前章の補足：相関関係と因果関係

さて、前章の補足として、相関関係（correlation）と因果関係（causation）との違いについて、注意点を簡単に述べておきたい。相関関係というのは、Aという事象の生起とBという事象の生起との間に何らかの関連性が認められることであるのに対し、因果関係というのは、Aという事象「によって」Bという事象が引き起こされる、という原因・結果の関係である[14]。因果関係があれば相関関係はあるけれども、相関関係があっても因果関係があるとは限らない。たとえば、「コンビニで傘の売上が増えること」と「雨が降っていること」との間に相関関係が観察されるけれども、だからといって、「コンビニで傘の売上が増えたから雨が降ったのだ」という因果関係は認められない（その逆の因果関係ならある）。

実は、実証分析によって検証できる関係の多くは相関関係に過ぎず、それが認められたからといって、直ちに因果関係があると評価できるとは限らない[15]。相関関係があっても因果関係がないようなケース（見かけ上の相関

---

12)「企業の経済学」に詳しい読者は、これはproperty rightアプローチと同じロジックであることに気づくだろう。
13) このロジックを応用すると、夫婦別姓の与える社会的影響についても同じことが言えるかもしれない。夫婦別姓反対論者は、別姓にすると家族の絆が弱まると批判するけれども、壊れやすい法制度であるからこそ、かえって家族メンバーは家族の価値を高めるような努力を積極的に行い（あるいはそのような人たちが夫婦別姓を選択する）、かえって家族の絆は強まるのではないか、と。この仮説についての実証分析はまだ存在しないけれども、世界的に夫婦別姓を採用する国が増えていけば、将来的には実証分析ができるかもしれない。
14) 因果関係とは何か、どのように評価するのか、については膨大な量の文献があるので（Pearl（2009）なんて分厚い本が存在するくらいである）、ここで説明するのはそのごく一部である。
15) 因果関係について詳しくは、第16章以下で説明する。

関係）にはさまざまなものがある。まず、前述したコンビニの傘のように、原因と結果が逆になっている場合がある。他にも、隠れた真の要因が「原因」「結果」の双方に影響を与えている場合がある。たとえば、「コンビニで傘の売上が増えること」と「屋外に水たまりがあること」との間には相関関係があるけれども、両者の間に因果関係はない。これは、両者の背後に「雨が降っていること」という真の原因があって、「コンビニで傘の売上が増えること」も「屋外に水たまりがあること」も、この真の原因によって発生した結果に過ぎないからである。

　このように、相関関係の存在は、因果関係を必ずしも意味しない。皆さんが実証分析によって相関関係を発見できたとしても、それが本当に因果関係と評価できるのかどうかは、十分によく考えてみなければいけないのである。

【参考文献】

Becker, Gary (1981) *A Treatise on the Family*, Harvard University Press.

Friedberg, Leora (1998) "Did Unilateral Divorce Raise Divorce Rates? Evidence from Panel Data," *The American Economic Review*, 88, pp.608-627.

Hamermesh, Daniel S. (2000) "The Craft of Labormetrics," *Industrial and Labor Relations Review*, 53, pp.363-380.

Leamer, Edward E. (1983) "Let's Take the Con Out of Econometrics," *The American Economic Review*, 73, pp.31-43.

Pearl, Judea (2009) 『統計的因果推論――モデル・推論・推測』黒木学訳、共立出版

Wickelgren, Abraham L. (2007) "Why Divorce Laws Matter: Incentives for Noncontractible Marital Investments under Unilateral and Consent Divorce," *The Journal of Law, Economics, & Organization*, 25, pp.80-106.

Wolfers, Justin (2006) "Did Unilateral Divorce Laws Raise Divorce Rates? A Reconciliation and New Results," *The American Economic Review*, 96, pp.1802-1820.

第3章 確率統計の基礎
高校時代に逢った、ような……

　本章では、高校数学で習っているはずの確率・統計[1]の基礎について、簡単におさらいする。もっとも、さほど紙幅に余裕があるわけではないので、次章以降（あるいは前章まで）の理解に必要な最低限度の知識をかみ砕いて説明するにとどめる。確率統計についてより詳しく知りたい読者は、東京大学教養学部統計学教室（1991）、加納・浅子・竹内（2011）、Casella and Berger（2001）などを参照されたい。

① 平均・分散・標準偏差：分布の形

　それではまず、データの分布の仕方についての指標から見ていこう。具体例がないとわかりにくいので、第1章で取り上げた「失業してから再就職までの何カ月かかったか」を10人の再就職者について調べたところ、(7.1, 3.5, 14.3, 6.3, 18.0, 5.4, 6.9, 9.2, 11.0, 7.7) という結果が判明したとしよう。この数字の羅列だけを眺めていても、いったいこのデータの分布の仕方にどのような特徴があるのかはわからない——ひょっとしてすごく勘のいい

---

[1] 筆者は高校時代（1993年卒業）に習ったけれども、学習指導要領はその後変わっているから、読者の皆さんの中には「そんなこと初めて聞く」という方がいるかもしれない。

図3-1　　　　　　　　　　　図3-2

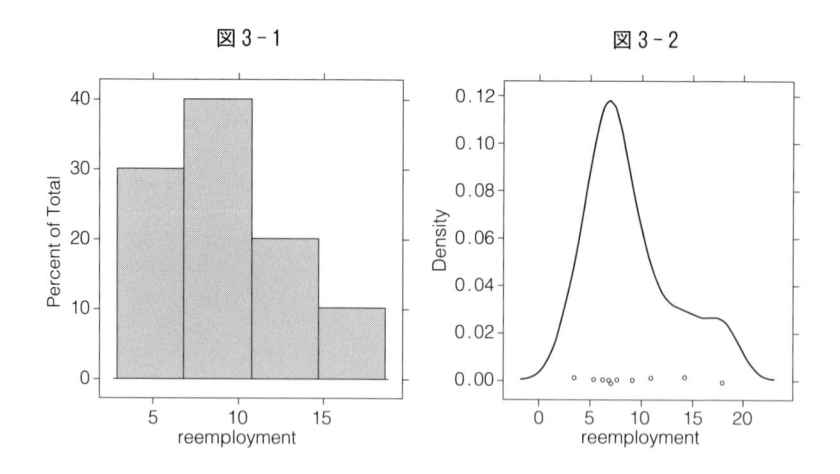

人はわかるのかもしれないが。分布の形を直感的に把握するための一つの有力な方法は、図3-1のような（相対）頻度分布（histogram）というグラフや、これをもうちょっと滑らかにした図3-2のような密度分布（density plot）というグラフを書いてみることだ[2]。

これらは横軸に待機期間、縦軸にその待機期間の失業者が現れる割合[3]を表したグラフだ。これらを見れば、待機期間はどれくらいであって、どれくらいのばらつきがあるのかについて、大まかなイメージを掴むことができる。では、グラフのような直感的・視覚的な手段を使わずに、この分布の特徴を把握できる、より客観的な方法はあるのだろうか。

1.1 平均

それが、平均や分散などの数値である。平均（mean）は、おそらく誰もが知っているように、観測された値の総和をデータ総数で割ったものである。

---

[2] なお、実証分析の最初の手がかりは、目の前にあるデータをいろいろな形でグラフにしてみて（視覚化）、あれやこれやと考えてみることだ。さまざまなグラフをたくさん見て、そこから何かを読みとるセンスを養うことも、重要である。

[3] density plot の方は、正確には「割合」ではないけれども、だいたいそんなものだと思っておいてくれればよい。

待機期間の数値例で計算するならば、(7.1＋3.5＋…＋7.7)/10＝8.94 となる。平均は、データの「中心」を示すために、もっとも頻繁に使われる値である。けれども、平均が本当にデータの中心であるかについては、もうちょっと考えてみる必要がある。図3-2を見てわかるように、8.94という平均は、データのピークから右にずれている。これは、比較的長い間再就職できずにいる失業者（右側）が相当数いるために、単純に平均をとると右側に引っ張られてしまうためだ。このような場合に、データの中心を表すためのより適切な指標は、メディアン（median）という、データの中央の値である。今回はデータ数が10であり、7.1と7.7が下から5番目と6番目の値なので、その中間の7.4がメディアンになる。平均とメディアンとでは、1カ月半もの違いがある！

このように、平均とメディアンとが食い違うことは、実際のデータにおいてもしばしば見られる。よく知られた例が、収入の分布である。国税庁の民間給与実態統計調査（平成21年度）[4]によれば平均給与は406万円だけれども、実際にはこの平均よりも少額の給与しかもらっていない人が多い。これは、平均よりも大幅に高い年収を得ている人が少数ながら存在し、この人たちが平均を引き上げているからである。このように平均が分布のイメージを正しく伝えられないという現象は、分布がピークの左右において対称になっておらず、右側あるいは左側の裾野が長い（あるいは厚い）場合に生ずる。そのような場合には、平均だけでなくメディアンも見る必要がある[5]。

1.2 分散

データの「中心」がどこかというだけでは、分布についてのイメージを必ずしも十分に伝えきれない。平均が全く同じ（図3-3では100）だとしても、データがだいたい平均の周りに固まっている場合（図3-3の実線）もあれば、多くのデータが平均から遠く離れた場所にばらついている場合（図3-

---

4）http://www.nta.go.jp/kohyo/tokei/kokuzeicho/minkan2009/minkan.htm
5）逆に、ピークの左右がおおよそ対称的な分布であるならば、メディアンを見る必要はなく、平均だけ見れば足りる。

図 3-3

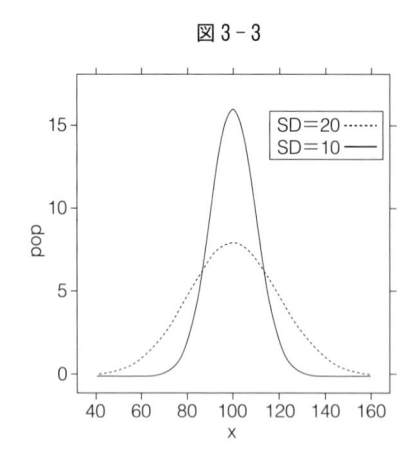

3の破線) もある。

　どちらも平均が同じだけれども、受けるイメージはずいぶんと違う。このようなデータのばらつきの度合いを示すのが分散 (variance；σ^2 (シグマ2乗)) である。分散は「平均からの距離の2乗」の総和をデータ総数で割った (平均した) ものである。失業者の待機期間の数値例で計算するならば、と $\{(7.1-8.94)^2+(3.5-8.94)^2+\cdots+(7.7-8.94)^2\}/10=17.33$ となる。

　もっとも、分散は距離の2乗をとっているため、平均やメディアンと単位が違っており、直感的にその意味が掴みにくい。そこで、通常は、分散の平方根をとった標準偏差 (standard deviation；σ) を使う。この数値例では $\sqrt{17.33}=4.16$ が標準偏差である。分散や標準偏差が大きければ大きいほど、データは平均から離れていき、小さければ小さいほど、平均の周りに集中した分布になる[6]。図3-3では、実線が標準偏差10の場合の分布、破線が標準偏差20の場合の分布になっている。

　以上に見てきた平均 (場合によってはメディアン) と分散・標準偏差がわ

---

6) 会社法で習う (であろう) ボラティリティも、実は標準偏差である。ボラティリティが大きければ証券価格は大きく変動するし、ボラティリティが小さければ証券価格は平均からあまり乖離しない。会社によってはストック・オプションの公正価値の計算にマイナス (!) のボラティリティを使っている例もあるとか。

かれば、データの分布のだいたいのイメージが掴める[7]。実際、これらの指標は、私たちの身の周りでもいろいろと活用されている。たとえば、多くの人が受験のときにお世話になった「偏差値」とは、平均を50、標準偏差を10として得点分布を換算したものだし、大学入試や司法試験の選択科目間の得点調整においても、平均と標準偏差[8]を科目ごとに同じ値に調整することで、異なる科目を選択したことによる有利不利がでないようにしている[9]。

② 相関関係・共分散

　前節では、データの変数が1つだけの場合を扱ったけれども、実際には、データの変数が複数あって、それら複数の変数の間の関係を知りたいのが通常である。待機期間の数値例で言えば、求職のためのトレーニングが1カ月から3カ月提供されており、対象者が受けたトレーニング期間の長さが表3-1のようだったとする。

　この数値の羅列を眺めているだけでは、やはり待機期間とトレーニング期間の関係はわかりにくい。そこで、図3-4のようなグラフ（散布図）にしてみよう。

　このグラフからわかるのは、「トレーニング期間（縦軸）が長くなればなるほど待機期間（横軸）は短くなる」という関係である——あまりはっきりとは見えないけれども。このように、2つの変数の間の関係のことを、相関（correlation）関係と呼ぶ。一方の変数が増えるにつれて他方の変数も増える場合を「正の相関関係がある」といい、逆に他方の変数が減る場合を「負の相関関係がある」という。この増減の対応がより明確に見える場合を「強

---

[7] これ以外にもさまざまな指標（歪度・尖度・四分位点など）があるけれども、さしあたりはこれら3つさえ理解しておけば大丈夫である。

[8] 実際に得点調整で使われているのは、本文で書いた分散・標準偏差ではなく、平均からの距離の2乗の総和を、（データ総数－1）で割って算出した値である。両者の違いは、母集団と標本の部分（第4節）で後述する。

[9] ただし、このような得点調整が意味をなすのは、各科目を選択した者の能力分布がだいたい同程度であり、かつ、正規分布（後述）に従っている、という仮定に基づく。

表3-1 待機期間とトレーニング期間

失業者	待機期間	トレーニング期間
1	7.1	3
2	3.5	2
3	14.3	1
4	6.3	2
5	18	1
6	5.4	3
7	6.9	3
8	9.2	2
9	11	2
10	7.7	1

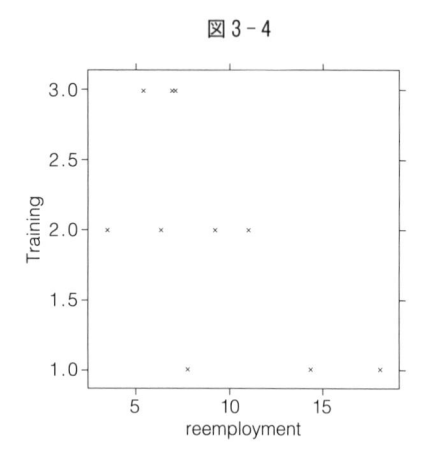

図3-4

い」相関関係といい(グラフでは直線に近くなる)、対応が不明確な場合を「弱い」相関関係という。対応関係が見られない(一方の変数の増減と他方の変数の増減に一定の傾向が見いだせない)場合を、相関関係がない、あるいは無相関という。これらを図式的にまとめたのが図3-5である。

けれども、これらの相関関係の強弱は、グラフを見てわかる直感的・視覚的なものであり、客観的に把握するためにはやはり何らかの指標を使う必要がある。それが、共分散(covariance)と相関係数(correlation coefficient)

図3-5

(a) 強い正の相関　　(b) 弱い正の相関

(c) 無相関　　(d) 強い負の相関

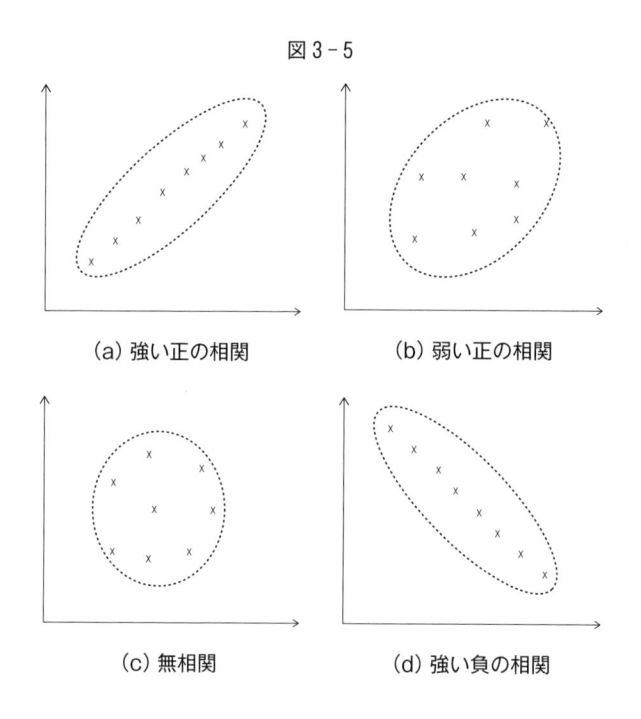

である。まず、共分散とは、変数ごとに、それぞれの平均からどれだけずれているか（偏差）をかけ合わせたもの（偏差積）の平均である。たとえば、1人目の失業者についてみると、待機期間の平均は8.94、トレーニング期間の平均が2なので、(7.1−8.94)(3−2)＝−1.84が偏差積になる。2つの変数が、平均から同時に同じ方向（プラスとプラス、マイナスとマイナス）に動けば、正の値が加算されていくけれど、平均から逆方向（プラスとマイナス）に動けば、負の値が加算されていくことになる。これによって、「どれほど同じ方向に同時に動くか」を測定できるのである。そして、これを10人分計算して平均をとると、{(7.1−8.94)(3−2)＋(3.5−8.94)(2−2)＋…＋(7.7−8.94)(1−2)}/10＝−2.06が共分散である。

共分散を2つの変数の標準偏差で割ると、相関係数が計算できる[10]。待機期間の標準偏差が4.16であり、トレーニング期間の標準偏差は0.77であるから、待機期間とトレーニング期間の相関係数は、−2.06/(4.16×

0.77）＝－0.64になる。相関係数は＋1から－1までの値をとり、0ならば無相関、0から大きくなればなるほど強い正の相関関係、0より小さくなればなるほど強い負の相関関係となる（＋1なら正の完全相関、－1なら負の完全相関）。前に見たように、「トレーニング期間（縦軸）が長くなればなるほど待機期間（横軸）は短くなる」という関係が図3-4から読み取れたけれども、－0.64という弱い負の相関関係は、この直感的・視覚的な解釈に対応している。

③ 確率

　ここまでは統計の話だったけれども、この節では確率についてもおさらいする。確率の典型的な例は、サイコロの目のそれぞれが出る確率である。1から6の目まで、どの目が出る「確からしさ」も等しいから、それぞれの目が出る確率は1/6である（全てを足しあわせると1（＝100％）になる）。もうちょっと違った例で、商店街の福引きで、福引き機の中に外れ玉98個、当たり玉2個の合計100個が入っていたら、当たりが出る確率は0.02、外れが出る確率は0.98になる。そして、このようなあらかじめ決まっている確率に従って値が変動する数を確率変数（random variable）と呼ぶ。サイコロの例で言えば、1から6までのそれぞれの目が出る確率が1/6ずつになっている確率変数である。

　確率変数の特徴について把握するには、その確率分布を見る必要がある。確率分布を見るには、確率密度関数（probability density function）と累積分布関数（cumulative distribution function）の2通りの見方がある。確率密度関数とは、確率変数（Xとしよう）がある値（たとえばp）をとる確率

10）数式で書くならば、データが $(x_1, y_1), (x_2, y_2), \cdots, (x_n, y_n)$ と n 組あり、2つの変数 x、y の平均をそれぞれ、$\bar{x}, \bar{y}$ で表すと、x と y の相関係数 r_{xy} は、

$$r_{xy} = \frac{\sum(x_i-\bar{x})(y_i-\bar{y})/n}{\sqrt{\sum(x_i-\bar{x})^2/n}\sqrt{\sum(y_i-\bar{y})^2/n}} = \frac{\sum(x_i-\bar{x})(y_i-\bar{y})}{\sqrt{\sum(x_i-\bar{x})^2}\sqrt{\sum(y_i-\bar{y})^2}}$$

となる。実際には、これらの値は統計ソフトを使えば簡単に計算できる。

図3-6

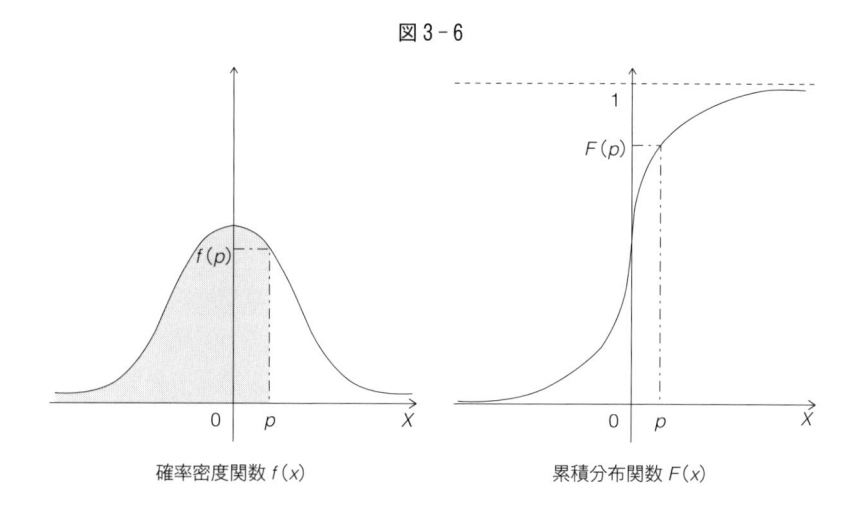

確率密度関数 f(x)　　　　　累積分布関数 F(x)

（確率密度）を表す関数 f(x) であり、累積分布関数とは、確率変数がある値以下になる確率を表す関数 F(x) である。これまでに見た図の中では、図3-3（縦軸を確率に適宜に読み替えれば）が確率密度関数の例であるが、図示すると図3-6のようになる。

　確率密度関数で p より左側の面積を求めると[11]、それがちょうど累積分布関数の p での値 F(p) になる。この図3-6の確率密度関数は、左右対称の釣り鐘型をしているけれども、他にもさまざまな確率分布の形があり得る。たとえば、サイコロを振った場合にどの目が出るのかという確率変数は、1から6までにそれぞれ1/6の出っ張りがある確率分布だし、確率統計の教科書の後ろに掲載されている乱数表は、その乱数の範囲内（0から100までとか、0から1までとか）で全ての値の発生確率が同じになっている確率分布——したがって釣り鐘型をしておらず、平らな形をしている——である。

　このような確率分布についても、最初に述べた平均・分散のような数値を使うことによって、その分布のイメージを客観的に把握することができる。まず、平均のように、その確率分布の「中心」を表すのが期待値（expecta-

---

[11] 数学的には「積分」。

tion）である（平均とも呼ばれる）。期待値は、確率変数がとる値に、その重み（＝確率）を掛けることによって平均をとったものである。データ総数で割ることで平均を計算するのではなく、確率（その総和は1！）を掛けることで重み付き平均をとる点がポイントである。サイコロの例では、$1\times(1/6)+2\times(1/6)+3\times(1/6)+4\times(1/6)+5\times(1/6)+6\times(1/6)=3.5$ が期待値になる。

　確率分布のばらつきの指標である、分散と標準偏差についても同様に計算できる。分散は、期待値からの距離の2乗に、その重み（＝確率）を掛けることによって平均をとったものであり、標準偏差は分散の平方根である。サイコロの例では、$(1-3.5)^2\times(1/6)+(2-3.5)^2\times(1/6)+(3-3.5)^2\times(1/6)+\cdots+(6-3.5)^2\times(1/6)=35/12$ が分散であり、標準偏差は $\sqrt{35/12}=1.71$ になる。

　このような確率分布にはさまざまなものがある。たとえば、前述した乱数表の場合は、確率がどこでも同じなので一様分布（uniform distribution）と呼ばれる。この他にしばしば利用される確率分布として、正規分布（normal distribution）がある。正規分布は、左右対称な釣り鐘型の確率分布である。さらに、正規分布よりももうちょっとなだらかな（＝中央の山が低くて両側の裾野が厚い）確率分布として、スチューデント[12]のt分布も多く使われる。

　正規分布が広く利用されるのは、平均（期待値）と分散だけで分布の形が完全に決まるという使いやすい性質を持っていることによる。図3-3は正規分布の例だけれども、期待値（平均）から標準偏差両側1個分の範囲内に入る確率が68％（ほぼ2/3）、標準偏差2個分の範囲内に入る確率が95％、標準偏差3個分の範囲内に入る確率が99.7％になっている。もう一つの理由は、正規分布が日常的に観察されやすいことである。サイコロを複数回振って出た目の和（あるいは平均）がどのような分布をするかを見ると、振る回数を大きくしていくと、ほぼ正規分布に従って分布する。中心極限定理（central limit theorem）と呼ばれる原理であり、これによって多くの確率分布を

---

[12]「スチューデント（Student）」は人名。

正規分布で近似することができるのである[13]。

④ 母集団と標本

ここまで読んで疲れてきただろうから、最後に実証分析らしく、母集団と標本の話をして終わりにしよう。2005年に改正された会社法は、改正前商法と異なり、多くの改正点があったが、その中の一つに最低資本金制度の廃止がある[14]。そこで今、最低資本金制度の廃止がどのような社会的効果をもたらしたのかを検証することを考えよう。この作業のためには、日本に存在する全ての会社[15]を調べる必要がある。この「全ての会社」のように、私たちがこれから知りたいと考えている集団全体を母集団（population）と呼ぶ。けれども、この母集団について完全に知ることは、コストが大きいなどの理由[16]によって不可能なことが多い。

そのような場合、私たちは、母集団から一部を選び出し、その選び出された標本（sample）を分析することで、母集団についての推測（統計的推測；statistical inference）を行う。たとえば、私たちは、母集団についての平均や分散を知りたいけれども、実際にはそれを直接知ることができない。そこで、抽出された標本[17]について、その標本の平均や分散を調べることで、母集団の平均や分散を推定するのである[18]。世論調査やマーケット調査は、

---

[13] 中心極限定理や後述する大数の法則は、いくつかのバージョンがあり、その証明もやや面倒なので、詳細には立ち入らない。詳しく知りたい読者は、冒頭に掲げた教科書を参照されたい。

[14] 実際には、それ以前に新規事業創出促進法によってだいぶ骨抜きにされてはいたけれども、とりあえずその点については目をつぶる。

[15] 厳密には、会社法を使おうと考えたけれども、結局使わなかったビジネス活動についても考えなければいけないので、母集団は遥かに大きい。けれども、説明を簡単にするためにここでは無視する。

[16] 会社法を使わなかった潜在的利用者については、そもそも知ることさえできない！

[17] 母集団の分布だけでなく、標本についても確率分布（標本分布；sampling distribution）を考えられる。

[18] 厳密に言うと、標本の統計量から母集団の統計量を推測するためには、母集団の形について一定の仮定（ここでは正規分布）が必要である。

このアイデアを活用している。

　もっとも、標本平均が計算できたからといって、それが母集団の平均と一致するとは限らない。抽出された標本は母集団の一部でしかないからだ。けれども、標本抽出を何度も繰り返し、標本平均をそれぞれについて計算すれば、その標本平均の期待値は、母集団の平均と一致することが知られている[19]。また、標本抽出を繰り返し行わなくても、標本のサイズを大きくしていくと、標本平均は母集団の平均に一致するとみなすことができる。これが大数の法則（law of large numbers）であり、私たちの周囲でも損害保険などで活用されている[20]。

　これに対し、標本分散の方は少しやっかいだ。前述したように、通常の分散は、平均からの距離の2乗の総和をデータ総数で割る。これに対し、標本分散については、（データ総数－1）で割る。直感的には、神様以外には本来知り得ないはずの母集団の平均を使わずに（使えずに）、代わりに標本平均を使って分散を計算することによって、平均からの距離を本来あり得べき値よりも過剰に小さく推定してしまっているから、その分を補正するために、データ総数より小さな値で割っていると考えればよい。ただ、このようにして計算された標本分散は、標本抽出を何度も繰り返してその期待値を計算すると、母集団の分散と一致することが知られているので、不偏（unbiased）分散とも呼ばれる。

　では、これで次章以降を読むのに必要な最小限の知識をカバーできたので、あまりおもしろみのない復習作業はここまでにし、次章では回帰（regression）分析に進もう。

---

[19] このことを、バイアス（bias）がない、という。1回1回の標本の平均は**母集団の平均と一致するとは限らない**けれども、何度も標本を抽出すれば、その総体としては偏りがないことになる。

[20] 自動車保険を例にとって考えてみよう。保険契約者である私たち一人ひとりが事故に遭うかどうかは、ばらばらである。けれども、契約者数を大きくしていけば（＝標本のサイズを大きくしていけば）、どのくらいの数の事故が発生するかは、大数の法則によって母集団（＝日本の自動車運転者全体）の平均と一致するから、保険料をいくら徴収すればよいかを計算できる。

【参考文献】

Casella, George and Roger L. Berger（2001）*Statistical Inference*, 2nd ed., Duxbury Publisher.

加納悟・浅子和美・竹内明香（2011）『入門 経済のための統計学 第3版』日本評論社

東京大学教養学部統計学教室（1991）『統計学入門』東京大学出版会

第4章 OLS

わたしの、最高の友達

　本章では、回帰分析とその推定手法である最小二乗法（OLS；ordinary least squares）の入門を扱う。OLS は単純だけれども、多くの分析手法の基礎になる非常に重要な手法である。また、最終的には他の手法を使うことになっても、まずとりあえず OLS を回してみることは、分析を進める上での見通しを示してくれることが多い。だから、OLS は「最高の友達」なのだ。

① 回帰とは

　回帰は、前章で見た相関関係とよく似ている。相関関係は、2つの変数の変化（variation）がどのような関係にあるのか——同時に同じ方向に動くのか、逆方向に動くのか、全く無関係に動くのか——を見るものである。この意味で、相関関係を考える際には、2つの変数の間にどちらが主でどちらが従かという区別はないのに対し、回帰にはそれがある。2つの変数の間で、一方の変数が、他方の変数に対して影響を与えるという関係を想定できる場合に、回帰を使う。もっとも、実際に回帰でわかるのはあくまで相関関係に過ぎず、因果関係があるかどうかはわからない（第2章参照）。一方の変数が他方の変数に影響を与えるという関係は、分析者の思い込みにすぎないかもしれない点に注意が必要である。

図 4-1

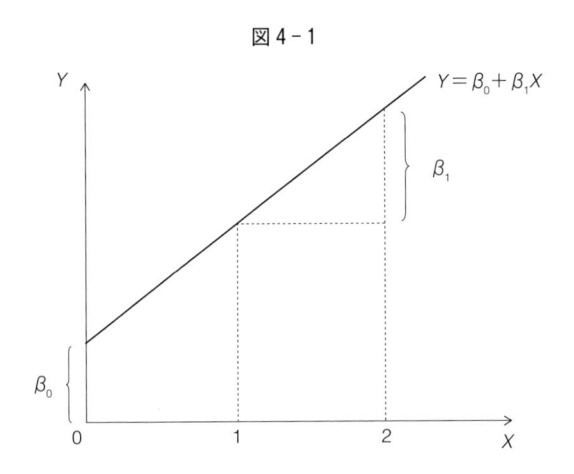

　この2つの変数のうち、影響を与える前者の変数を説明変数（explanatory variable）や独立変数（independent variable）と呼び、影響を与えられる後者の変数を目的変数（response variable）や従属変数（dependent variable）と呼ぶ。筆者の個人的な用語の好みは、「前者で後者を説明する」という社会科学モデルを想起させる説明変数・目的変数だけれども、この辺りの好みは人それぞれで、他の用語が使われることもある[1]。簡単な式で書くと、次のような単純な比例関係だ——これを線形の（linear）関係という：

$$Y = \beta_0 + \beta_1 X \tag{1}$$

この場合、X が説明変数で、Y が目的変数になる。X の値が決まれば、それに応じて Y の値も決まってくる関係にある（X の値を β_1 倍した上で（傾き；slope）、β_0 を加えればよい（切片；intercept））から、X によって Y を説明できる（予測できる）ことになる（図4-1）。
　具体例で考えてみよう。たとえば、説明変数として、ある法科大学院の卒

---

1) たとえば、独立変数はコントロール変数（controlled variable）、regressor などと、従属変数は被説明変数（explained variable）、regressand などと呼ばれることもある。同じ意味を持つ言葉が、文脈や書き手の好みによって使い分けられているので、初心者にとっては混乱を招きやすい困った事態なのだけれども、我慢して欲しい。

図4-2

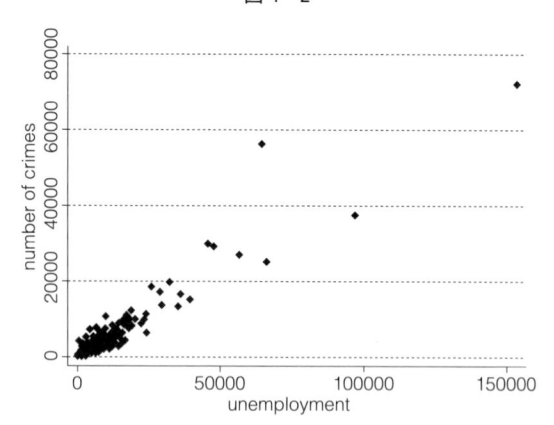

業生の在学中の成績をとり、目的変数として、彼らの新司法試験での成績をとる。この法科大学院の在学中の成績評価がまともであるならば（かつ、新司法試験の成績評価もまともであるならば）、卒業生の新司法試験での成績の良し悪しは、在学中の成績の良し悪しによって説明できる（予測できる）はずだ。ただ、この具体例はちょっと深刻すぎるし、データも入手しにくい。そこで、政府統計で公開されている市区町村データ[2]を使って、全国1750市区町村において、説明変数 X として失業者数（完全失業者数、2005年度）、目的変数 Y として犯罪件数（刑法犯認知件数、2009年度）をとろう[3]。犯罪を引き起こす要因にはさまざまなものがあるけれど、ここではその中でも特に、経済的要因である失業者数に着目して、「失業者数が多い市区町村ほど、犯罪件数が多い」というモデルを考えるのである。実際、横軸に失業者数、縦軸に犯罪件数をとった散布図を書いてみると[4]、図4-2のようになる。右上にぽつんと離れた市区町村がどこであるかは、敢えて言わない。

と、ここまでの説明を読んできて、おかしいなと気づく人がいるだろう。

2）http://www.e-stat.go.jp/SG1/estat/List.do?bid =000001032195&cycode =0
3）データと分析用のソースコードは、https://sites.google.com/site/empiricallegalstudy/ から入手可能。
4）このグラフのように、横軸に説明変数、縦軸に目的変数を使うのが、慣用である。

先ほどの式(1)によれば、目的変数は説明変数で説明できる（予測できる）はずだったけれども、新司法試験の成績の例にしろ、犯罪件数の例にしろ、目的変数の正確な値を説明する（予測する）ことなんて不可能なはずだ。在学中の成績が良くても、本番では緊張のあまりいい成績がとれない受験生もいるだろうし、逆に、在学中の成績が悪かったにもかかわらず、なぜか本番でいい成績をとれる受験生もいる。同様に、犯罪を引き起こす要因は、失業者数という経済的要因以外にもさまざまなものがあるから、失業者数が多くても犯罪件数が少ないかもしれないし、失業者数が少ないにもかかわらず犯罪件数が多くなることもあり得る。このような可能性を考慮に入れて、式(1)を修正すると、次のようなモデルが考えられる：

$$Y = \beta_0 + \beta_1 X + u \tag{2}$$

つまり、目的変数 Y の変化は、説明変数 X の変化によって**完全に**説明できるわけではなく、X 以外の要因（新司法試験の場合であれば運・体調など、犯罪件数の場合であれば人口・防犯意識・警察活動など）である u によっても左右されるのである。この u は、X によって説明できない要素という意味で誤差項（error term）と呼ばれたり、分析者によって観察されていない（モデルに取り込まれていない）変数による影響だという意味で観察不能項（unobserved term）と呼ばれたりする。この呼び方も、書き手の好み[5]で使い分けられるので、初心者にはちょっと不親切ではある。

ともあれ、私たちの仕事は、手持ちのデータを使って、式(1)(2) の β_0、β_1 の値を見つけ出すことだ。たとえば、犯罪件数のデータでいうならば、図4

---

5) 筆者は、私たち観察者が、現実を正確に記述できるモデルを組み立てようとしたにもかかわらず、残ってしまった要素という発想に立つので、後者の unobserved term が好みである。ちなみに、ある読者から、筆者が神の存在を考える人だとは思わなかった、という感想を告げられた（「観察者にはわからず、神様の目からしかわからない」といった記述があることから）。けれども、ちょっと違うような気がする。世界の真の状態などというものは私たち観察者には決して完全に知ることはできず、けれども知ろうとする努力を延々と続けるのが科学という営みだ、ということをわかりやすく説明するには、神様の視点を持ちだして説明するのが簡単なのである。

図 4-3

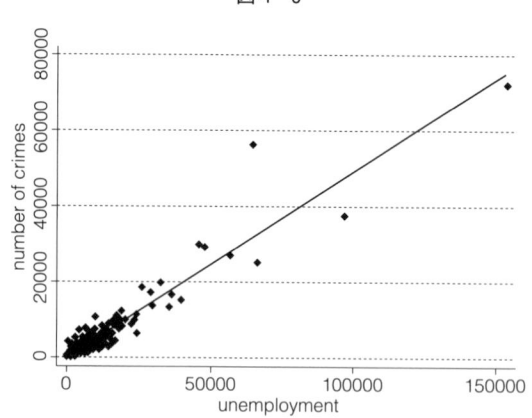

-3の実線（これが式(1)に該当し、回帰直線（regression line）と呼ばれる）のように、データをもっとも上手に説明するような $β_0$、$β_1$ の組み合わせを見つけ出さなければならない。それが、推定（estimation）という作業になる。

② 推定：OLS（最小二乗法）

では、図4-3の実線を、どのようにして発見したらいいのだろうか？このような推定のためには、さまざまな方法があるけれども、もっとも基本的な方法が、最小二乗法（OLS；ordinary least squares）[6]である。OLSの基本的な発想は、その名の通り、「二乗を最小にする」ことにある。すなわち、式(1)で計算した値は、実際のデータとは必ずしも一致しない。その「外れ」の程度がもっとも小さいような直線が、そのデータをもっとも上手に説明する直線である、と考える。そして、「外れ」の程度が最小になるかどうかは、「外れ」という距離の二乗の総和が最小になるかどうかで判断す

---

6) 二乗（squares）を最小（least）にするだけでなく、ordinary（普通の）という言葉が入っているのは、「普通でない」最小二乗法が他にもいろいろあるからである（GLSや2SLSなど）。

図 4-4

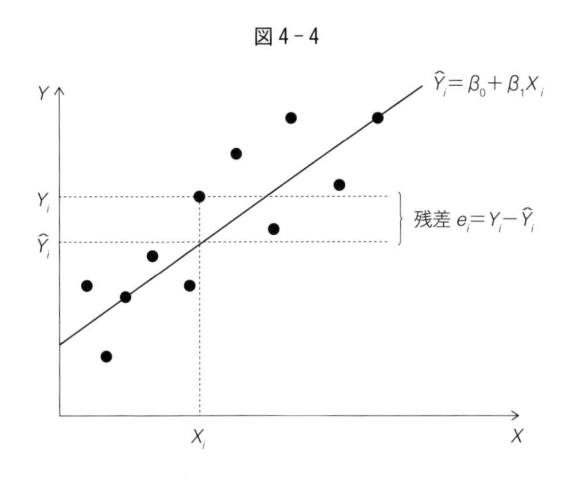

るのである。犯罪件数の具体例で見てみよう。

犯罪件数のデータは、1750の市区町村について、失業者数（説明変数 X）と犯罪件数（目的変数 Y）の組み合わせを含んでいる。すると、i 番目の市区町村について、失業者数 X_i に応じた式(1)による犯罪件数の予測値（fitted value）$\widehat{Y}_i$（「わい・あい・はっと」と読む）が計算できる（$\widehat{Y}_i = \beta_0 + \beta_1 X_i$）。けれども、この予測値は、この市区町村の現実の犯罪件数 Y_i とは必ずしも一致しないから、両者の間には、残差（residuals）[7] $e_i = Y_i - \widehat{Y}_i$ が発生する（図 4-4）。この残差 e_i は、市区町村によっては正の値になることもあれば、負の値になることもある（図 4-5）。

私たちは、式(1)ができるだけデータを正確に説明するように β_0, β_1 の値を選びたいので、そのためには、残差 e_i がもっとも小さくなるようにすればよい。けれども、図 4-5 からわかるように、e_i は、正の値も負の値もとるので、単純に合計してしまっては、正の値と負の値がキャンセルされてしまい、もっとも「外れ」の少ない直線を選べない。そこで、e_i を二乗して足しあわせ、その総和が最小になるようにすれば、もっとも「外れ」の少ない

---

[7]「残差」と呼ばれるのは、目的変数 Y の変化のうち、X の変化によって説明されない、「残りの部分」だからである。

図 4-5

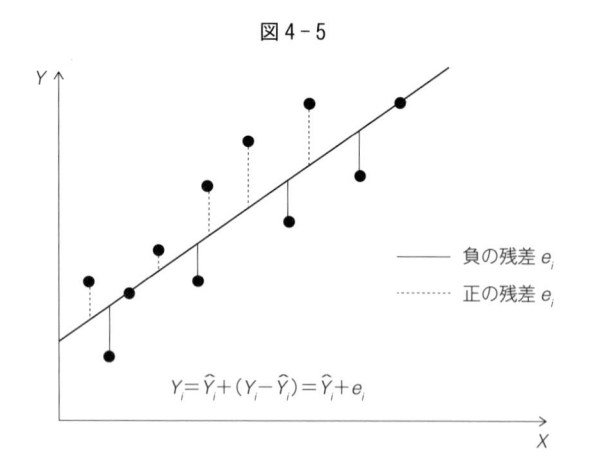

―― 負の残差 e_i
······ 正の残差 e_i

$$Y_i = \widehat{Y}_i + (Y_i - \widehat{Y}_i) = \widehat{Y}_i + e_i$$

直線を選ぶことができるだろう。つまり、1750の市区町村全てについて、e_i^2 を計算して足しあわせ、それが最小になるような β_0、β_1 の組み合わせを選べばよいのである。具体的には、β_0、β_1 の推定値 $\hat{\beta}_0$、$\hat{\beta}_1$（推定値であることを明らかにするために「ハット」を付するのが慣例）は、次のようにして計算される（$\bar{X}$、$\bar{Y}$ はそれぞれ X、Y の平均値[8]）：

---

[8] $\hat{\beta}_1$ は、簡単な高校レベルの数学の知識で導ける。

$$e_i^2 = (Y_i - \widehat{Y}_i)^2 = (Y_i - \hat{\beta}_0 - \hat{\beta}_1 X_i)^2$$
$$\sum_{i=1}^{n} e_i^2 = \sum_{i=1}^{n} (Y_i - \hat{\beta}_0 - \hat{\beta}_1 X_i)^2$$

この $\sum_{i=1}^{n} e_i^2$ を最小にするような $\hat{\beta}_0$、$\hat{\beta}_1$ の値は、この式を $\hat{\beta}_0$、$\hat{\beta}_1$ でそれぞれ偏微分して「= 0」とした連立方程式を解けばよい（偏微分がわからなければ、「最大・最小」の解き方でもできる）：

$$\sum_{i=1}^{n} (Y_i - \hat{\beta}_0 - \hat{\beta}_1 X_i) = 0$$
$$\sum_{i=1}^{n} X_i (Y_i - \hat{\beta}_0 - \hat{\beta}_1 X_i) = 0$$

あとは、この2本の式を整理すれば、本文の $\hat{\beta}_0$、$\hat{\beta}_1$ が導ける。ちなみに、第1章で述べたように、この $\hat{\beta}$ の公式は、行列を使うともっと簡単に書けて、$\hat{\beta} = (X'X)^{-1} X'Y$ となる。この行列による表現と、本文の $\hat{\beta}_1$ とがよく似通っていることに気づく人も多いだろう。逆行列（$(X'X)^{-1}$ の部分）は、行列版の割り算のようなものなので、両者は本質的に同じ形である。

$$\hat{\beta}_1 = \frac{\sum_{i=1}^{n}(X_i - \bar{X})(Y_i - \bar{Y})}{\sum_{i=1}^{n}(X_i - \bar{X})^2} \tag{3}$$

$$\hat{\beta}_0 = \bar{Y} - \hat{\beta}_1 \bar{X} \tag{4}$$

この(3)式を見て、勘の鋭い人は、前章で見た相関係数の公式（第3章脚注10）とよく似ていることに気づくだろう。相関係数は、X と Y の偏差積の総和を、X と Y の標準偏差で割ったものであった。これに対し、(3)式は、同じ偏差積の総和を、X の分散（＝標準偏差の二乗）で割ったものになっている。つまり、相関係数との違いは、分母の中の Y の標準偏差を X の標準偏差と取り替えただけである。本章のはじめに、「回帰は相関関係とよく似ている」と書いたけれども、それはこのことを指している。相関係数と、回帰における傾き β_1 とは、実質的に同じものなのである[9]。正の相関関係があれば β_1 は正の値をとるし、負の相関関係があれば β_1 は負の値をとる。

　このことは、回帰を使うにあたっての重要な視点を示唆する。前章でも説明したように、相関関係は、2つの変数の変化（variation）の関係を見るものであった。ということは、回帰もやはり、2つの変数の変化の関係を見るものに他ならない。したがって、回帰を使うにあたっては、どのような変数のどのような変化を、他の変数のどのような変化と対応させているのか、ということを、具体的な状況の中で常に意識することが重要である。変化と変化を対応させるのだから、十分な変化がない場合には、上手く推定を行うことができない[10]。ここで説明したような、2つの変数だけの回帰の場合には、この点は自明に思えるかもしれない。しかし、次章以降において扱う、3つ以上の変数を使った回帰や、操作変数（IV）を使った回帰の場合には、この点を意識することができるかどうかが、間違った（おかしな）実証分析

9）ただし、相関係数は−1から1までの間の数値しかとらないのに対し、$\hat{\beta}_1$ はどんな数値でもとり得る。

10）たとえば、非現実的な例だけれども、1750市区町村のうち1749市区町村の失業者数が同じ1000人で、1市だけ500人だったら、この違いだけを使って犯罪件数の違いを説明しようとするのは無理である。

を行わないための重要なポイントになることもある。

最後に、犯罪件数の具体例の場合に、式(3)(4)の推定結果がどうなるかを示しておこう。手動でこれらを計算する必要はなく、RやStataといった統計パッケージを使えば、簡単に計算してくれる。Rならlm(crime〜unemp)、Stataならreg crime unempだけである。Excelでもアドインの分析ツール（データ分析）を設定すれば、計算してくれる。計算結果は次の通り：

$$Y = -112 + 0.487X$$

つまり、失業者が1人増えるごとに、犯罪件数が0.487件増える関係にあることになる。また、たとえば、失業者が1000人の町であれば、犯罪件数は375件程度だろうと予想できる[11]。

③ OLSの特徴

前節で見たOLSには、いくつかの特徴がある。第一に、残差e_iの総和$\sum e_i$はゼロになる。違った言い方をすると、残差e_iの平均$E(e)$[12]はゼロになる。このことが何を意味するかというと、式(1)の推定値はデータの平均値$(\overline{X}, \overline{Y})$を必ず通る、ということである。このことを確かめるには、全てのデータについて、

$$Y_i = \hat{\beta}_0 + \hat{\beta}_1 X_i + e_i \tag{5}$$

を足しあわせて、両辺をデータ総数nで割って平均をとればよい。残差の

---

11) この結果は、ある意味当たり前の結果である。失業者の多い市区町村は、人口の大きな都市である蓋然性が高い。人口の大きな都市であれば、犯罪件数も自然と多くなる。この意味で、第2章で注意した、見かけ上の相関関係（相関関係はあるけれども因果関係はない）の可能性が高い。この推測が当たっているかどうかは、次章以後に検討する。

12) Eは、expectationのEで、平均（期待値）をとることを意味する。

図4-6

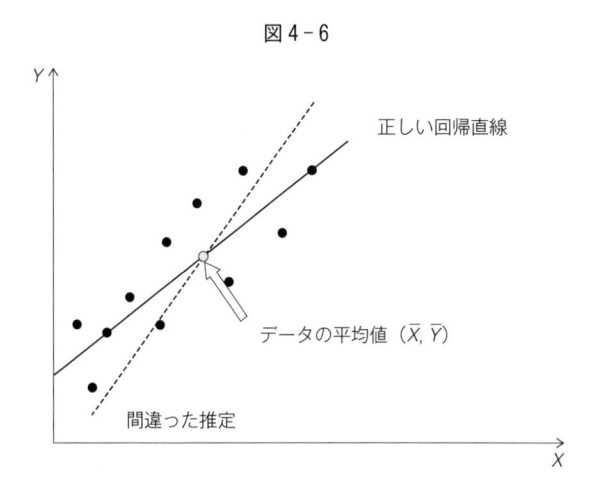

総和 $\sum e_i$ がゼロになるのだから、式(5)の平均値は、

$$\bar{Y}=\hat{\beta}_0+\hat{\beta}_1\bar{X} \tag{6}$$

となり、データの平均値 $(\bar{X}, \bar{Y})$ において式(1)（の推定値バージョン）が成立するからである。ということは、傾き β_1 の推定値は、データの平均値 $(\bar{X}, \bar{Y})$ を中心に回帰直線をくるくる回転させてみて、残差の二乗の総和が最小になるような傾きを探していけばよいことになる（図4-6）。

第二に、残差 e と説明変数 X とは、無相関でなければならない[13]。すなわち、目的変数 Y は、説明変数 X によって説明できる部分 $\hat{Y}$ と、それでは説明しきれなかった残差 e とに分解できる。しかし、もし残差 e の中に説明変数 X と相関する部分が残っていたとしたら、それは「X を使ってもっとも上手な説明をした」とは評価できない。なぜなら、残差 e の中に含まれる説明変数 X と相関する部分を取りだして $\hat{Y}$ の中に取り込むことで、より上手な Y の説明ができるからである。ということは、e から X に相関する部

---

[13] これには、さまざまな数学的な表記の仕方がある。$\mathrm{Corr}(X, e)=0$、$\mathrm{Cov}(X, e)=0$、$E(e|X)=0$ など。それぞれ、相関係数がゼロ、共分散がゼロ、条件付き期待値がゼロであることを意味する。

図 4-7　　　　　　　　　　図 4-8

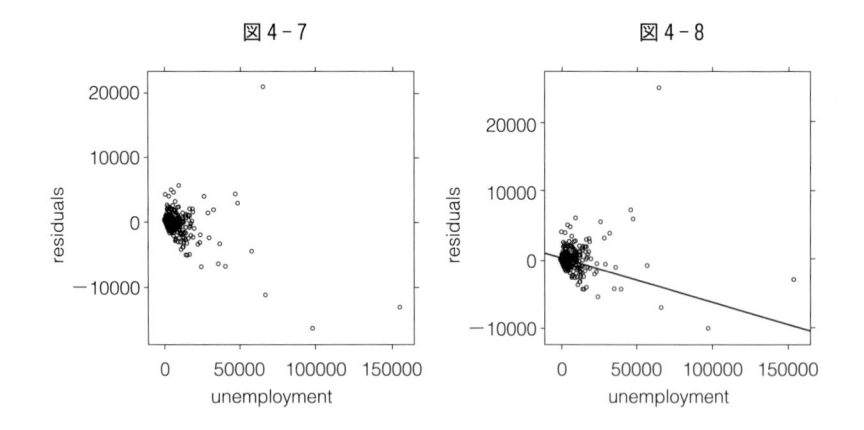

分を絞り尽くして無相関になるところまで追い詰めて初めて、「X を使ってもっとも上手な説明をした」と言えることになる。

　たとえば、図 4-6 において、間違った傾きの推定（点線）をしてしまったとしよう。この場合、残差 e は、正しい推定をした場合に比べ、X の値が小さい領域では過大に、X の値が大きな領域では過小になる。ということは、e と X との間にマイナスの相関関係があることになるから、この推定された傾きは、X が Y に与える影響を「もっとも上手に説明する」ものだとは言えない。犯罪件数の具体例で残差と説明変数の散布図を書くと、正しい推定値の場合には図 4-7 のように両者は無相関だけれども、たとえば

$$Y = -263 + 0.555X$$

という間違った推定値の場合には、図 4-8 のように、X の値が大きくなるにつれて残差が減少していくという相関関係が発生してしまう。この場合は、もっと傾きを緩やかにした方が「上手な」説明になる。

第 5 章 重回帰分析
魔女の作り方

① 前章の続き：線形って？

前章で、回帰（OLS）で分析するのは、単純な比例関係＝線形の関係だ、と述べた。$y=\beta_0+\beta_1 x+u$ という形（一次関数）で表現できる関係である。そして、その具体例として、犯罪件数（目的変数）と失業者数（説明変数）とが線形の関係にある、そして実際に、失業者が1人増えるごとに犯罪件数が0.487件増える関係にあった、という具体例を見た。けれども、線形の関係にあると言えるためには、必ずしもこのような単純な比例関係でなくてもよい。

$y=\beta_0+\beta_1 x+u$ という形に書ければ線形の関係と言えるので、この y や x の中には何が入ってもかまわない。たとえば、x の代わりに x^2 や $\sqrt{x}$ が入ってもいいし、x や y の代わりにそれぞれの対数[1]をとった $\ln x$ や $\ln y$ が入っ

---

1) 対数は log だと思っている人が多いかもしれないけれど、数学の世界では、$e=2.718282\cdots\cdots$ を底（base）とした自然（natural）対数が一般的で、ln と表記する。ちなみに、対数を忘れている人のために簡単に説明すると、$\ln a=b$ は、e を b 乗（exp(b)；e^b は小さくて読みにくいのでこう表記）すると a になることを意味する。Excel の ln 関数などで簡単に計算できる。

図 5-1

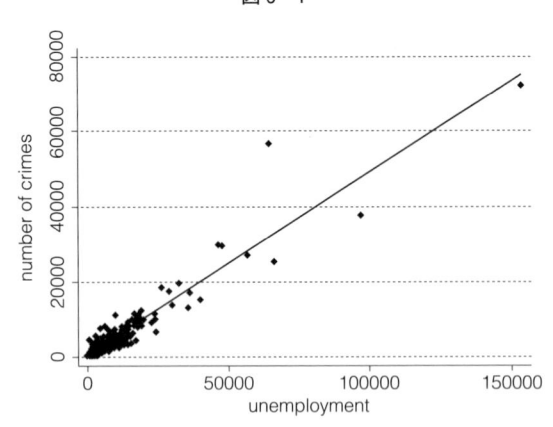

てもかまわない。つまり、線形というのは、説明変数が β_1 というパラメータによる比例的な影響を目的変数に対して与えていればよく、説明変数・目的変数の中身は問われないのである。

　その中でも頻繁に使われるのが、x や y の対数をとったモデルである。実際、前章の犯罪件数・失業者数のように、人口に関連した変数を使う場合には、変数をそのまま回帰分析するのではなく、対数をとった後で回帰分析をすることが一般的である。事実、第1章に登場したニューヨークの駐車禁止違反の取り締まりの例でも、違反件数の対数をとった上で分析がなされていた。そこで、犯罪件数・失業者数の対数をとると[2]、対数をとる前の図5-1のような「いびつ」なグラフに比べ、図5-2のようにきれいにまとまっ

2）ただし、0の対数をとることはできない（マイナス無限大になる）ので、そのような都市についてはデータを落としている。今回のように、対数変換したいデータに0があるときにどのように対応すべきかは悩ましい問題で、ここで行ったようにそのデータを計算から除外する手法の他にも、全ての（対数変換前の）データに1を加えることによって0のデータをなくしてしまう手法がある。前者の手法には、せっかくのデータの一部が使えなくなってしまうという欠点がある。後者の手法であれば、全てのデータが使えるけれども、「1を足す」という論理的にあまり正当化できない恣意的な作業（たとえば、なぜ10や0.1を足すのではなく、1を足すのか？）になってしまうという欠点がある。どちらの手法を採用するのかも、分析をする者の好みやデータの特徴によるところが大きい（筆者は0が少なければデータを落とす方が好み）。

図 5-2

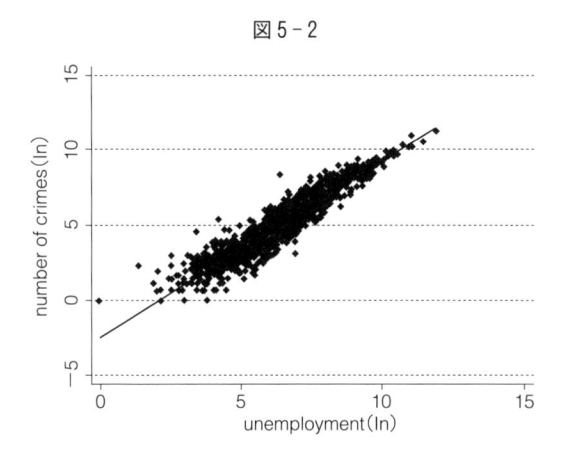

たグラフになる。

　図 5-1 だと、大部分のデータが左下に固まっており、そこから右上方向に向けて少数のデータが存在するわけで、バランスが悪い。右上にある都市が少し振れるだけで OLS で推定した回帰直線は大きくぶれてしまう危険性もある。ところが、対数変換した図 5-2 だと、全てのデータがだいたい真ん中に固まっているので、「データをもっともよく説明する直線」が上手く引きやすい。さらに、対数をとる前のデータが図 5-3 のような形をしている場合には、対数をとると図 5-4 のようにきれいな比例関係になる。この場合、対数を使う方が線形だ。人口に関係したデータで対数変換が多用されるのは、これが理由の一つである。

　ただし、対数をとった場合には、別の問題が出てくる。β_1 をどのように理解すればよいのだろうか。対数をとる前は、前述したように「失業者が 1 人増えるごとに犯罪件数が 0.487 件増える」と解釈できた。では、失業者数・犯罪件数の対数をとった場合の推定結果 $y=-2.44+1.17x$ は、どのように解釈すればよいのだろうか。この場合には、表 5-1 を覚えておくとわかりやすい[3]。

　そうすると、失業者数と犯罪件数の具体例の推定結果は、「失業者数が 1 ％増えるごとに犯罪件数が1.17％増える」と解釈することができる。失業者

図 5-3

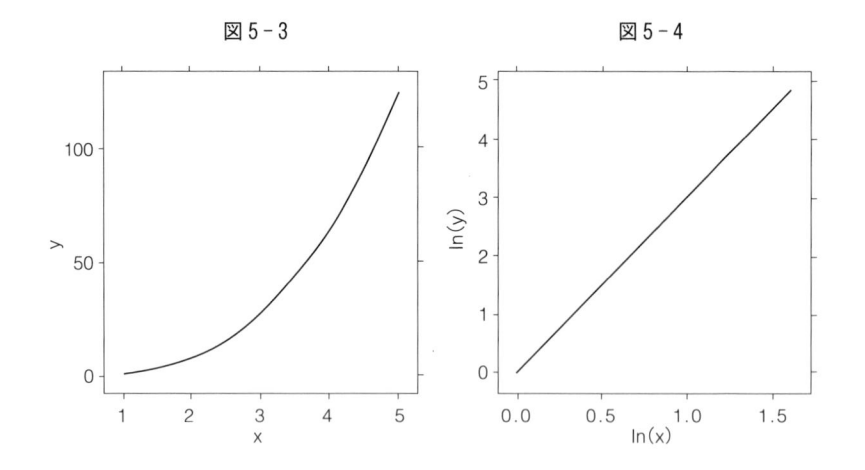

図 5-4

数や犯罪件数などのデータを扱う場合、私たちは普段、「失業者が 1 人増えるごとに犯罪件数がどのくらい変化するか？」といった問いの立て方をしない。むしろ、変化率の方に関心があることが多い。経済学の世界では、変化率の比は弾力性（elasticity）を意味するので、そのことからも変化率を分析対象とするモデルは解釈がしやすい。これも、対数が多用されるもう一つの理由である。

② 重回帰

さて、失業者数と犯罪件数の具体例の推定結果は、第 4 章の脚注11でも指摘したように、ある意味当然の結果であった。人口の大きな都市であれば、失業者数も犯罪件数もともに多くなるのが自然だから、両者の間には強い相関関係が見いだされるのは簡単に予想がつく。そうすると、「失業者数は犯罪件数に影響を与えているのか？」という問いに答えるためには、犯罪の発生に人口が与える影響を排除した上で、失業者数と犯罪件数との間の関係だ

3）表の中で「約」と書いた部分は、近似値である。たとえば、y が対数で x がそのままの場合、x が 1 増えた場合の y の正確な変化量は、$100(\exp(\beta_1)-1)$ になる。

表 5-1　対数変換したモデルの解釈

y	x	関係
そのまま	そのまま	x が 1 増えると、y が β_1 増える
そのまま	対数	x が 1% 増えると、y が $\beta_1/100$ 増える
対数	そのまま	x が 1 増えると、y が $100 \times \beta_1$% 増える
対数	対数	x が 1% 増えると、y が β_1% 増える

けを見ることが必要になる。そのための手法の一つが、重回帰（multiple regression）だ。

　重回帰は、シンプルな回帰分析（単回帰；simple regression）の単純な延長線上にある。単回帰では説明変数が1個だけだったが、重回帰では説明変数が複数になるだけだ。犯罪件数（crime）を、失業者数（unemp）と人口（pop）とで重回帰するには、次のようなモデルを考えればよい[4]：

$$\ln(\text{crime}) = \beta_0 + \beta_1 \ln(\text{unemp}) + \beta_2 \ln(\text{pop}) + \varepsilon \tag{1}$$

同じように、説明変数は何個あってもいいから、k 個の説明変数による重回帰は一般的に

$$y = \beta_0 + \beta_1 x_1 + \beta_2 x_2 + \beta_3 x_3 + \cdots + \beta_k x_k + \varepsilon \tag{2}$$

という形で書くことができる。重回帰についても、単回帰の場合と同様に、OLSによって「データをもっとも上手に説明するような $\beta_0, \beta_1, \beta_2, \beta_3, ..., \beta_k$ の組み合わせ」を計算することができる。計算式と結果は複雑になるので細かくは説明しないが[5]、基本的には単回帰の場合とよく似た形になるし、統計パッケージを使えば簡単に計算してくれる。実際、式(1)を統計パッケージで計算すると、

　4）今回は、観察不能項（誤差項）を u ではなくて ε（イプシロン）と表記している。どちらを使う人もかなりいるので、慣れてもらうために、あえて前章と違う書き方をしてみた。

$$\ln(\text{crime}) = -6.98 + 0.220\ln(\text{unemp}) + 1.06\ln(\text{pop})$$

という推定結果が導かれる。では、この推定結果の$\hat{\beta}_1=0.220$ や$\hat{\beta}_2=1.06$といった値は、何を意味するものと理解すればよいのだろうか。

まず、$\hat{\beta}_1$の意味を理解するためには、ln(pop)を固定してln(unemp)だけを動かしたときに、目的変数ln(crime)にどのような変化が生ずるかを考えればよい。ln(pop)を固定するということは、人口が同じだと仮定するということであり、$\hat{\beta}_1$はそのような条件の下で失業率だけを変化させた場合に犯罪件数にどのような変化が発生するかを示す値だということになる。この場合で言えば、人口が同じであれば、失業率が1％増えると犯罪件数は0.22％増えることになる。同様に、$\hat{\beta}_2$については、失業率が同じであれば、人口が1％増えると犯罪件数は1.06％増える、と理解できる。

このことを一般化すると、式(2)のような重回帰におけるβ_jの推定結果$\hat{\beta}_j$とは、x_j以外の全ての説明変数を固定した上でx_jだけを変化させた場合に、それがどのような影響を目的変数yに与えるのかを示す値だ、ということになる。先ほど、「犯罪の発生に人口が与える影響を排除した上で、失業者数と犯罪件数との間の関係だけを見」たいと述べたけれども、重回帰を使えば、このような「他の条件を全て一定とした上で（ceteris paribus）」の影響だけを抽出することができるのである[6]。

別の説明の仕方をすると、説明変数がx_1、x_2の2個の場合を考えると、実は、yをx_1、x_2で重回帰した場合のx_1の係数$\hat{\beta}_1$と、x_1を目的変数、x_2を説明変数として単回帰を行い、その残差（＝x_1のうち、x_2と相関していない部分）を説明変数としてyを単回帰した場合の係数は同じになる。つまり、

5）求め方の基本は、単回帰の場合のように、$\hat{\beta}_0, \hat{\beta}_1$で微分するだけでなく、$\hat{\beta}_2, \hat{\beta}_3, ..., \hat{\beta}_k$でも偏微分し、その$k+1$本の連立方程式を解くことである。これを手動で計算すると面倒くさいけれど、行列を使うと$\hat{\beta}=(X'X)^{-1}X'Y$となって単回帰の場合と全く同じ表記になる（ちなみに、ベクトルは小文字で、行列は大文字で書くのが慣例）。第1章で、線形代数を知っていると大きな表の演算が簡単に表記できる、と述べたけれど、それはこんなところに現れるのだ。

重回帰における$\hat{\beta}_1$は、x_1がyに与える影響のうち、x_2を通して影響している部分を取り除いた後の、x_1だけの変化が純粋にyに与える影響を意味しているのである[7]。

なお、仮に同じ説明変数を使っていても、単回帰の場合の推定結果と重回帰の場合の推定結果とは、通常同じにはならない。実際、失業者数と犯罪件数の具体例では、単回帰の$\hat{\beta}_1$は1.17だったのに対し、人口をも説明変数に加えた重回帰の$\hat{\beta}_1$は0.220と大幅に減少している。つまり、

$$\hat{y} = \hat{\beta}_0 + \hat{\beta}_1 x_1 + \hat{\beta}_2 x_2$$
$$\tilde{y} = \tilde{\beta}_0 + \tilde{\beta}_1 x_1$$

という2つのモデルをOLSで推定した場合、$\hat{\beta}_1$と$\tilde{\beta}_1$は通常一致しない。例外的に両者が一致するのは、そもそもβ_2がゼロの場合（=x_2がyに全く影響を及ぼさない場合）か、x_1, x_2の間に全く相関関係がない場合（=x_1がyに与える影響のうち、x_1がx_2を通してyに影響を与えている部分が全く存在しない場合）だけである。

失業者数と犯罪件数の具体例では、失業者数が犯罪件数に与える影響のうち、人口を通して影響を与えている部分が大部分であり、失業者数のみが犯罪件数の発生に影響を与えている部分はごくわずかしかないがために、単回帰の1.17という推定結果に比べると、重回帰の推定結果は0.220と大幅に減少したのである。とはいえ、依然として失業者数が犯罪件数に与える影響は

6）人口を介さずに失業者数が犯罪件数に影響しているかを見るためには、重回帰を使う必要はなく、人口当たりの比率で見ればいいじゃないか、と考える人がいるかもしれない。もちろん、それもよい方法である。そこで、目的変数として人口1万人当たりの犯罪件数比率（crimerate）、説明変数として1万人当たりの失業者数比率（unemprate）をとって単回帰をすると、次のような推定結果が得られる：
$$\text{crimerate} = 56.6 + 0.107 \text{unemprate}$$
すなわち、人口1万人当たりの失業者数が1名増えるごとに、人口1万人当たりの犯罪件数が0.107件増えることになる。重回帰の場合と同様に、やはり失業者数が増えると犯罪件数が増える傾向にあることが看取できる。

7）これは、数学的には偏微分（partial derivative）することと実質的に同じなので、partialling outとも呼ばれる。

表 5-2　クロスセクション

ID(i)	属性1	属性2	…
1			
2			
⋮			

それなりに[8]存在していると言える。

③ 補足：データの種類

さて、この章の最後に、実証分析で扱うデータの種類について、簡単な説明をしておこう。データの種類には、クロスセクション（cross section）データ、時系列（time series）データ、パネル（panel）データの3種類がある。

まず、クロスセクションデータは、今回の失業者数と犯罪件数データのように、多数の個体（i）にわたって、それぞれのさまざまな属性を集めたものだ（説明変数が x_i）。通常は、一定の時点で属性を記録したものを使うけれども、異なる時点（たとえば、今年度と昨年度）で属性を記録したけれども、年度が異なれば同じ個人であっても別の個体として集計したような場合（プールされたクロスセクション（pooled cross section）と呼ぶ）でもよい。クロスセクションデータは表5-2のような形をしている。

次に、時系列データは、ある特定の個体について、その個体のさまざまな属性を、違う時点（t）で集計したものである（説明変数が x_t）。たとえば、毎年の日本経済のGDPを集めたデータは時系列データだし、毎日の株価の動きを記録したデータも時系列データである。時系列データは、表5-3のような形をしている。

8）この「それなりに」をもうちょっと厳密に評価するには、仮説検定という統計的手法を使うことが必要となるが、それについては第7・8章で扱う。

表5-3 時系列

時点(t)	属性1	属性2	...
1			
2			
⋮			

表5-4 パネル（時点数が2の場合）

ID(i)	時点(t)	属性1	属性2	...
1	1			
1	2			
2	1			
2	2			
⋮	⋮			

　最後のパネルデータとは、クロスセクションと時系列を組み合わせたものである（表5-4）。すなわち、多数の**同一**の個体のさまざまな属性を、違う時点で繰り返し集計したものである（説明変数が x_{it}）。たとえば、2000年にある大学を卒業した学生の中から1000人を無作為抽出した上で、彼らの生活状況を10年にわたって毎年追跡調査を行ったものは、パネルデータになる。また、第2章で取り上げた離婚法制の変化と離婚率のデータも、米国50州について毎年の離婚法制と離婚率などの属性を集計したものだから、パネルデータだ。注意しなければいけないのは、たとえ複数時点にわたって繰り返しデータを集めたとしても、時点が違うごとに違う個体を調査していたり（毎年アンケート対象が変わるなど）、同じ個体ごとにデータがまとめられていなかったりすると、単なるプールされたクロスセクションにしかならない点である。個体（i）と時点（t）との二次元にわたってデータが整理されていることがパネルの条件だ。

　この3種類には、それぞれメリット・デメリットがある。まず、クロスセクションデータは、3つの中では比較的入手しやすいというメリットがあるけれども、回帰によって見いだされた関係は基本的に相関関係に過ぎず、そ

れが本当に因果関係なのかどうかを判別（識別）しにくいというデメリットがある。

　時系列データも、比較的入手しやすいけれども、変化（variation）が少ない、というデメリットがある。たとえば、ある労働法ルールの変更が失業者数にどのような影響を及ぼしたのかを知りたいと考えても、この時系列データにおける変化の方向は、時間の流れという一次元でしかない。そうすると、労働法ルールの変更（1回しかない！）の前後で観察された失業者数の変動が、法ルールの変更によるものなのか、それとも景気など他の要因の変動によるものなのかを識別することが難しい。

　これに対し、パネルデータなら、これらの問題を克服できる可能性が出てくる。世界各国の労働法ルールの（同じ）変更に対し、各国の失業者数がどのように変動したのかを記録したパネルデータがあれば、労働法ルールの変更のタイミングが各国でさまざまであり、それに応じた失業者数の変動のタイミング・内容もさまざまなので、そこに変化が出てくる。前章でも述べたように、回帰は、変化と変化を対応させることがポイントなので、変化があるということは非常に重要だ。さらに、労働法ルールの変更の前後を比較することになるから、それが単なる相関関係ではなく因果関係だという主張も行いやすい。

　このように、パネルデータを使えば非常に強力な実証分析ができるのだけれども、問題は、パネルデータを作ることは非常に大変（場合によっては不可能）だ、という点だ。たとえば、米国の法制の変更については、50州が違う法圏なのでパネルデータになるけれど、日本の法制の変更の影響を調べようとしても、全国で単一の法圏なので、時系列データにしかならない。実証分析に携わる人が、米国がうらやましいなぁと常日頃感じるのは、こんなところにも原因がある。

　とはいえ、時系列データでも面白い分析ができることもある。ここまで時系列の具体例は登場してこなかったから、ここでは中世ヨーロッパにおける魔女裁判の発生を分析したOster（2004）を紹介しよう。

　Oster（2004）は、16世紀半ばから魔女裁判が増加したのは、当時のヨー

図 5-5

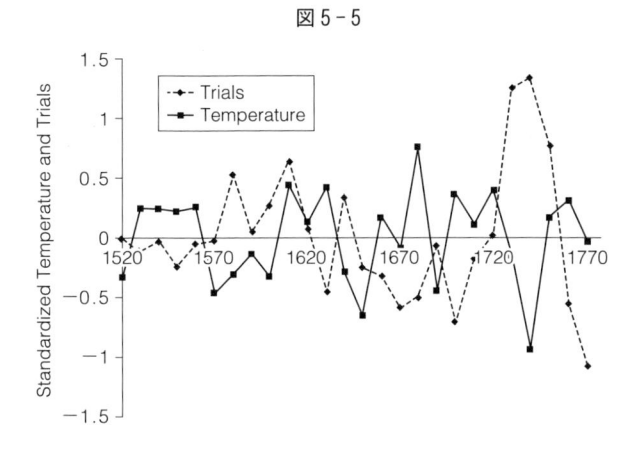

ロッパの気候が寒冷化し、それによって農業中心だった経済状況が悪化した結果、暴力とスケープゴートのはけ口が必要となり、それが社会的弱者である女性（しかも「魔女」なので気候をコントロールできる！）に向かったのだ、という仮説を立てた。彼女が、1520年から1770年までのヨーロッパ全体での気候の変化と魔女裁判の件数を調べ、それらを標準化した上で全ての地域の平均をとったところ、図 5-5のようなグラフになった。

このグラフから、気温と魔女裁判の件数とは、逆の方向に動く（逆相関）ことがはっきりと見てとれる[9]。彼女は、このグラフを示した後で、この時系列データに対してさまざまな統計的な分析を行い、実際に「気温が下がると魔女裁判が増える」という関係を導き出す。変化が1回しかない労働法制の時系列データの場合と違い、気温の変化は毎年あるので、回帰分析が可能になるのである。もちろん、魔女裁判が行われる原因については、さまざまな観点からの分析が歴史家を中心になされてきたわけだけれども、Osterの分析は、より大きな「マクロ」な要因が働いていることをデータに基づいて示した点で、有意義で興味深い。

9）この実証分析も、「たった1つのグラフで結果がきれいに見える」という点で、優れた分析と言える。

【参考文献】

Oster, Emily (2004) "Witchcraft, Weather and Economic Growth in Renaissance Europe," *Journal of Economic Perspectives*, 18, pp.215-228.

第6章 決定係数 R^2

☆もりはつ☆の59%は勢いで出来ています

① 決定係数 R^2

　前章で見たように、重回帰を活用することで、目的変数の変化のあり方を説明・予測するためのさまざまなモデルを作っていくことができる。でも、そうすると今度は、複数のモデルを作った場合に、どのモデルがもっとも「良い」モデルなのかを考える必要が出てくる。そのための指標の一つが R^2（「あーる・すくえあーど」、決定係数）だ。R^2 とは、簡単に言えば、「目的変数の変化のうち、どの程度の割合が説明変数によって説明できているか」を示す数値（0から1までの値をとる）である。

　R^2 についてもう少しフォーマルな説明を加えよう。目的変数の変化として、分散（variance）の総和（SST；Total Sum of Squares）を考える。この目的変数の変化は、説明変数に基づいて説明される部分（SSE；Explained Sum of Squares）と、説明変数によっては説明されない残差項の分散の総和の部分（SSR；Residual Sum of Squares）とに分解される。

目的変数の変化（SST）
　＝モデルで説明される部分（SSE）＋モデルで説明されない部分（SSR）

とすると、この回帰モデルがよく当てはまっている（good fit）と言えるのは、目的変数の変化のうち、説明変数によって説明される部分（SSE）が大きく、説明変数では説明できない部分（SSR）が小さい場合だと考えられる。特に、説明変数によって説明されない部分（SSR）がゼロで、SSE と SST が等しくなれば、その回帰モデルは、目的変数の変化を「完全に説明した」と言える。そこで R^2 を、回帰によって説明された部分（SSE）が目的変数の変化（SST）のどれくらいの割合であるかを表す指標として定義すれば、「当てはまりのよさ」の指標として使えるだろう：

$$R^2 \equiv \frac{\text{モデルで説明される部分（SSE）}}{\text{目的変数の変化（SST）}} = 1 - \frac{\text{モデルで説明されない部分（SSR）}}{\text{目的変数の変化（SST）}}$$

なお、なぜこれが R^2 という名前で呼ばれるのか不思議に感じるかもしれない。それは、R^2 には別の解釈も可能だからだ。すなわち、回帰モデルによって予測された目的変数の値 $\widehat{Y}$ と現実の目的変数の値 Y との間の相関（correlation）係数を二乗すると、ちょうど R^2 になっているのである。

ともあれ、R^2 がモデルの「当てはまりのよさ」を表す指標だというのであれば、R^2 が大きな（1に近い）モデルほど「良い」モデルだと言えそうだし、できるだけ R^2 の大きなモデルになるように努力した方がいい、と言えそうだ。

② 重回帰と R^2

けれども、R^2 が大きなモデルほどいいモデルだ、とは直ちには言えない。重回帰分析の場合、モデルに新たな説明変数を追加すれば、通常 R^2 は増加する（決して減少しない）。直感的には、目的変数の変化のうち、モデルによって説明されている部分に対して、新たな説明変数を追加すれば、新しい説明変数によって今までのモデルでは説明できなかった部分のうちに新たに説明可能になる部分が出てくるのが通常だから、新たなモデルによって説明できる部分が増加するからである。理屈の上では、世界の全ての説明変数を

モデルに投入すれば——現実には、そんなことは神様でもなければ不可能だけれども——目的変数の変化の100%近くを説明するモデルを作ることができるはずだ。

しかし、私たちは、そのように説明変数の多すぎる過度に複雑なモデルは欲しくないことが多い。オッカムの剃刀が語るように、社会科学においては通常、説明の単純さ・倹約（parsimony）が要求される。モデルを複雑にしていけば行くほど、現実をよりよく説明できるけれども、あまりに複雑なモデルは、扱いにくく、見通しの良さに欠ける（現実を説明するのに不便）[1]。必要な範囲内で、できるだけ単純なモデルであるほど、理解しやすいし活用もしやすい。

そこで、説明変数を追加することによってモデルの説明力が増加するというメリットと同時に、説明変数が増えることによってモデルがより複雑になるというデメリットが生じることを考慮したような指標を考えようというのが、修正済み（adjusted）R^2（$\bar{R}^2$（「ばー」））である。$\bar{R}^2$ は次のように定義される（n はデータ数、k は説明変数の個数）：

$$\bar{R}^2 = 1 - \frac{\mathrm{SSR}/(n-k-1)}{\mathrm{SST}/(n-1)}$$

k が分子の除数に入っているので、説明変数の個数が増えると R^2 は同じでも $\bar{R}^2$ は小さくなる（penalize）。このため、説明変数を増やすことによって絶対に減ることのない R^2 とは異なり、$\bar{R}^2$ は説明変数を増やすと減ることもある。そうすると、parsimony を考慮した上で、「もっともよい」モデルを選ぶには、$\bar{R}^2$ のもっとも大きなモデルを選べばよさそうだ[2]——ただし、比較の前提として、比較の対象としているモデルについては、目的変数が同じであり、かつ、使われているデータが同じであることが必要だけれども。そして、たいていの統計ソフトウエアは、R^2 だけでなく $\bar{R}^2$ も自動的に計

---

1) この他、モデルを複雑にしすぎることには、過適合という問題もある。
2) より厳密には、さまざまなテスト（仮説検定）を行って、いずれのモデルが優れるのかを検討する必要がある。また、$\bar{R}^2$ 以外の指標も存在する。

算してくれるので、これは簡単にできる。

　実際、前章の失業者数と犯罪数の具体例だと、モデル

$$\ln(\text{crime}) = \beta_0 + \beta_1 \ln(\text{unemp}) + \varepsilon \tag{1}$$

については、$R^2 = 0.8968$であり（失業者数の変化で犯罪数の変化の90%弱を説明できる！）、モデル

$$\ln(\text{crime}) = \beta_0 + \beta_1 \ln(\text{unemp}) + \beta_2 \ln(\text{pop}) + \varepsilon \tag{2}$$

については、$R^2 = 0.9227$、$\bar{R}^2 = 0.9226$となる（データ数が多いので、説明変数が増えたことによるペナルティが小さい）。そうすると、失業者数だけを説明変数にとるモデル1よりも、人口を説明変数に追加したモデル2の方が、$\bar{R}^2$が高く当てはまりがよいと言える。

③ R^2の「相場観」

　以上の話を聞くと、「じゃあ、$\bar{R}^2$がもっとも大きくなるようなモデルを作ればいいんだ」と思い込みがちだけれども、残念ながらそれは初心者の犯しがちな過ちで、実はR^2の値を気にしながら実証分析を進めることはほとんどない。高いR^2が得られたからといって特にうれしくなるわけでもなければ、低いR^2になったからといって悲しくなることもない。この意味で、高いR^2が得られるようにモデルをいじくり回すのは適切な態度ではない。

　その根本的な原因は、R^2はあくまで、「そのモデルがどれだけ上手く目的変数の変化を『説明』しているか」、すなわち、「そのモデルによる予測がどれだけ正確か」についての指標にすぎないことである。したがって、R^2や$\bar{R}^2$が高いからといって、それが説明変数が目的変数の変化を引き起こすという因果関係を意味するとは限らない。R^2や$\bar{R}^2$が高いからといって、そのモデルに取り込まれている説明変数が重要な変数であるとは限らないし、逆に、重要な変数を落としてしまっているかもしれない。R^2や$\bar{R}^2$が高いからといって、そのモデルが適切な説明変数を取り込んでいるとは言えない

し、逆に R^2 や $\bar{R}^2$ が低いからといって、そのモデルで使用されている説明変数が不適切であるとは限らないのである。

実際、失業者数と犯罪数の関係で、モデル 1 の R^2 は 0.8968 と非常に高いけれども、このことはこのモデルが優れていることを意味しない。人口の与える影響を排除するために、前章の脚注 6 で見たような、人口 1 万人当たりの失業者率と犯罪率とでモデル

$$\text{crimerate} = \beta_0 + \beta_1 \text{unemprate} + \varepsilon$$

を推定すると、R^2 は 0.0276 であり、失業者率は犯罪率の変化のうちたった 2.8％ しか説明できていないことになる。しかし、R^2 の低いこのモデルの方がモデル 2 に比べ、よりよいモデルと言うべきだろう。また、犯罪の発生は、失業者数以外のさまざまな要因によって引き起こされていることになるから、実際にはより多くの説明変数を取り込んだモデルでないと、よいモデルとは評価しにくいだろう[3]。

モデルの良し悪しをより厳密に検討するためには、次章以降で登場するさまざまな統計的テストを使うことの方が望ましい。それに、理論的に「この要因は目的変数に影響を与えているに違いない」と考えられるような説明変数は、仮にそれを追加することによって修正済み R^2 が低下したとしても追加すべきだし、逆に、自分が影響を測定したいと思っている説明変数の係数の推定に邪魔になるような（≒相関関係の強い）説明変数は、それを追加することによって修正済み R^2 が上昇したとしても、外した方がいい場合がある。結局、修正済み R^2 の増減に一喜一憂するのではなく、理論（と個別的な統計的テスト）の方を重視して「適切なモデル」を探していくべきなのだ。

むしろ、R^2 を使うにあたって持ってほしいのは、一種の相場観だ。どのような分野のデータを使ってどのようなタイプの分析を行うかによって、どの程度の R^2 が出てくるかはだいたい決まっている。たとえば、企業の業績

---

[3] さらに言うと、そもそも失業者数という説明変数自体、他の要因（たとえば景気変動）「によって」引き起こされる要因だから、その根本的な要因との間に因果関係を見いだすべきかもしれない。

予測の分野では、0.1〜0.3程度の R^2 になることが多い。「えっ、たった10％しか説明できないの？」と感じるかもしれないけれども、企業の業績なんて非常に多くの要因によって左右される上、その多くの要因のうち実際にデータが入手可能なのはごく一部だから、10％程度しか説明できないのは、むしろ当然だ。R^2 が低いからといって自信を失うことはない。

　他方で、目的変数についてのラグ付き変数（過去のデータ）を説明変数に含むモデル（たとえば、目的変数が、ある法科大学院のある年度の司法試験合格者数である場合に、その前年度（あるいは前々年度）の司法試験合格者数を説明変数にする）では、0.9程度の R^2 になることが多い。これは、ある期の状態というのは、その前の期から大きく変化するようなものではないことが多いから（ある法科大学院の卒業者の出来不出来が大きく乱高下するということはあまり考えにくく、通常はだいたい安定しているはずだ）、前の期の数値というラグ付き変数を説明変数に取り込むことで、目的変数の変化の大部分が説明されてしまうからである。

　そうすると、R^2 を見る際には、類似の先行研究でだいたいどれくらいの R^2 が出ているのかについて調べておいた上で、だいたいその範囲に収まる R^2 が導かれたかどうかをチェックすることが重要になる。相場の範囲に収まる値が導かれていれば一安心だけれども、その範囲より低すぎる、あるいは高すぎる値が出てしまった場合には、要注意だ（高い値が出たからといって喜んではいけない）。データに取り間違いがあるのかもしれないし、コーディングにミスがあるのかもしれないし、あるいは何らかの幸運が重なったのかもしれない。相場の範囲を超えた R^2 が出た場合には、その原因をできる限り究明して修正あるいは報告することが望ましい。こういった「アノマリー発見器」として R^2 は役に立つので、実証分析を行う際には修正済み R^2 を報告するのが一般的だ。

　なお、R^2 を利用する際には、修正済み R^2 を使うのが通常だけれども、必ずしも常に修正済み R^2 を使うことが適切とは限らない。それは、何を目的とした分析を行っているのかによって決まる。前述したように、R^2 は、モデルの当てはまりの良さ（予測の正確性）の指標で、修正済み R^2 は、

「扱いやすい」モデルの構築のために、R^2 からモデルの複雑性の分を差し引いた指標だった。私たちが通常目指しているのは、現実を説明するための「扱いやすい」モデルの構築だから、修正済み R^2 を使うのは合理的である。

けれども、違う目的を持って実証分析をする場合もある。モデルの扱いやすさはさておき、とにかく正確な予測を得られるようなモデルが欲しい（コンピュータの計算能力が許す限り）、という目標がある場合だ。マクロ経済予測などは典型的な例だろう。実際、2011年度ノーベル経済学賞受賞者の一人である Sims の提唱した構造化 VAR というモデルは膨大な数の説明変数を使う。こういった目的がある場合には、修正済み R^2 がいかに下がろうとも、多くの説明変数を取り込んで高い R^2 を目指した方がいいことになる[4]。

④ 切片なしモデル

以上の話が当てはまらないのが、切片のないモデルだ。たとえば、前述のモデル1は切片 β_0 を含むけれど、β_0 を落としたモデル

$$\ln(\text{crime}) = \beta_1 \ln(\text{unemp}) + \varepsilon$$

がこれにあたる。このような切片なしモデルを使うことはまずあり得ないのだけれど、後述するインテリジェンス事件高裁決定（東京高決平成22年10月19日判タ1341号186頁）で採用されてしまったので、ここで簡単に説明しておきたい。

そもそも、切片なしモデルを使うべきなのは、理論的に「切片はゼロのはずだ！」と自信を持って言える場合だけだ。そして、そんな場合なんてまずあり得ないから、切片なしモデルを使うことは普通はあり得ない。もし、真実（神様だけが知り得る世界）は切片がゼロでないのに、切片がゼロのモデルを無理に OLS で推定したら何が起きるだろうか。OLS は第4章の図4 ‒

---

4) 同様に R^2 がある程度高い方がいい場合として、第20章で出てくる操作変数（IV）のファースト・ステージも挙げられる。

図 6-1

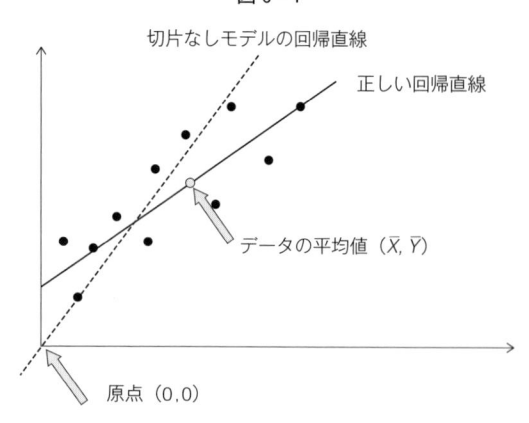

（図）切片なしモデルの回帰直線／正しい回帰直線／データの平均値 $(\bar{X}, \bar{Y})$／原点 (0,0)

6 で見たように、データ（サンプル）の平均値を中心に回帰直線を回転させて、残差の二乗の総和が最小になるような傾きを見つけようとするものだった。これに対し、切片がゼロということは、この回帰直線が必ず原点 (0,0) を通るということだから、原点を中心に回帰直線を回転させて、残差の二乗の総和が最小になるような傾きを探すことになる。けれども、そんなことをしたら当然、真実の傾きとは異なる傾きが推定されてしまい、推定値にバイアスが発生してしまう（図 6-1 参照）。このようなバイアスの危険性があることから、切片なしのモデルは滅多に使われない。

他にも、切片なしのモデルには、困った特徴がある。まず、OLS の特徴（たとえば第 4 章で見た「残差の平均がゼロ」）が当てはまらない。さらに、R^2 の値もおかしくなる。切片なしモデルの R^2 は、切片ありモデルの R^2 以下になり、場合によってはマイナスになり得る。R^2 の定義は

$$1 - \frac{モデルで説明されない部分（SSR）}{目的変数の変化（SST）}$$

だから、R^2 がマイナスだということは、説明変数よりもサンプルの平均の方が、目的変数を「上手く説明する」ことを意味しそうだ。

これは変なので、多くの統計ソフトウエア（Stata も R も）は、切片なし

モデルについては、通常の R^2 (centered R^2) の代わりに uncentered R^2 というものを報告する。centered R^2 が、目的変数の変化（SST）として分散（第3章で見たように、平均（データの中心；center）からの距離の二乗の総和）を考えるのに対し、uncentered R^2 は、SSTとして目的変数の値の二乗の総和を考える。そうすると、uncentered R^2 は、目的変数の現実の値とモデルの予測値との相関係数の二乗として定義され、したがって、かならず0から1までの間しか値をとらない。

けれども、切片なしモデルのSSTは、切片ありモデルのSSTに比べて、目的変数の平均が0でない限り、必ず大きくなる（平均からの距離でなく、0からの距離を測ることになるので）。そうすると、1−SSR/SSTで定義される R^2 は、切片なしモデルの方が切片ありモデルよりも大きくなる[5]。けれども、これは、切片なしモデルの方が切片ありモデルよりも、データを上手く説明していることを意味するわけではなく、単に分散というデータの中心からの距離を測らなかったことの結果にすぎない。この uncentered R^2 は、通常の centered R^2 と異なり、もはや、「目的変数の変化のうちで、モデルによって説明される変化の割合」を意味していないのである——そもそも分母が目的変数の変化を意味していない。したがって、centered R^2 と uncentered R^2 を比較してモデルの優劣を考えることは、無意味だ。

⑤ インテリジェンス事件高裁決定

ところが、どうやらその間違いを犯してしまったらしい残念な裁判例がある。インテリジェンス事件高裁決定は、「……複数のモデルを設けてこれを検討し、結果的に、ジャスダック指数の変動率を説明変数として用い……、かつ、α値（定数項〔編注：切片〕）を含まないものが、最も決定係数及び t

---

5) 失業者数と犯罪数の具体例で R^2 の変化を見ると、モデル1については、切片ありだと0.8968から切片なしだと0.9781へ、モデル2については、切片ありだと0.9227から切片なしだと0.9845へと増加する。このことは、切片なしモデルの方が説明力が高いことを意味しない。

値が高く（決定係数は0.317、なお、一定の調整を加えた決定係数〔編注：修正済みR^2〕は0.240である……）……」と判示して、切片なしモデルを適切なモデルとして採用した。本書をここまで読んできた読者には、この判示のどこがどう間違っているかを練習問題として考えてもらいたい。

　……わかっただろうか？　まず、切片なしモデルは、切片がゼロであるべきだという強い理論的根拠がない限り使うべきではないけれど、本決定が問題としている場面で切片がゼロになるという理論的根拠は皆無だから、使うべきではない。切片なしモデルを使うことによって、推定値にバイアスが発生してしまう。第二に、切片なしモデルのR^2がもっとも高いと言っているけれど、前述したように、切片なしモデルのR^2が切片ありモデルのR^2より高くなることは決してあり得ないから、決定要旨で言われている切片なしモデルのR^2は、恐らく uncentered R^2 だ。そうすると、もはや「目的変数の変化のうち、モデルによって説明される変化の割合」とは全く別物の uncentered R^2 を、通常のR^2と比較していることになり、全く無意味なことをしていることになる[6]。

　おそらく、このような間違いが生じたのは、切片なしモデルの場合には、StataやRのような統計ソフトウエアはR^2の計算の仕方を変えるという、初歩的な知識（さらには切片なしモデルは滅多に使われないということ）を知らずに本決定がベースとした意見書が執筆されたからではないかと推測される。もちろん、本決定が出たのは本書より前だから、そのような意見書を鵜呑みにして裁判官が間違えた決定文を書いてしまったのも無理はない。第1章で述べたように、ピア・レビューにさらされる学術雑誌と異なり、裁判

---

6) なお、本文で挙げた2つの間違いの他、モデルの比較には修正済みR^2を使うべきなのに、R^2を使っているのは不適切だ、という点を指摘する読者もいるかもしれない。この指摘は一見正しそうだけれども、残念ながらここでは当たらない。なぜなら、本決定で問題としているのは、回帰モデルを使って株価を予測することである。つまり、社会科学的なモデルの扱いやすさを追求しているのではなく、予測能力の高さを追求することが目的になっているのだから、修正済みR^2ではなくR^2を基準にモデルを選択することには合理性がある。

所に提出される訴訟資料にはその正確さを担保するための手続がないから[7]、間違った実証分析が裁判所に提出されることは防ぎようがなく、それを見抜くリテラシーが裁判所に要求されるのである。裁判所がコロリとだまされてしまった本決定は、そのことの重要性を教えてくれる反面教師と言えるかもしれない[8]。

---

[7] 専門委員制度（民訴92条の2以下）を実証分析についても活用するような手当がなされれば希望はあるけれども……。

[8] この点については仕方がないとしても、裁判所としてはもうちょっと考えるべきだった点がある。会社法上の株式買取請求が問題になった事件で、本決定以外に回帰モデルを採用した決定は存在しない中で、本決定において裁判所が回帰モデルを使って買取価格の修正を図ろうとした動機はおそらく、株式交換の計画公表（2008年7月1日）から基準時たる効力発生日（同年9月30日）までの間に、リーマンショック（同年9月15日）があって株式市場が暴落したから、そのことを反映した買取価格を設定したい、というところにあったと想像される。

にもかかわらず、最終的に裁判所が採用した買取価格は、回帰モデルによって予測された株価の効力発生日前1ヵ月間（同年9月1日〜9月29日）の平均値であった。これでは、リーマンショック発生前の株価が買取価格に大きな影響を与えてしまうことになるから、裁判所がそもそも回帰モデルによる補正を活用しようとした動機と実際に採用した方針との間にズレがあり、一貫性を欠く。この点については、実証分析というよりは会社法上の解釈の問題なので、本書ではこれ以上深入りしない。おそらく種々の評釈で検討されることになるだろう。

なお、本決定は、最三小決平成23年4月26日裁時1531号2頁によって、算定基準時が不適切であることを理由に破棄差戻しされている。

第7章 仮説検定(1)

お前はもう死んでいる

① 推定

　本章では、すでに何度か登場した「統計的に有意」という言い回しの意味——仮説検定——にたどり着くことを目指す。ちょっと頭の体操的なところがあるけれど、法科大学院適性試験みたいなものだと思ってもらえればたいしたことはない。では、その仮説検定に踏み込む前に、第3章で扱った母集団と標本との関係について行われる、推定（inference）という作業の理解からスタートしよう。

　私たちが本当に知りたいのは、母集団の振る舞い方だ。たとえば、人間や社会一般を分析対象としている場合には、世界中のあらゆる人間の行動について知りたい。また、日本社会を分析対象としている場合には、日本人全体がどのように行動しているのかを知りたい。けれども、こういった分析対象全体＝母集団について現実に知ることはできないことが多い。私たちが行えるのは、母集団の一部を標本として抽出し、その標本についてのさまざまな振る舞いを測定し、標本の振る舞いから母集団の振る舞いを統計的に推測することだけだ——これを推定と言う。

　この推定において、母集団のパラメータ（β_0 や β_1 など）の真の値をピン

図7-1

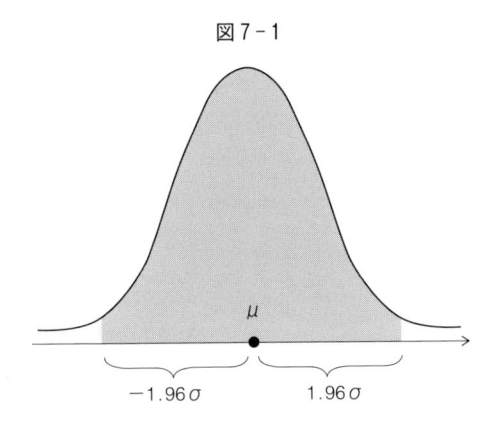

-1.96σ　1.96σ

ポイントで特定することは難しい。なぜなら、母集団そのものは、私たちが直接観察できるものではなく、パラメータの真の値は観察することができないからだ。私たちにできることは、母集団から得られた標本を元にして、「母集団のパラメータの値（＝パラメータの真の値）は、△から×までの間に○○％の確率で存在する」と推測することだけ（区間推定）である。この区間推定がどのような作業かを理解するために、次のような例を考えてみよう。

1.1　平均の推定

今、ある母集団について、その平均 μ（「みゅー」）がどんな値なのかについて推定したいとしよう。ラッキーなことに、この母集団が正規分布をしていて、しかもその標準偏差が σ（分散が σ^2）だとわかっていたとする（図7-1）。実際には、母集団の分布の形や標準偏差を知ることは、神様の視点を持っていない限り不可能だけれども、まずはそれがわかっているという（非現実的な）仮定からスタートする。

第3章で述べた正規分布の特徴から、平均から標準偏差約2個分（厳密には1.96）を両側にとると、95％のデータがこの中に入ることが知られている。ということは、もし、この母集団から**ランダム**にデータを1個（x_1）取り出したら、そのデータが、μ を中心に ±1.96σ の範囲内に入っている可能性は、

95％あることになる。そして、もし x_1 がこの95％の範囲内に入っていれば、x_1 から±1.96σの範囲内に真の平均 μ があるはずだし、もし x_1 がこの95％の範囲内に入っていなければ（＝その外側の5％の範囲に入っていたら）、x_1 から±1.96σの範囲内に真の平均 μ は存在しないはずだ。ということは、この x_1 から±1.96σの範囲をとれば、その中に真の平均 μ が存在する可能性は、95％だと言える（この辺が頭の体操）。

この95％という数字は、自由に設定できる。たとえば、90％の可能性でよければ、得られたデータ x_1 から±1.64σの範囲まで狭まるし、逆に99％という高い可能性で μ があるということを確保したければ、x_1 から±2.58σという広い範囲を考えなければならない。このように、「その範囲内に真の平均が存在する」という命題が正しい可能性を、信頼度（confidence level）と呼び、信頼度によって決められる範囲を信頼区間（confidence interval；CI）と呼ぶ。信頼区間が広ければ、その範囲内に真の値が存在する可能性が高まるけれども、信頼区間を狭めれば、その範囲内に真の値が存在する可能性は低くなる。

さらに、以上のように母集団からデータが1個だけ抽出できた場合ではなく、複数のデータがとれた場合には、その複数のデータの平均をとればもっと推定の精度が高まる。n 個のデータがとれれば、それらの平均値からの信頼区間は、データが1個の場合に比べて $1/\sqrt{n}$ に小さくなる。

1.2　母集団の分散がわからないと

ここまでの母集団の平均の推定では、母集団の分散 σ^2 が私たちにわかっていると仮定してきた。けれども、実際には、母集団の分散があらかじめわかっているということはなく、この分散についても、手持ちのデータから推定しなければいけない。

手持ちのデータ（標本）から、母集団の分散を推定するには、第3章で見たように、平均からの距離の二乗の総和をデータ総数 n ではなく、$n-1$ で割った不偏分散 s^2 を使う。けれども、その先もうワンステップ必要だ。この不偏分散 s^2 は、母集団の分散 σ^2 そのものではなく、あくまでその推定値

図 7-2

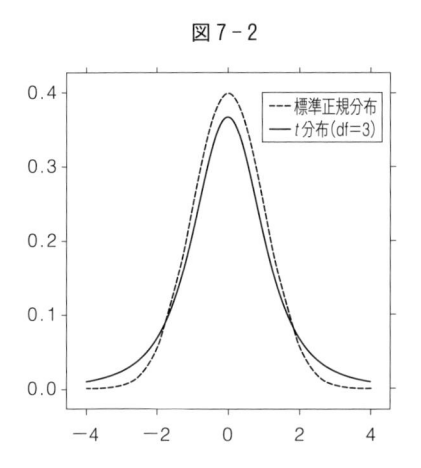

にすぎない。ということは、標本から得られる s^2 は、真の σ^2 よりも大きかったり小さかったりする不正確な値だ。この結果、母集団の分散でなく不偏分散を使って区間推定を行うと、その推定は、図 7-1 に比べると不正確になってしまう（＝信頼区間が広がる）。

このため母集団の分布が正規分布であっても、不偏分散を使った推定値の分布は、正規分布よりも裾が厚い（fat tail）t 分布（第 3 章参照）の形になる（図 7-2 は標準正規（standard normal）分布（平均 0、標準偏差 1 の正規分布）と t 分布を比較したもの）。t 分布の形状は、自由度（degree of freedom；df）によって決まっており、不偏分散を使った推定で利用される t 分布の自由度は、$n-1$ になる[1]。自由度が大きくなればなるほど t 分布は標準正規分布に近づき、自由度が無限大になれば標準正規分布と一致するので、データ数 n がある程度大きければ[2]両者の違いは無視できるけれども、

---

1) 正確に言うと、$\dfrac{\bar{X}-\mu}{\sqrt{s^2/n}}$ が自由度 $n-1$ の t 分布に従う。これに対し、母集団の分散がわかっている場合は、$\dfrac{\bar{X}-\mu}{\sqrt{\sigma^2/n}}$ が標準正規分布に従う。

2) この「ある程度」というのがどのくらいか、という相場観はあまり教科書類では説明されていないが、n が 1000 くらいあればたいていは安全である。

n が小さいときには、きちんと t 分布を使わなければならない。

② 仮説検定

区間推定を応用したのが、仮説検定（hypothesis testing）だ。この仮説検定も、区間推定以上に頭の体操になるので頑張ってついてきて欲しい[3]。

2.1 仮説検定

仮説検定においては、母集団に関する何らかの仮説が真実かどうかを検定する。この検定の対象となる仮説は、帰無仮説（null hypothesis；H_0）と呼ばれる。何でこんな変な名前がついているかと言うと、帰無仮説は最初から否定されることを予定された（期待された）――**お前はもう死んでいる**――仮説だからだ。そして、この帰無仮説と対立する仮説を、対立仮説（alternative hypothesis；H_1）と呼ぶ。

たとえば、母集団についての帰無仮説 H_0 として、この母集団の平均が 1 である（$\mu=1$）という仮説を取り上げ、これが真実かどうかを検定することを考えよう。この場合の対立仮説 H_1 は、母集団の平均が 1 ではない（$\mu \neq 1$）になる。先ほどの区間推定の場合と同じく、母集団の分布は正規分布しており、かつ、母集団の分散 σ^2 もわかっていたとする。この場合に、n 個の標本が得られ、その標本の平均を計算すると b になったとしよう。

この場合、先ほどの区間推定の考え方を当てはめると、もし帰無仮説 H_0 が正しいのであれば、b から $\pm 1.96\sigma/\sqrt{n}$ の範囲内に「真実の母集団の平均」である 1 が含まれている可能性は95％あることになる。ということは逆に、b から $\pm 1.96\sigma/\sqrt{n}$ の範囲内に 1 が含まれていなかったならば、帰無仮説が正しいという前提の下では、5 ％の可能性でしか起き得ないような非常に稀な事態が発生したことになる。とすれば、そもそも帰無仮説が正しいという出

---

[3] この仮説検定の不自然さ（気持ち悪さ）がどうにも受け付けない、という人は、古典的統計学（頻度主義）よりも、もっと私たちの日常的な思考に近いベイジアン向きの人である。頻度主義の不思議さについては、301頁も参照してほしい。

発点の前提がおかしかったのであり、この帰無仮説は間違っていた（対立仮説が正しい）と推論することが合理的だ（もちろん、帰無仮説が正しくて、今回はたまたま変な値が出ただけだ、という可能性もあるけれど、その可能性は5％でしかない）。これを、私たちは帰無仮説を棄却する（reject）、と言う。今までに何度か出てきた**統計的に有意**というのは、この状況のことである。

逆に、もし、b から $\pm 1.96\sigma/\sqrt{n}$ の範囲内に1が含まれていたとしたら、それは、帰無仮説が正しいという前提の下では、95％の可能性で起き得る、当たり前の事態だと言える。とすれば、私たちは、最初の帰無仮説が間違っていたと推論することはできない。これを、私たちは帰無仮説を棄却できなかった（fail to reject）、と言う。

ここで注意しなければいけないのは、b から $\pm 1.96\sigma/\sqrt{n}$ の範囲内に1が含まれていたとしても、私たちは、帰無仮説を正しいと認める＝受容する（accept）ことはできない、という点だ[4]。帰無仮説（ここでは母集団の平均が1）が正しいと結論づけることができないのはちょっと考えてみればすぐにわかる。たとえば、別の帰無仮説として「母集団の平均が0.99」とか「母集団の平均が1.01」とかを考えてみよう。同じデータを前提として、これらの帰無仮説も同様に棄却できないことは十分にあり得、その場合には、いずれが正しいかを区別することはできない。この意味で、帰無仮説を棄却できなかった場合には、真実の値のありかについて確かな推論をすることができないので、あまりうれしくない。やはり帰無仮説は、お約束通りに死んでくれないと困るのだ。

2.2　有意水準と p 値

今行った仮説検定では、帰無仮説を棄却する基準として、帰無仮説が正しいと仮定すると5％の可能性でしか起き得ないような稀な事象かどうか、と

4）ただし、教科書によっては、受容（accept）を、棄却できない（fail to reject）の意味で使っているものもある。

表7-1

判断＼仮説	真	偽
受容	○	タイプ2エラー
棄却	タイプ1エラー	○

いうことを使った。この基準を、有意水準（significance level）と呼ぶ。前述の場合の有意水準は5％だ。社会科学分野における有意水準は5％が使われることが多いけれども、10％や1％が使われることもたまにある。これに対し、医学などの分野では、1％や0.1％といった有意水準が採用されることが多い。人命がかかっているから、それだけ厳密に考えようというわけだ。

もっとも、有意水準は厳しければ厳しいほど望ましいというわけではない。仮説検定には、常に次の2種類のエラー（過誤）が起きる可能性がある。本当は帰無仮説が正しいにもかかわらず、帰無仮説を棄却してしまうというタイプ1エラー（type I error）と、本当は帰無仮説が正しくないにもかかわらず、帰無仮説を棄却できないというタイプ2エラー（type II error）である（表7-1）。

この2種類のエラーはトレードオフの関係にある。有意水準を厳しくすることは、タイプ1エラー（誤検出）を減らすけれども、タイプ2エラー（検出失敗）を増やしてしまう[5]。特に、「1 －（タイプ2エラーの確率）」を、その検定のパワー（power）という。これは、何らかの効果を検出できる確率（一種の感度）であり、有意水準を厳しくすることは、誤検出を防止するけれども、同時にその検定のパワーを減らしてしまう。社会科学が5％の有意水準を主に採用しているのは、この両者のバランスをとったものだと言えよう[6]。

---

[5] 医薬品の効果（帰無仮説は「効果なし」）について有意水準を0.1％と厳しくすると、本当はその薬に効果がないにもかかわらず、「効果あり」と結論づけてしまう危険（タイプ1エラー）は減るけれども、本当はその薬に効果があるにもかかわらず、「効果なし」と結論づけてしまう危険（タイプ2エラー）が増える。

[6] どのような有意水準を使うべきかについては、類似の先行研究を見るのがよい。

有意水準についてもう一つ大事なのは、後から有意水準を変えるのはダメ、ということである。データを見て分析を始める前に、「この仮説については有意水準〇〇％で検定を行う」と決めておくべきで、分析してみたら帰無仮説が棄却されなかったから有意水準を緩めて棄却されるようにする、ということはやってはいけない。たとえば、社会科学であれば普通は有意水準5％を使うけれども、有意水準5％では帰無仮説が棄却できないので、有意水準10％だったことにして統計的に有意な結果が出たことを報告するのは、アウトだ。実証分析の読者としての私たちが目にするのは採用された有意水準だけだから、このような途中経過はわからないのだけれど、少なくとも類似の先行研究より緩い有意水準が使われていたら「怪しいな」と思わなければいけない。

　もっとも、このルールは原則的なもので、しばしば破られている。区間推定のところで見たように、信頼区間の幅は、データの数 n によって決まる。n が大きければ信頼区間の幅は小さくなる（標準偏差を $1/\sqrt{n}$ で割るから）けれども、n が小さいと信頼区間の幅は大きくなる。信頼区間の幅が大きいということは、帰無仮説を棄却できる可能性が減ることを意味する。n が100くらいしかないと、有意水準5％で検定してもなかなか有意に出ないことがある。そのような場合には、「データ数が少なくて有意性が出にくいので仕方がないから、あくまで弱い有意性に過ぎないのだけれども」と断った上で、有意水準10％で検定すれば統計的に有意な結果が出ることを報告することがある。実証分析の一番のハードルはデータ収集であり、そこにどうしても限界があるのであれば、有意水準を緩めることに合理性があることもある（読者も割り引いて読む）。

　このように、有意水準の設定にはやや恣意性が残るので、p 値（p-value）という値を同時に報告することもある。これは、帰無仮説が正しいという前提の下で、そのデータがどのくらい珍しいかを表す数値である。たとえば、帰無仮説を前提にすると、あるデータが観察される可能性が2％であった場合、帰無仮説は有意水準5％で棄却される一方、p 値は0.02（2％）になる。有意水準が「足きりの閾値」なのに対し、p 値は「珍しさ」そのものを意味

図7-3

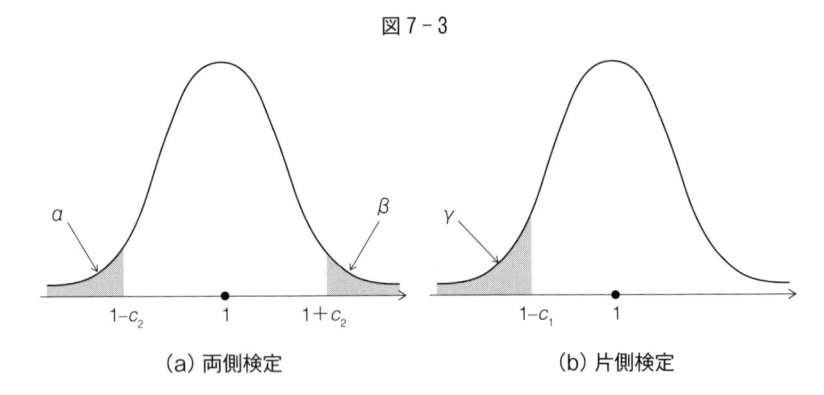

(a) 両側検定　　　　　　　　(b) 片側検定

することになる。

2.3 両側検定と片側検定

　ここまで行ってきた仮説検定は、両側検定（two-sided test）と呼ばれるものである。これは、帰無仮説 $\mu=1$ を検定する際の対立仮説 H_1 として、$\mu \neq 1$ をとるものだ。つまり、母集団の平均が1かどうかを知りたいわけで、実際のデータが1より小さすぎても（図7-3(a)で α の部分）、1より大きすぎても（図7-3(a)で β の部分）、帰無仮説を棄却することになる。この α と β の部分、つまり、帰無仮説を棄却する領域は、棄却域（rejection region）と呼ばれ、その閾値である $1-c_1$、$1-c_2$ は臨界点（critical value）と呼ばれる。このように、分布の両側に棄却域があるケースは、両側検定と呼ばれる。

　しかし、私たちの興味が、母集団の平均が1かどうかではなくて、母集団の平均が1より小さいかどうか、であることもある。この場合は、対立仮説 H_1 として、$\mu \neq 1$ ではなく、$\mu < 1$ をとればよい。すると、実際のデータが1より大きかったとしても、帰無仮説は棄却されず、棄却域は1より大きい側には存在せず、1より小さい側だけに存在することになる（図7-3(b)の γ）[7]。これが片側検定（one-sided test）だ。

　片側検定の際に注意しなければならないのは、両側検定の場合と臨界点が違ってくることである。どちらも同じ有意水準5％で仮説検定をすることを

考えよう。両側検定であれば、棄却域は α と β の2つがあり、両者のどちらかに入ることが5％の可能性しかない珍しいことであることを意味するから、α も β も2.5％分の領域になる（左右対称な分布を前提とした場合）。これに対し、片側検定では、棄却域は γ で1つしかなく、そこに入ることが5％の可能性しかない珍しいことであることを意味するから、γ 単独で5％分の領域になる。

　ということは、α と γ だけを単純に比較すれば、γ の方が広いから、両側検定よりも片側検定の方が棄却されやすい。両側検定だと帰無仮説が棄却されないけれども、片側検定では帰無仮説が棄却される、という事態があり得ることになる。すると、有意水準の場合と同様に、統計的に有意な結果が出たと報告をするために、恣意的に両側検定ではなく片側検定が使われるおそれがある。もちろん、これもやってはいけないことだ。両側検定を使うのか、それとも、片側検定を使うのかは、どのような問題を分析しようとしており、対立仮説として何を立てるのかによって決まってくることなので、データを見て統計ソフトを動かす前に決めておかなければならない。データを見た後に、両側検定を使うか片側検定を使うかを決めるのは、不適切なのである。

　もっとも、実際には、両側検定が使われる場合がほとんどであり、片側検定が使われることは滅多にない。これは、多くの場合に検定したい問題が、「相関関係があるのか、ないのか」であり、「プラスの相関関係があるのか」「マイナスの相関関係があるのか」ではないことによる。そして、そのようにほとんどの仮説検定が両側検定でなされている中で、あえて片側検定を使うと、読者からは「この分析は、統計的有意性を出したいがために、両側検定ではなく片側検定を使っているのではないか？」と痛くもない腹を探られかねない。もちろん、片側検定を使うべききちんとした理由があれば片側検定を使っていいけれども、そうでないのであれば両側検定を使って、それでも統計的に有意な結果が出ていれば、読者に疑われずに安心だ。だから、ど

---

7) もちろん、母集団の平均が1より大きいかどうかに興味がある場合には、対立仮説 H_1 として $\mu>1$ をとり、棄却域は1より大きい側だけに現れる。

ちらか迷ったら、何はともあれ両側検定をしておくのがいい。

逆に、皆さんが読者の立場であれば、片側検定を使っている実証分析を見たならば、そこで立ち止まって注意深く読む必要がある。その実証分析は、本当に片側検定を使うべき問題を扱っているのか、さらに、もし両側検定を使ったとしたら同じ結果（統計的有意性）が出るのかどうか、という点に気をつけて読む必要があるのである。

2.4 さまざまな仮説検定

本章で説明した仮説検定は、仮説検定の中でも一番単純な、「平均の検定」である。しかも、母集団の分散 σ^2 がわかっている場合だった。この仮説検定のアイデアは、さまざまな場面で応用が可能である。

まず、母集団の分散が私たちにわかっておらず、推定値である不偏分散を使わなければならない場合には、信頼区間を決めるのに、正規分布ではなく、t 分布を使うことになる（t 検定）。t 分布の方が正規分布よりも裾が厚い分布だから、正規分布を使った仮説検定に比べ、t 検定の場合には、帰無仮説を棄却しにくくなる。

この他にも、2つの母集団について、その平均が等しいかどうか、という平均の差の検定もしばしば行われる。たとえば、男性の賃金（母集団）と女性の賃金（母集団）の間に違いがあるかどうかを調べるためには、それぞれの母集団からランダムに標本抽出した上でその平均をとり、「男性の賃金と女性の賃金は等しい」という帰無仮説について仮説検定を行えばよい。また、もし比較の対象が2つの母集団の平均ではなく、3つ以上の母集団の平均が等しいかどうかを知りたいときには、F 分布というものを使って仮説検定を行う。

さらに、分散についての仮説検定では、χ^2（「カイ二乗」「かい・すくえあーど」）分布というものを使って仮説検定を行う。分散は絶対にマイナスにならないので、非負の値しかとらない分布を使わないと検定ができない。そこで使われるのが χ^2 分布である（左右対称の分布でないので、左右の棄却域が違う点に注意）。

第8章 仮説検定(2)
私が死んでも代わりはいるもの

　前章に引き続いて、「私が死んでも代わりはいるもの」というツンデレな帰無仮説をめぐる仮説検定について、OLS での利用に焦点をあてながら見ていこう。

① OLS と仮説検定

　目的変数の変化のあり方を説明するためのモデルを OLS で推定した場合、その推定値について仮説検定を行うことによって、その推定値がどれほど信頼できるものなのかを統計的に評価することができる。たとえば、今までに何度も出てきた犯罪件数と失業者数についてのモデル

$$\ln(\text{crime}) = \beta_0 + \beta_1 \ln(\text{unemp}) + \beta_2 \ln(\text{pop}) + \varepsilon \tag{1}$$

をまず OLS で推定する。問題は、ここで何を帰無仮説とし、何を対立仮説にとるかだけれども、私たちが知りたいのは、「失業者数が犯罪件数に影響を与えていないかどうか」という命題だ。これは、帰無仮説として「失業者数は犯罪件数に影響を与えない $H_0 : \beta_1 = 0$」をとり、対立仮説として「失業者数は犯罪件数に影響を与えている $H_1 : \beta_1 \neq 0$」をとれば、表現できる。なぜなら、β_1 は失業者数がどれほど犯罪件数に影響するかを表すパラメータ

だからだ。

　そして、この帰無仮説・対立仮説の仮説検定は、前章で説明した「平均の検定」になる。その理由は次の通り。母集団のパラメータ（$\beta_0, \beta_1, \beta_2$）の真の値そのものは、私たちには決して知り得ない。私たちに行えるのは、真の値の分布についての統計的な推論だけだ。もっとも、真の値の分布を確率分布そのままとして観察するのはわかりにくいから、何らかの指標に基づいてこの確率分布を表現するのがいい。その際にもっともよく使われるのが、平均（期待値）だ（第3章参照）。だから、先ほどの帰無仮説をより正確に書くと「β_1 の平均 = 0」になる。後は、仮説検定の対象である β_1 の分散さえわかれば、仮説検定ができる。

　ただ、私たちは、母集団の分散を通常知り得ないから、その代わりに手元にあるデータ（標本）から推定した不偏分散 s^2 を使うことになるため、パラメータの分布の形については、正規分布ではなく t 分布を使うことになる。この t 分布の自由度は、$n-k-1$ だ。n はデータの数、$k+1$ は、そのモデルで推定しているパラメータの個数（式(1)だと $\beta_0, \beta_1, \beta_2$ の3個を推定しているため3）になる。なぜそうなるかの数学的証明は省くけれども[1]、直感的には、データの数 n が大きくなればなるほど、推定は正確になり、他方で、推定したいパラメータの数 k が大きくなればなるほど、推定は不正確になるからだ。そして、パラメータごとに推定された不偏分散の平方根（標準偏差に相当）は、標準誤差（standard error；SE）と呼ばれる。そうすると、帰無仮説の下での推定値の分布

$$\frac{\text{推定値}\hat{\beta_1} - \text{帰無仮説（ここでは 0）}}{\hat{\beta_1}\text{の標準誤差（SE）}} \tag{2}$$

が自由度 $n-k-1$ の t 分布（t_{n-k-1}）に従うことになる。したがって、あとはこの(2)を t 検定してやればよい。もし、有意水準5％で両側検定を行う

---

[1] 直感的には、n 本の連立方程式を解くときに、解きたい変数が $k+1$ 個あれば、自由になる式の個数は $n-(k+1)$ 本しかないことによる（もっと正確に理解するには、行列の知識が必要）。

のであれば、(2)の絶対値が約2を超えていれば帰無仮説は棄却され、統計的に有意な結果が出たことになり（＝失業者数は犯罪件数に影響を与えている）、逆に、(2)の絶対値が約2より小さければ帰無仮説の棄却は失敗し、「β_1 は統計的に有意ではない」（＝失業者数が犯罪件数に影響を与えるとは言えない）。

　ここで、式(2)の値（＝OLSの推定値と帰無仮説との差を標準誤差で割ったもの）を、t 値（t-statistic）と呼ぶ[2]。両側検定で自由度100の t 分布を前提にすると、t 値の絶対値が、有意水準10％なら1.66、有意水準5％なら1.98、有意水準1％なら2.62を超えれば、統計的に有意な結果と言える。単に推定値 β_1 だけを見ていては、その推定値が統計的に有意かどうかわかりにくいので、それを標準誤差で割ることによって、統計的に有意かどうかを簡単に判断できるようにしたのが、t 値ということになる[3]。

　統計パッケージソフトウエアでOLSを行うと、全てのパラメータのOLS推定値と標準誤差の他、それぞれのパラメータごとに、「当該パラメータが0である」という帰無仮説について両側検定をした場合の、t 値、p 値（前章で説明した通り、「帰無仮説の下でその推定値（あるいは t 値）を観察することの珍しさ」）、95％信頼区間、R^2、修正済み R^2 まで計算してくれるのが一般的だ[4]。

2）ちなみに、t 検定ではなく、正規分布を使った検定の場合は、z 値（z-statistic）と呼ばれる。なお、t 値がこのようにして決まるということは、統計的に有意な分析結果を得たい（＝大きな t 値を得たい）のであれば、分母の標準誤差を小さくするか（そのためにはたとえば n を大きくする）、分子の推定値を大きくするか、のいずれかによってそれを実現できる可能性があることになる。もちろん、恣意的に分析手法を操作して統計的に有意な結果を得ようとすることは望ましいことではないから、不自然な手法が採用されていないか、注意深く見る必要がある。

3）もちろん、帰無仮説として何を設定するかによって t 値は異なる。たとえば「β_1 は1かどうか」が帰無仮説なら、推定値から1を引いた値を標準誤差で割れば、t 値が得られる。

4）この他、データ数、自由度、「全てのパラメータが同時に0である（＝そのモデルは全く無意味！）」という帰無仮説についての F 値とその p 値などが出力されることが多い。F 値については後述する。

表 8-1

	(1)	(2)
失業者数(対数)	1.17***	0.22***
SE	(0.010)	(0.040)
t 値	(122)	(5.45)
人口(対数)		1.06***
SE		(0.044)
t 値		(24.0)
標本数	1726	1726
修正済みR^2	0.8968	0.9226

注1) 目的変数は犯罪件数（対数）
注2) *は10％、**は5％、***は1％水準で有意。

② 表の読み方

　そして、こういった推定結果を表8-1のような形にまとめるのが通例だ。この表をどのように読むかというと、縦の列（column）(1)(2)というのが異なるモデルで、横の行（row）が説明変数などになる。(1)列は、犯罪件数を失業者数だけで回帰した場合の推定結果で、(2)列は、犯罪件数と人口との双方を説明変数として回帰した場合の推定結果を意味している。

　この表からわかるように、(1)列でも(2)列でも、失業者数も人口も、ともに1％レベルで統計的に有意であり、いずれの説明変数も犯罪件数に影響を与えているということができる。(1)列からは、失業者数が1％増えると犯罪件数が1.17％増える関係にあると言えるし、(2)列からは、人口を一定とした上で失業者数が1％増えると犯罪件数が0.22％増える関係にあると言える[5]。こういった表を見せられたときは、アスタリスク（*）が（できるだけ多く）付いているセルに着目していくと、「何が影響を与えているのか？」をすぐに確認できる。

　なお、この表では、標準誤差（SE）とt値との双方を載せたけれども、

通常はどちらか片方しか載せない（どちらを載せたかは、表の下に注記する）。どちらを載せる流儀もあって、t値派の人は、「t値を載せた方が統計的に有意かどうかを簡単に判断できるから便利だ」と言い、SE派の人は、「帰無仮説が『パラメータの値が0か』以外のこともあるから、SEの方が便利だ」と言う。どちらの言い分にもそれなりの理由があるので、皆さんは好きな方で表を作ってかまわない[6]。式(2)から明らかなように、t値のみが表記されている場合にSEを知りたい場合は、t値で推定値を割ればいいし、SEのみが表記されている場合にt値を知りたい場合は、SEで推定値を割ればいいので、どのみち大して困ることはない。

　もう一点。このような表を書くメリットは、複数のモデルの比較検討が容易になることだ。説明変数をいろいろと取り替えてみることで、自分が興味関心を持っている変数（ここでは失業者数）のパラメータの推定値とその統計的有意性にどのような変化が生じるかを観察することができる。この表を見れば、(1)列から(2)列に移ることで、失業者数の推定値が大幅に減少し、人口の与える影響が大きく現れていることから、失業者数が犯罪件数に影響を与えているように見えてしまう(1)列は現実を上手く捉えたモデルではなく、(2)列の方がよりよいモデルだと判断できる[7]。

---

5) ここで、それっておかしいのでは？　と感じる人がいるかもしれない。仮説検定で統計的に有意な結果が出たということは、真の値が0ではないということであって、別に1.17だとか0.22だとか結論づけられたわけではないはずだからだ。それは確かにそうなのだけれども、「0ではない」ととりあえず言えた後に、「じゃあ結局いくつなの？」と問われたとき、どのような数値を使うべきかというと、1.17や0.22という推定値を使うのが、一番「もっともらしい」。なぜなら、たとえば、(1)列の場合であれば、真のβ_1の値は、1.17を平均としてt分布（標準誤差を使って修正）の形に分布していると推測される。その分布の中のどれが真のβ_1の値か特定することはできないけれども、一番「あり得そうな」値は平均である1.17だから、1.17を使うことが合理的だ。

6) ちなみに、筆者の好みはSEを使う方。有意性は＊の有無でわかるから。

③ 具体例：議員定数と政府支出

こういった表が読めるようになると、いろいろな実証分析が読めるようになる。一つ具体例を見てみよう。取り上げるのは、Pettersson-Lidbom (2012) というペーパーだ。最近、議員定数格差是正や消費税率アップ前の支出削減を目的に、国会議員数の削減が提言されているけれども、議員数を減らすことは本当に政府支出の削減につながるのだろうか、という問いを検討したのがこのペーパーだ。フィンランドとスウェーデンの地方議会のパネルデータ（第5章参照）を使って、議員数の増減が、その自治体の支出の増減にどのように影響したのかを分析している。そのうち、フィンランドについての結果を示すのが、表8-2だ。

この表では、(1)列から(9)列まで9個のモデルがあり、目的変数としては住民一人当たりの自治体支出（対数）がとられている。説明変数は、1行目が議会定数（対数）、2行目は多項式（今はとりあえず無視してかまわない）、3行目は「その他のコントロール変数」だ。「その他のコントロール変数」には、人口・老齢人口比率・若年人口比率・一人当たり収入が使われている。

---

7) なお、説明変数の間に強い相関関係がある場合、それらを同時に説明変数として組み込んだモデルを OLS で推定すると、推定値がデータのちょっとした違いで大きくぶれるという現象が発生することがあり、多重共線性（multicollinearity）と呼ばれる。(2)列のモデルでも、失業者数と人口との相関係数は0.93と非常に高く、多重共線性が発生していると考えられそうでもある。しかし、実際の実証分析においては、多重共線性を気にする必要性は、必ずしも多くはない。自分が興味関心のある変数とは関係のないところで多重共線性が発生している場合には放置してもかまわないし、自分が興味関心のある問題に多重共線性が発生している場合であっても、関連する変数を全て取り込むことが理論的に妥当だと確信できるような場合には、これを外すべきではない（本文はこちらのケース）。なお、多重共線性の極端な場合として、複数の説明変数が完全に相関している（相関係数が1）場合もある。この場合は、完全な (perfect) 多重共線性が発生しているという。この場合には、変数のいずれかを分析から外さなければいけない（そうしないと逆行列を作れない）。R や Stata などでは、完全な多重共線性が発生している場合には、いずれかの変数を自動的に落として計算してくれるけれども、どれが落ちるかは指定できないから、自分からどの変数を落とすかを決めて R や Stata に通す方が望ましい。

第8章　仮説検定(2)

表8-2

	(1)	(2)	(3)	(4)	(5)	(6)	(7)	(8)	(9)
	OLS		FE		RD				
council size effect	.210*** (.023)	.157*** (.037)	−.199*** (.040)	−.169*** (.041)	−.159*** (.041)	−.147*** (.041)	−.090** (.039)	−.081** (.039)	−.088** (.038)
Degree of polynomial in population size	None	None	None	None	First	Second	Third	Fourth	Fifth
Controls	No	Yes	No	Yes	Yes	Yes	Yes	Yes	Yes

注1) Each entry is a separate regression. The dependent variable is log per capita spending. Council size is also in log form. Data includes 391 local governments over the period 1977 to 2002, i.e., there are 10,166 observations. Huber-White standard errors allowing for clustering at the local government level are in parentheses. The control variables are population size, the proportion of people aged 65 or above, the proportion of people aged below 15, and per capita income. All regressions include time-fixed effects. Columns 3-9 include municipality-fixed effects.

注2) ＊＊＊ Significant at the 1% level, ＊＊ Significant at the 5% level, ＊ Significant at the 10% level.

3行目を見ると、(1)列と(3)列だけ「No」が入っていて、他は全て「Yes」だ。これは、(1)列と(3)列以外の列は、この4つの説明変数を含めて回帰したのに対し、(1)列と(3)列は含めてないことを意味する。これらの説明変数については、モデルに入れたか入れなかったかしか示されておらず、推定値も、SEやt値も報告されてない。これは、このペーパーの問題関心が、議員定数と自治体支出との関係とにあり、人口などがどのように影響しているかは関心の外にあるから、省略されているのだ（余計な情報が含まれていない方が表は見やすい）。ここでは、自治体支出に影響を与えそうな他の要素を全て一定とした上で、議員定数の与える影響を見たいのだから、これらの変数が含められていない(1)列と(3)列については、無視すべきことになる。

　この表のもう一つの特徴は、(1)(2)列がOLS、(3)(4)列がFE（第19章参照）、(5)〜(9)列がRD（第22章参照）と、異なったモデルを使った推定になっている点だ。残念ながら、パネルデータについてOLS（正確にはpooled OLS）を使うと、正しくない推定値が得られてしまう。そこで、(1)(2)列はやはり無視して、(3)列以降を見るべきだ。FEについてもRDにつ

89

いても、本書の後半で説明するけれど、表の読み方自体はOLSの場合と変わらない。1行目の議員定数の影響の推定値は、-1.69から-0.81であり、すぐ下の括弧内に示されているSEからしても（この著者はSE派）、付されている＊の数からしても、いずれも5％ないし1％レベルで統計的に有意で、かつ、マイナスの値が出ていることがわかる。ということは、議員定数を増やすと自治体の支出は減り、議員定数を減らすと自治体の支出が増えるのだ（！）。

　普通に考えると、議員定数の多い方が無駄が増えて自治体の支出が増えそうだけれども、それとは正反対の推定結果が出ているのはなぜだろうか。この回帰分析だけから因果関係を解明することはできないけれども、Pettersson-Lidbomは次のようなシナリオを提示する。議員と官僚組織が対立している政府では、議員定数が増えると官僚組織に対する効果的なモニタリングが可能になって政府支出が減少するのに対し、議員定数が減ると官僚組織に対して立法府議員の目が十分に届かなくなり、政府支出が増える、と。もちろん、この仮説が正しいかどうかはわからない。けれども、もしこれが正しいとすると、当該政府における立法府と官僚組織との力関係について、同様な対立関係が認められる場合には、議員定数と自治体の支出規模との間には、マイナスの相関関係が発生すると予想されることになる。

　ここまで見てきたように、推定値が統計的に有意かどうか（*statistically significant*）というのが実証分析ではキーポイントになるけれども、それに負けず劣らず大事なのが、経済的に（実質的に）重要かどうか（*economically significant*）という点だ。ある推定値が統計的に有意である、すなわち、0ではないと結論づけられたとしても、直ちにその推定値が有意義なものであるとは限らない。なぜなら、その推定値が0に近い値であったならば、結局、その値は実質的に無視できる影響の小さなものに過ぎなくなってしまうからだ[8]。だから、統計的に有意であった上で、さらに、その絶対値が十分

---

8) 特に、データ数 n が大きいとSEが小さくなり、統計的有意性が簡単に認められやすい。けれども、その実質的影響の度合いは、推定値自体の大きさで決まる。

に大きな値であってはじめて、そのパラメータを解釈することに意義が生まれることになる[9]。

　Pettersson-Lidbom（2012）においては、確かに議員定数が自治体支出に与える影響は、−1.69から−0.81で統計的に有意だ。では、この値は経済的にも重要と言えるだろうか。表8-2では、目的変数＝自治体支出も説明変数＝議員定数も対数がとられているから、議員定数が1％増えると自治体支出は0.81〜1.69％減少するという関係にある（第5章参照）。この推定値がどれくらいのものか実感するために、筆者の住む仙台市の例で考えよう。仙台市議会の議員定数は55人で、仙台市の予算規模（平成23年度）は4412億円だ。とすると、もしPettersson-Lidbom（2012）の分析結果が仙台市にも全く同じ形で妥当すると仮定すると、議員定数を55人から60人に増やすことで、325億〜678億円の予算規模の削減が見込まれるのに対し、逆に議員定数を55人から50人に減らすと、同額の予算規模の拡大が見込まれることになる。議員報酬を含めた議員一人当たりの人件費を年間1000万円と仮定すると、5人で5000万円の増減だから、推定された支出の増減は、かなりインパクトのある値だ。したがって、Pettersson-Lidbom（2012）の分析結果は、単に統計的に有意であるだけでなく、経済的にも重要な意義を持つものだと評価できる。

④ その他の仮説検定

　OLSをめぐっては、他にもいろいろな仮説検定が可能だけれども、ここでは2つだけ紹介しておこう。まずは、2つのパラメータの推定値が等しいかどうかの仮説検定（平均が等しいかどうかの仮説検定）がしたい場合には、どうすればいいだろうか。たとえば、モデル

---

[9] にもかかわらず、実証分析のうちのかなりの割合が、統計的有意性ばかりに気をとられてしまい、経済的重要性のチェックを怠ってしまっている。これはあまり望ましくない現状だ。

$$y = \beta_0 + \beta_1 x_1 + \beta_2 x_2 + \beta_3 x_3 + \varepsilon \tag{3}$$

で、帰無仮説 $H_0: \beta_1 = \beta_2$ を検定したいとしよう。この場合、帰無仮説を変形して $H_0: \beta_1 - \beta_2 = 0$ を考えればよい。この帰無仮説の仮説検定をするには、$\hat{\beta}_1 - \hat{\beta}_2$ をその標準誤差で割って得られる t 値で t 検定をすればいいのだけれど、問題は、推定値 $\hat{\beta}_1 - \hat{\beta}_2$ の標準誤差を計算するのが面倒な点だ（R や Stata は自動では計算してくれない）。

そのためには、式(3)に $\theta_1 = \beta_1 - \beta_2$ を代入すると（$\beta_1 = \theta_1 + \beta_2$ と変形して代入）、

$$y = \beta_0 + \theta_1 x_1 + \beta_2 (x_2 + x_1) + \beta_3 x_3 + \varepsilon$$

となる。この式なら R も Stata も、$H_0: \theta_1 = 0$ についての仮説検定を自動的に計算してくれるから（説明変数に x_1、$x_2 + x_1$、x_3 をとる）、それを使えばいい。この変形のアイデアを応用すれば、複数のパラメータが絡んでくるさまざまな仮説検定に応用できる。

もう一つしばしば行われるのは、複数の帰無仮説を同時に検定したいケースだ。典型的には、式(3)において、β_1、β_2 が同時に0であるかどうか、を検定することがある。もし全部ゼロだとすると、式(3)は結局、$y = \beta_0 + \beta_3 x_3 + \varepsilon$ という形に簡略化することができる。このように、複数の帰無仮説を同時に検定する意味は、そこで同時に統計的に有意でないとされた変数をモデルから外すべきか否かの判断に使えることにある。

この仮説検定を行うには、β_1、β_2 がひとつひとつ統計的に有意かどうかをみればよさそうに思えるけれども、実はそれではダメだ。なぜなら、この2つのパラメータを一つずつ見るとそれぞれが有意でなくとも、2つ全体をみれば有意であることがあり得るからだ。そこで、β_1、β_2 の入った元々のモデル（無制限〈unrestricted〉モデル）と β_1、β_2 を外したモデル（制限〈restricted〉モデル）とを考え、それぞれについて R^2 を計算する。そして、「β_1、β_2 を導入したことによって、R^2 が十分に増えたか？」を検定するのである。この場合に使われる F 値（F-statistic）[10] は、2つの自由度によって形が決

図 8 - 1

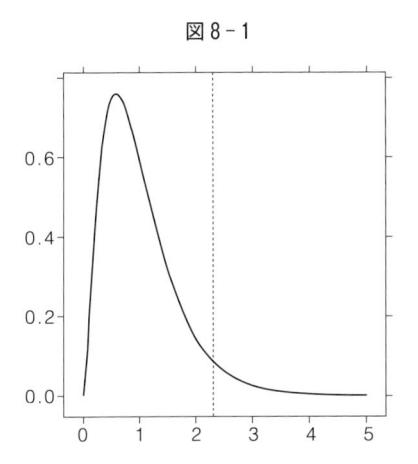

まる F 分布（自由度 $(5, 100)$ の例が図 8 - 1）に従うので、たとえば有意水準 5 ％（図 8 - 1 の点線が閾値）で仮説検定ができる。

このような同時検定で一番極端なケースが、「切片以外の全てのパラメータが同時に 0 」という仮説を検定するものである。この帰無仮説は、「当該回帰モデル（説明変数の組み合わせ）は無意味」ということを意味する。実は、R や Stata など多くの統計ソフトウエアが、OLS と同時に報告する F 値（と、それについての p 値）は、この値のことだ。モデル(1)の例だと、F 値が10290で p 値が 0 なので、統計的に有意であり、帰無仮説は棄却され、「犯罪件数の影響と人口の影響が同時にないとは言えない」ということになる。

---

10) きちんと書くと、無制限モデル、制限モデルの R^2 をそれぞれ R^2_{ur} と R^2_r とし、同時に仮説検定をしたいパラメータの数を q (ここでは 2) とすると、F 値 (F-statistic)：

$$F \equiv \frac{(R^2_{ur} - R^2_r)/q}{(1 - R^2_{ur})/(n-k-1)}$$

が、自由度 $(q, n-k-1)$ の F 分布に従う。

【参考文献】

Pettersson-Lidbom, Per (2012) "Does the size of the legislature affect the size of government? Evidence from two natural experiments," *Journal of Public Economics*, 96, pp.269-278.

第9章 さまざまなモデル
ダミーも、交差も、あるんだよ

本章では（OLSにおける）さまざまなモデルの読み解き方についてみていこう。対数を使った場合についてはすでに第5章で取り上げたので、ここではそれ以外のバリエーションを取り上げる。

① ダミー

今までに出てきた変数はどれも、失業率・犯罪率・人口・自治体支出など、あらゆる値をとり得る変数（連続変数；continuous variable）だった[1]。でも、世の中そんな変数ばかりではない。たとえば、「きのこの山とたけのこの里と、どちらが好きですか？」というアンケート調査で、回答欄が「a. きのこの山 / b. どちらともいえない / c. たけのこの里」という3つの選択肢しかなかったら、この回答という変数がとり得る値は、この3つしかない[2]。このように、とり得る値を数量化できない変数を質的変数（qualita-

---

[1] もちろん、失業率も犯罪率も負の値はとらないし、人口が整数でない数をとることはないから、厳密には「あらゆる値をとる」わけではない（人口は離散変数；discrete variable）。でも、私たちが分析対象とする範囲内では、だいたい「あらゆる値をとる」と見なすことができる。

[2] ちなみに、筆者の好みはきのこの山。たけのこの里のぼそぼそ感は許し難い。

tive variable) という。

質的変数の中でも特によく使われるのが、ダミー変数（dummy variable, binary variable）だ。ダミー変数とは、カテゴリが2つしかなく、0/1で区別できる変数である。たとえば、性別は男と女の2つしかないし、婚姻状態は未婚と既婚の2つしかないし[3]、ある特定の法律の適用の有無も適用ありと適用なしの2つしかない。このような変数を扱う場合には、一方の状態を0、他方を1とすれば、0/1の変数で表現することができる。性別の場合なら、女性である場合を0、男性である場合を1とすればいいし、法律の適用の場合なら、適用がない場合を0、適用がある場合を1とすればよい。たとえば、ある企業の従業員の賃金について、性別と年齢から決まるという次のようなモデル[4]を考えてみよう：

$$（賃金）＝\beta_0＋\delta(男)＋\beta_1(年齢)＋\varepsilon \quad (1)$$

ここでは、年齢が連続変数で、性別がダミー変数だ。性別は、従業員が女性のときに0、男性のときに1をとるとする。そうすると、このモデル(1)は、従業員が女性の場合は（賃金）＝β_0＋β_1(年齢)＋εとなり、従業員が男性の場合は、（賃金）＝(β_0＋δ)＋β_1(年齢)＋εとなる。図9-1からわかるように、ダミー変数を含んだモデルというのは、カテゴリごとに切片が違うモデルになる。女性の場合には図9-1の下側の回帰直線になり、男性の場合には上側の回帰直線になる。

そして、ダミー変数の係数δ（でるた）が男女間の賃金差を示すと解釈できる。ダミー変数が0の値をとるカテゴリをベースカテゴリと呼ぶけれども、δの値は、ベースカテゴリ（この場合は女性）とそうでないカテゴリ（この

---

[3] 婚姻状態については、「離婚・死別」という第3のカテゴリを設けることもしばしばあるけれど、とりあえずここでは無視する。

[4] もちろん、実際の賃金は、年齢や性別以外にも、職能や福利厚生手当などさまざまな要素で決まってくるけれども、それらの要因はとりあえず同じと仮定する。分析の際には、賃金に影響を与えそうな他の変数も、全て説明変数としてモデルの中に取り込んでしまえばいい。そうすれば、「それら他の条件を一定とした上で」の影響を推定することができる。

図 9-1

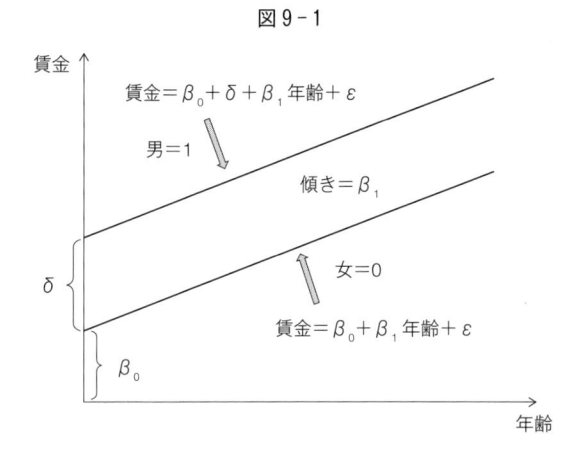

賃金＝$\beta_0+\delta+\beta_1$年齢＋ε（男＝1）

傾き＝β_1

賃金＝$\beta_0+\beta_1$年齢＋ε（女＝0）

δ, β_0, 年齢

場合は男性）の差を意味するのである。したがって、モデル(1)を OLS で推定した上で、δ の推定値がプラスに有意に出れば、男性の賃金の方が女性の賃金より統計的に有意に高いと言えるし、逆にマイナスに有意に出れば、女性の賃金の方が男性の賃金より統計的に有意に高いと言える。

このダミー変数のアイデアは、カテゴリの数が2つよりも多い場合にも応用できる。たとえば、従業員の賃金を説明するための変数として、学歴を考えてみよう。さまざまなカテゴリ分けが考えられるけれども、ここでは、高卒以下、短大・専門学校卒、大学卒、大学院卒の4つのカテゴリに分けるとする。先ほどは、女性をベースカテゴリとして男性と比較したけれど、カテゴリが4つの場合には、そのうち1つをベースカテゴリとして、それ以外の3カテゴリをベースカテゴリと比較することになる。今回は、高卒以下をベースカテゴリにとって、ダミー変数として、短大卒、大卒、院卒の3つをとろう。そうすると、学歴と年齢を説明変数とする賃金モデルは、たとえば

$$（賃金）=\beta_0+\delta_1(短大卒)+\delta_2(大卒)+\delta_3(院卒)+\beta_1(年齢)+\varepsilon \qquad (2)$$

と書ける。3つのダミー変数（短大卒，大卒，院卒）の組み合わせは、高卒の従業員ならば $(0,0,0)$、短大卒ならば $(1,0,0)$、大卒ならば $(0,1,0)$、院卒ならば $(0,0,1)$ と入る。δ_1 は高卒と短大卒の賃金差、δ_2 は高卒と大卒の賃金差、

δ_3 は高卒と院卒の賃金差として理解できる。これらの推定値が統計的に有意に出れば、それぞれの学歴の違いによって賃金に違いがあると言える。

もっとも、モデル(2)の推定結果だけからでは、たとえば、「大卒でなくて院卒になるとどれくらい賃金が違うのか」という問いに対する答えは出ない。これを導くためには、$\delta_3 - \delta_2$ を計算しなければならない。さらに、単にこの計算をしただけでは、$\delta_3 - \delta_2$ についての標準誤差がわからないから、この賃金差が統計的に有意かどうかを結論づけることができない。統計的有意性を確かめるためには、ベースカテゴリを大卒か院卒かのいずれかに設定して、残りの3カテゴリをダミー変数にとることが必要となる。このように、ダミー変数を解釈する場合には、「何がベースカテゴリになっているのか（＝何と比較しているのか）？」について、常に注意して読まなければならない。

このように3つ以上のカテゴリについてダミー変数を利用する際に注意しなければいけないのは、カテゴリ数と同じだけのダミー変数を利用することはできない、という点だ。モデル2で言えば、このモデルにさらに（高卒）というダミー変数を加えることはできない。カテゴリのうちのどれか1つを基準点として固定し、そこからの距離を測定する必要があるからだ[5]。もし、4つのカテゴリを全部説明変数に含めると、RやStataのような統計ソフトウエアは、自動的にどれか1つのカテゴリをベースカテゴリに設定し、そこからの違いを計算する。どのカテゴリがベースカテゴリになるかは予測できないから、統計ソフトウエアに通す前に、何をベースカテゴリにするか自分で決めておく方が望ましい。

するとたとえば、47都道府県についてのデータがあって、それぞれの違いを調べたい場合には、いずれかの都道府県をベースカテゴリにした上で、46個のダミー変数を使うことになる。この場合のダミー変数の推定値は、ベースカテゴリとした都道府県との違いと解釈できる。もっとも、46個も変数を使うと、統計的有意性が出にくくなる（自由度がその分減るため）ので、場

5）数学的には、第8章脚注7で説明した「完全な多重共線性」が発生し、逆行列が作れない（rank condition を満たさない）からである。

図 9-2

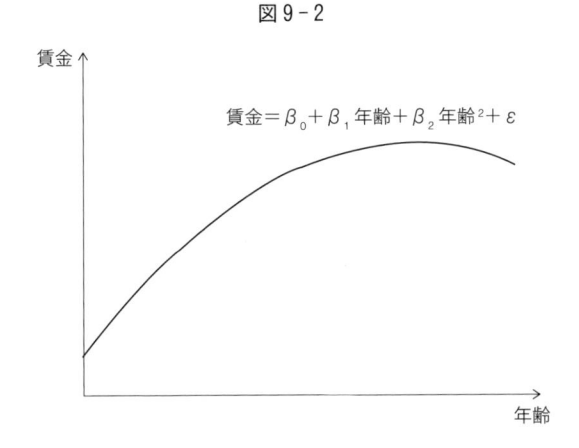

賃金＝$\beta_0 + \beta_1$年齢＋β_2年齢$^2 + \varepsilon$

合によっては、複数のカテゴリをグループ化する（北海道・東北・関東甲信越……など）ことも一案だ。

② 多項式

さて、先ほどの図 9-1 では、年齢が上がるにしたがって賃金も比例的に上昇することが前提とされていた。けれども、実際にそうとは限らない。年齢が上がるにつれて賃金の上昇速度が鈍っていき、定年が近づくと下がっていくことも多いだろう（図 9-2）。そのような場合には、年齢の二乗を入れたモデルを考えるとよい。

$$(賃金) = \beta_0 + \beta_1(年齢) + \beta_2(年齢)^2 + \varepsilon \tag{3}$$

なぜモデル(3)が図 9-2 のような形になるかを理解するには、高校の数学で習った放物線（$y = ax^2 + bx + c$）のグラフを思い出してもらえばよい。この放物線のグラフは、a がプラスならば、$x = -b/(2a)$ までは次第に減少し、そこで最小値をとって、その後は増加する。a がマイナスならば、$x = -b/(2a)$ までは次第に増加し、そこで最大値をとって、その後は減少していく。このように、「傾きが途中で変化していく」ことを表現するために、

二乗項（quadratic term）は便利なのだ。

　二乗項が入ったモデルにおいて、説明変数が目的変数に与える影響を理解するためには、β_1, β_2の双方を同時に考えなければならない。$\beta_1>0$, $\beta_2<0$ならば、年齢が上がるにつれて最初のうちは賃金が増加するが、次第にその増加速度は低下し、$-\beta_1/(2\beta_2)$から賃金は減少を始める。$\beta_1<0$, $\beta_2>0$であれば、年齢が上がるにつれて最初のうちは賃金が減少するが、次第にその減少速度は低下し、$-\beta_1/(2\beta_2)$から賃金は増加を始める[6]。

　このアイデアを応用すると、年齢の二乗だけでなく、三乗・四乗……とより高次の説明変数をどんどん追加していけば（多項式：polynomial）、目的変数の複雑な変化をより精緻にトレースすることができるはずである。実際、高次の説明変数を追加していけば、モデルのR^2はどんどん上昇していく。けれども、それはあまり意味のあることではない。たとえば、年齢の百乗項まで追加したら、0.95という高いR^2が得られた（＝賃金の変化の95％を年齢だけで説明できる！）としよう。しかし、そのようなモデルは理論的な解釈の施しようがなく、使い道がない。だから、多項式を使う場合には、それを使うことが理論的に意味のある（たとえば「傾きが途中で変化する」と予想される）場合において、限定的に使うべきだ。実際、ほとんどの場合において使われるのは二乗項までであり、三乗項（cubic term）が使われる場合すらかなり稀である。

③ 交差項

　第5章の式(1)：$\ln(\text{crime}) = \beta_0 + \beta_1 \ln(\text{unemp}) + \beta_2 \ln(\text{pop}) + \varepsilon$ は、失業者数と人口とが独立に犯罪数に影響を及ぼすことを前提としたモデルだった。けれども、人口が多い場合と、少ない場合とでは、犯罪数に及ぼす影響が違うかもしれない。そのような状態を考慮するには、2つの説明変数の交差項（interaction term）を組み込んだモデルが有用だ：

6）数学的には、式(3)を（年齢）で偏微分すれば簡単だ。

図9-3

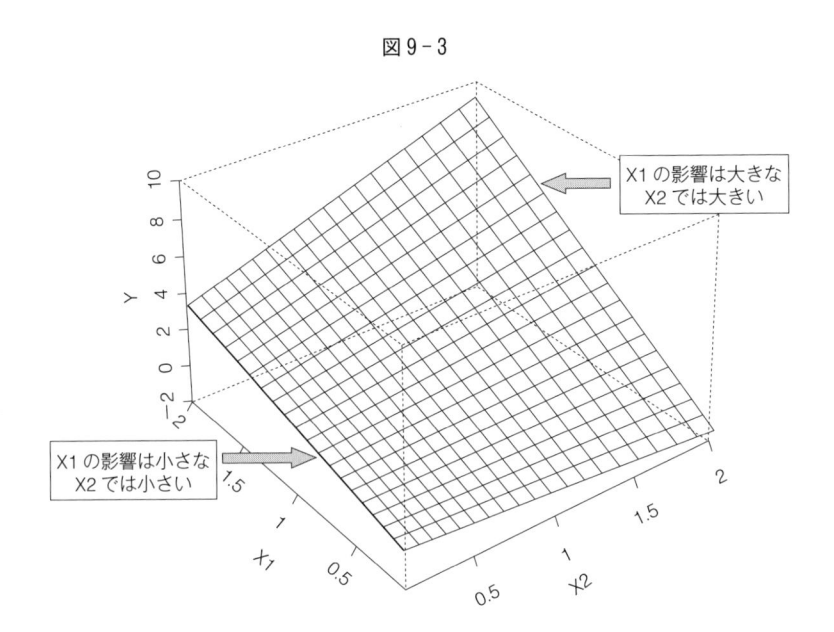

[図: X1とX2に対するYの3D平面図。「X1の影響は大きなX2では大きい」「X1の影響は小さなX2では小さい」との注釈付き]

$$\ln(\text{crime}) = \beta_0 + \beta_1 \ln(\text{unemp}) + \beta_2 \ln(\text{pop}) + \beta_3 \ln(\text{unemp}) \times \ln(\text{pop}) + \varepsilon \quad (4)$$

このような交差項を含んだモデルでは、失業者数の変化が犯罪数に与える変化を知るためには、β_1 だけではダメで、β_3 の値と人口をも知る必要がある[7]。概念図的に言うと[8]、ちょうど図9-3のような形になる。

さらに、この交差項をダミー変数同士に使った場合は、カテゴリをサブグループに分解する効果がある。たとえば先ほどのモデル(1)と(2)とを組み合わせて次のようなモデルを作ったとしよう(ただし説明を短くするため、学歴は大卒・それ以外の2カテゴリに集約[9]:

---

7) 具体的には、式(4)を $\ln(\text{unemp})$ で偏微分すればよい。$\beta_1 + \beta_3 \ln(\text{pop})$ が、失業者数が犯罪数に与える変化になる。
8) 概念図なのは、式(4)の β_3 が統計的に有意に出なかったからである。実証研究においては、このような残念な結果はしばしばある。だが、くじけてはいけない。あきらめたら、そこで試合終了だよ。

図9-4

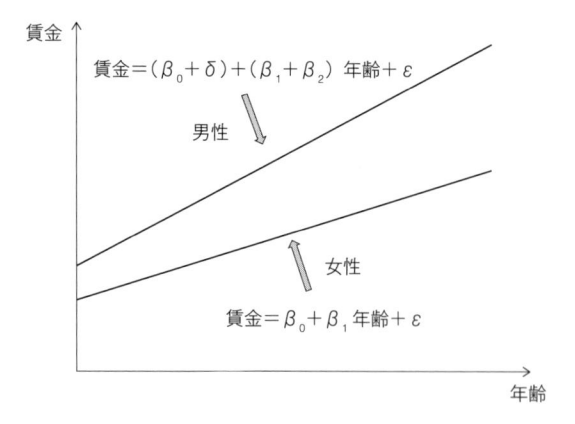

賃金＝$(\beta_0+\delta)+(\beta_1+\beta_2)$年齢$+\varepsilon$

男性

女性

賃金＝$\beta_0+\beta_1$年齢$+\varepsilon$

年齢

$$（賃金）=\beta_0+\delta_1（男）+\delta_2（大卒）+\delta_3（男）\times（大卒）+\beta_1（年齢）+\varepsilon$$

このモデルでは、性別と学歴とで2×2の4通りのカテゴリができることになる。すなわち、3つのダミー変数（男，大卒，男・大卒）の入り方は、女性・大卒以外（ベースカテゴリ）なら$(0,0,0)$、女性・大卒なら$(0,1,0)$、男性・大卒以外なら$(1,0,0)$、男性・大卒なら$(1,1,1)$となる。したがって、女性について学歴の効果を知りたければδ_2を見ればよいし、男性について学歴の効果を知りたければ$\delta_2+\delta_3$を見ればよいことになる。この方法は、カテゴリの数が増えても活用できる。

また、交差項を連続変数と組み合わせると、カテゴリごとの傾きの違いを調べることができる。先ほどのモデル(1)に交差項を組み入れてみよう：

$$（賃金）=\beta_0+\delta（男）+\beta_1（年齢）+\beta_2（男）\times（年齢）+\varepsilon$$

このモデルは、従業員が女性であれば$（賃金）=\beta_0+\beta_1（年齢）+\varepsilon$となり、男性であれば$（賃金）=(\beta_0+\delta)+(\beta_1+\beta_2)（年齢）+\varepsilon$となる。このように、単に

9）学歴を4つのカテゴリに分けると、性別のダミー変数が1つ、学歴のダミー変数が3つ、性別との交差項にダミー変数が3つ必要になる。全体では、2×4＝8つのカテゴリになる。……説明が大変だ。

両者の間に切片の差δがあるだけでなく、傾きにも差β_2があることになる（図9-4）。

④ 具体例：女性取締役任用の義務付け

　ダミー変数と交差項が理解できると、もっといろいろな実証分析が読めるようになる。具体例として、株式会社における女性取締役任用の義務付けが企業業績に与えた影響について分析した Ahern and Dittmar（2012）を取り上げよう。このペーパーは、ノルウェーで2006年1月に導入（2008年1月施行）された、公開株式会社における取締役の40％を女性とすることを義務付ける法規制が、企業価値にどのような影響を及ぼしたのかを分析したものである。

　表9-1は、この制度の導入方針が公表された2002年2月22日前後の5日間における株価の変化（％）[10]を目的変数として、アメリカ合衆国や他のスカンジナビア諸国の同業種の企業の株価の変化と比較してみようとしたものである。説明変数は上から順に、ノルウェーか否か、女性取締役が1人以上いるか、女性取締役の割合、ノルウェーダミーと女性取締役の存在の交差項、ノルウェーダミーと女性取締役の割合の交差項、取締役会の規模、総資産（対数）、になっている。(1)列から(4)列まではノルウェー企業と合衆国企業を比較した場合、(5)列と(6)列は他のスカンジナビア諸国の企業と比較した場合の推定結果である（括弧内の数字は標準誤差）。

　(1)列から見ていこう（(3)(5)列も説明変数が増えているだけで読み方は基本的に同じ）。このモデルにおけるベースカテゴリは、「合衆国企業かつ女性取締役なし」なので、ノルウェーダミーの係数は、女性取締役のいない企業でノルウェーと合衆国を比較した差を意味し、女性取締役ダミーの係数は、合衆国企業で女性取締役のいない企業といる企業との差を意味し、交差項の

---

10) 厳密に言うと、イベント・スタディという手法を使って株価の変化を抽出している。イベントスタディについては、第24章で説明する。

表 9-1

Panel B. OLS regressions on abnormal announcement returns (%)						
	Norwegian and U.S. firms				Scandinavian firms	
	(1)	(2)	(3)	(4)	(5)	(6)
Norwegian dummy	−4.347*** (1.468)	−4.146*** (1.404)	−3.803** (1.571)	−3.574** (1.525)	−4.026** (1.671)	−3.773** (1.644)
Women directors > 0	0.046 (0.32)		−0.214 (0.381)		−1.536 (1.041)	
Percentage women directors		0.594 (1.928)		−0.390 (2.319)		−9.457 (6.344)
Norwegian × women directors > 0	3.477** (1.648)		3.252* (1.658)		4.775** (1.897)	
Norwegian × percentage women directors		14.342* (7.589)		12.517 (7.861)		23.724** (10.746)
Board size			−0.052 (0.068)	−0.060 (0.065)	0.246 (0.314)	0.287 (0.323)
Log(assets)			0.362** (0.149)	0.350** (0.150)	0.021 (0.305)	−0.039 (0.321)
Constant	0.799*** (0.271)	0.776*** (0.265)	−1.206 (1.093)	−1.137 (1.088)	−0.920 (1.687)	−0.954 (1.715)
Adjusted R^2	0.025	0.024	0.030	0.029	0.056	0.053
Observations	1,252	1,252	1,224	1,224	205	205

注) Abnormal returns are the sum of industry-adjusted returns (using U.S. industry returns) over the five days surrounding the date of the first announcement of the gender quota on February 22, 2002. *Women directors* >0 is a dummy variable equal to 1 if the firm has at least 1 woman director. *Percentage women directors* is the percentage of the shareholder-elected board members that are women. *Board size* is the number of board menmbers. Board data are taken from the 2001 annual reports. Regressions are cross-section OLS regressions on abnormal returns of firms located in the countries indicated at the top of each column. Scandinavian firms include firms in Norway, Denmark, Finland, and Sweden. Statistical significance is reported as robust standard errors clustered by industry in Panel B. *Significant at 10%; **5%; ***1%.

係数は、ノルウェー企業で女性取締役のいない企業といる企業との差から女性取締役ダミーの係数を差し引いたものを意味することになる。

　ということはまず、ノルウェー企業は合衆国企業に対し4.3％という大幅な株価の低下を見せているけれども（1％レベルで統計的に有意）、合衆国企業の中では女性取締役の有無によって統計的に有意な株価の変化の差は見られない。けれども、ノルウェー企業の中では、女性取締役を持っていることによって3.5％も株価が上昇している（おそらく5％レベルで統計的に有

意)。ということは、女性取締役任用義務付けの導入によってノルウェー企業の株価は全般的に下がったけれども、女性取締役を導入済みであったノルウェー企業の株価はあまり下がらなかった、と言える。女性取締役を導入済みの企業は、新たな法規制が導入されても大きな変化はないのに対し、女性取締役を導入していない企業は、新たな法規制によって女性取締役を導入せざるを得なくなり、それによって企業価値が減少すると株式市場が「予想」したことになる。

(2)列((4)(6)列も基本的に読み方は同じ)は、ダミー変数と連続変数の交差項をとったモデルである。ここでも見るべきは、ノルウェーダミーと女性取締役の割合の交差項の係数だ。この係数が、ノルウェー企業と合衆国企業とで、女性取締役の割合が株価に与える変化(傾き)の違いを意味する。(2)列では、10%レベルながら統計的に有意なプラスの結果が出ており、米国では女性取締役の割合は株価に統計的に有意な変化を与えていないのに対し、ノルウェーでは女性取締役の割合が高い方が株価にプラスの影響をもたらす(逆に、割合が低いと株価が大きく下がる)ことが見てとれる。

このように、株価の変化を見ることで、女性取締役任用義務付けという新たな法規制は、企業価値にマイナスの影響を及ぼすと株式市場が判断したことがわかる。もっとも、以上は、「株式市場が(そのタイミングで)どのように評価したか」ということだけであって、実際に業績がどのように変化したのかを測定したものではない。そこで、実際に企業業績がどのように変化したのかを観察したのが、表9−2である[11]。

この表で使われている目的変数は、トービンの q だ。トービンの q とは、企業業績の指標としてしばしば使われるもので、企業の時価総額を総資産で割ったものである。1より小さいと業績のよくない企業で、1より大きいと業績のよい企業だとわかる。説明変数は、女性取締役の割合、年ごとの固定効果(fixed effects)、企業ごとの固定効果だ[12]。ちょっと難しいのは、操作

---

11) 最近のファイナンス経済学では、イベントスタディだけでは頑健な結果とは言えないとして、それ以外のパフォーマンス分析も追加されることが多くなってきている。

表9-2

	Norway	Placebo tests Denmark, Finland, and Sweden	U.S.
	(1)	(2)	(3)

Panel A. Instrumental variables regressions: dependent variable = industry-adjusted Q

Percent women directors$_t$	−1.938***	−3.635	−0.264
	(0.586)	(2.352)	(0.465)
Year fixed effects	Yes	Yes	Yes
Firm fixed effects	Yes	Yes	Yes
F-statistic	29.790	20.240	2.690
Observations	603	634	2,706

変数 (instrumental variable ; IV) が使われている点だ。IV については第20章でまた説明するけれど、ここでは、「女性取締役の割合が高い企業は、業績がよいから女性取締役を入れられるのであって、女性取締役を入れているがために業績がよくなっているのではない」といった逆の因果関係[13]の可能性を克服するためのテクニックだと考えておいてもらえばよい。

列(1)の推定結果を見ると、女性取締役の割合は負の値で、かつ、1%レベルで統計的に有意だ。ということは、女性取締役の割合が10%上昇すると、トービンの q が0.19も下がることになる。全企業のトービンの q の平均が1.53だから、これはかなり深刻な企業業績への影響だと判断できる。

このように、女性取締役任用の義務付けは、企業業績に負の効果をもたらすことが結論づけられる。Ahren and Dittmar (2012) は、この結果に引き続いて、新たな法規制の下で、どのような人物が取締役になり、企業経営は

---

12) 固定効果については、前章でも出てきたけれど、本書の第19章で扱う。ただ、計算自体は簡単で、年についてのダミー変数（年数 − 1 個必要）と企業についてのダミー変数（企業数 − 1 個必要）を説明変数に入れて回帰すればよい。

13) こういったシナリオは頻繁に見られる。たとえば、CSR（企業の社会的責任）に熱心な企業ほど業績がいいのは、CSR に熱心だから業績がいいのかもしれないし、業績がいいから CSR に注力する余裕があるのかもしれず、どちらなのかは直ちには明らかではない。

どのように具体的に変わったのか分析して、業績悪化の原因を探っているが、それを読み進むのは皆さんに任せよう。ともあれ、市場が、現状を前提として最適な取締役会の構成を実現している場合に、法規制が無理に一定のメンバー構成を強制すると、少なくとも短期的には、企業業績にマイナスの結果が発生してしまうことがわかる[14]。

【参考文献】

Ahern, Kenneth R. and Amy K. Dittmar (2012) "The Changing of the Boards: The Impact on Firm Valuation of Mandated Female Board," *The Quarterly Journal of Economics*, 127, pp.137-197.

---

14) 同じことは、取締役会の構成だけに起きるわけではない。政府の審議会等も、女性委員の比率を40％以上にしようとしているけれど、少なくとも短期的には歪みが発生する。筆者の同僚の水野紀子教授へのインタビュー（http://www.iiare.tohoku.ac.jp/crossover/vol5/p01.html）を参照されたい。

第10章 バイアス
いや、そのりくつはおかしい

　今まで「バイアス（bias）」という言葉をあまり説明なしに使ってきたけれど、本章では、このバイアス（偏り）を正面から取り上げる。バイアスが存在していると、せっかく OLS などの手法によってパラメータの推定値を求めても、それが真の値からずれる結果になってしまい、「いや、そのりくつはおかしい」と言われてしまうのだ。

① 説明変数を落とすことによるバイアス

　前章までに、実証分析で使うモデルには、さまざまなものがあることを見てきた。それでは、モデルの選択に失敗して正しくないモデルを使ってしまった場合、何が起こるのだろうか。このことを考えるために、労働者の賃金が、その教育（教育を受けた年数）と能力だけによって決まっている（＝残りはランダムな誤差）、という非現実的な世界を考えてみよう：

$$賃金 = 50 + 教育 \times 2 + 能力 \times 0.8 + \varepsilon \tag{1}$$

注意してもらいたいのは、このモデルは、私たち観察者が想像しているものではなく、全てを知り得る神様の目から見て、世界の真の状態がこうなっている、と仮定している点だ。この意味で、このモデルは、最適な、というか

図10-1

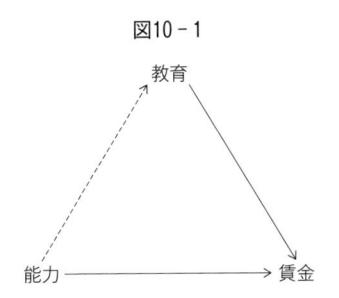

「正しい」モデルだ。ところが、私たち観察者は、このモデルが世界の真のモデルだとは知り得ない。このため、運がよければこの正しいモデルに到達できるけれども、そうでない場合には、次の2つのいずれかが発生することになる：

- 間違って、無関係な説明変数、たとえば「『ドラえもんのび太と鉄人兵団』を10段階でどれくらいに評価するか？」（1が最低、10が最高）をモデルに組み込んでしまう
- 間違って、必要な説明変数、たとえば「能力」を、そのデータが入手困難だという理由でモデルから落としてしまう

まず、前者のように、モデルに本来入れるべきでない説明変数を組み込んでしまった場合には、あまり深刻な問題は発生しない。『ドラえもんのび太と鉄人兵団』をどれほど評価するかは、労働者の賃金とは相関関係がないし、教育水準や能力とも相関関係がない（だろう、きっと）。そのような場合、

$$\text{賃金} = \beta_0 + \beta_1 \text{教育} + \beta_2 \text{能力} + \varepsilon$$
$$\text{賃金} = \beta_0 + \beta_1 \text{教育} + \beta_2 \text{能力} + \beta_3 \text{鉄人兵団} + \varepsilon$$

の2つのモデルを OLS で推定すると、どちらのモデルでも β_1、β_2 の推定値は変わらない。この意味で、モデルとは本来無関係な説明変数を組み込んでしまうことは、無益ではあっても有害ではない。

次に、必要な説明変数「能力」を落とした場合はどうだろうか。こちらは深刻だ。能力と教育とが賃金に与える影響は、図10-1のようになっている

と考えられる。教育も能力も賃金に影響を与えているけれど、能力が高い人ほど高い教育を受けられるのが通常なので、能力は教育を通じても間接的に賃金に影響を与えているはずだ（教育と能力の間に相関関係がある）。

この場合に、正しいモデル（賃金＝$\beta_0+\beta_1$教育＋β_2能力＋ε）から能力を落としてしまった場合に何が起きるだろうか。重回帰とは、「他の説明変数が全て一定であるとして」特定の説明変数の変化が目的変数に及ぼす影響を推定するものだった（第5章）。教育と能力とを組み入れたモデルにおける教育の係数 β_1 は、能力が同じであると仮定した場合に教育年数だけが違うことによって賃金にどのような変化が発生するかを測定するものである。図10-1で言えば、教育から賃金への矢印がこれにあたる。

ところが、間違ったモデル（賃金＝$\beta_0+\beta_1$教育＋ε）においては、教育から賃金に与える影響は、図10-1で考えると、教育→賃金だけでなく、教育→能力→賃金[1]という経路もあることになる。このため、間違ったモデルの β_1 は、正しいモデルの β_1 とは異なり、2つの影響を合計したものになってしまい、正しい β_1 とは異なる（この場合は、より大きな）推定値が導かれる。これがバイアスである。

この場合のように必要な説明変数を落とすケースは欠落変数バイアス（omitted variable bias）と呼ばれる重要なものだけれども、説明変数を落としたとき必ずしも常にこのバイアスが発生するわけではない。図10-1で能力を落とした場合にバイアスが発生する原因は、教育が賃金に影響を与えるルートとして、教育→能力→賃金が新しく生まれてしまうからだった。とすれば、この新ルートが生じなければ、バイアスは発生しない。そのためには、教育→能力の相関関係が存在しないか、あるいは、能力→賃金の相関関係が存在しなければいい。つまり、欠落変数バイアスは、省略された説明変数と残された説明変数の間に相関関係がないか、あるいは、そもそも省略された変数が目的変数に影響していない（$\beta_2=0$）場合には、発生しない[2]。もっ

---

1) 図10-1は、因果関係という意味で矢印で表記したけれども、回帰分析でわかるのは、因果関係ではなく相関関係だから、矢印とは逆の方向にも相関関係があることに注意されたい。

とも、そのような場合は現実には稀だから、たいていの場合は、本来必要な説明変数を落としてしまうとバイアスが発生すると考えてよい。

　ここまで見てきたように、必要でない説明変数を追加したとしても、有益ではなくても無害である。これに対し、必要な説明変数を落としてしまうと、たいてい有害だ。そして困ったことに、私たち観察者は、神様と違って世界の真の状態を直接知ることはできないから、何が真に必要な説明変数なのかを知ることができない。そうすると、実証分析を行う際には、「関係していそうな説明変数は、できるだけ全てモデルの中に取り込む」戦略が安全だ、ということになる。実際、これまでに本書で見てきた実証研究は、「コントロール変数」と称してたくさんの説明変数を取り込んでいる例が多いけれども、その背景には、このような事情があったのである[3]。

② モンテカルロ・シミュレーション

　ここで、バイアスの意味を実感するために、バイアスがあると何が起きるかをモンテカルロ・シミュレーション（Monte Carlo simulation；MC）で見てみよう。モンテカルロとはカジノで有名なモナコ公国の地名であり、ちょうどサイコロを何度も振るかのようなシミュレーションが、MCだ。

2）本文での説明は、説明変数が２つある場合にその１つを落とした場合についてのものだけれども、基本的なアイデアは、説明変数が３つ以上ある場合についても応用できる。ちなみに、プラスのバイアスが発生するのか、マイナスのバイアスが発生するのか、についてもだいたい予測できる。教育・能力、能力・賃金の２つの相関関係がともにプラスあるいはともにマイナスの場合は、真の値より大きな推定値が得られる（プラスのバイアス）。これに対し、２つの相関関係の一方がプラス・他方がマイナスの場合は、真の値より小さな推定値が得られる（マイナスのバイアス）。

3）先行研究で似たようなコントロール変数を使っているのに、自分の分析だけそれを使っていないと、雑誌の査読者から修正要求が来る。痛くない腹を探られたくないなら、そういった説明変数は、あらかじめ全て取り込んでおくことが望ましい。もっとも、たくさんのコントロール変数をモデルに取り込むと、その分、自由度を消費してしまう。このため、データ数が少ない場合などには、泣く泣く関係性の低そうなコントロール変数をモデルから落とすこともある。相関関係が小さければ、仮にバイアスが発生したとしても、小さくてすむからだ。

図10-2

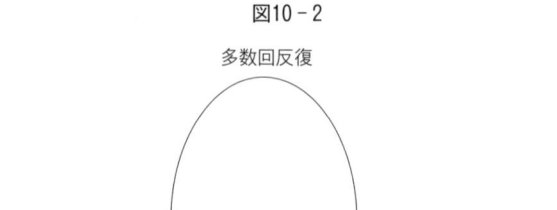

```
                    多数回反復
                   ╱─────────╲
                  ╱           ╲
   DGP ─────→ データ(標本) ─────→ OLS推定 ─────→ 推定値の
              生成                                分布を観察
```

　MCは、これから行うような推定値の正しさの検証（パフォーマンス評価）などの場面で、統計学や計量経済学で頻繁に使われるが、他にも数値積分の手法としてあちらこちらで多用されている。日本の裁判例にもMCについて言及するものが現れている（たとえば、東京地決平成19年11月12日金判1281号52頁（オートバックスセブン新株予約権付社債発行事件））から、MCについて直感的な理解を得ておくことは有益だろう。

　ここでのMCは、次のステップで進む（図10-2）。まず、データ生成プロセス（data generating process；DGP）──ここでは式(1)──に従って、ランダムに標本（賃金、教育、能力）を作り出す（ここでは100個）。次に、この標本を使って正しいモデル・間違ったモデルについてOLSによるβ_1の推定値を計算する。このようなシミュレーションを多数回（ここでは1万回）繰り返して、β_1の推定値の分布を作る。筆者が実行してみたシミュレーション結果を図示すると、図10-3のようになる[4]。

　この分布図からわかるように、正しいモデルで推定（実線）すると$\hat{\beta}_1$は真の値である2にほぼ近い平均を持つ（このシミュレーションでは2.02）のに対し、間違ったモデルで推定（点線）すると、$\hat{\beta}_1$の平均は7.60であり、真の値より5.6も大きなプラスのバイアスが発生してしまっている[5]。これ

　4）このシミュレーションにはかなりの計算時間がかかるので、自分のPCで実演する場合には要注意。なお、シミュレーションはランダムに行われるので、毎回結果が異なる。

　5）このシミュレーションでは、教育と能力の相関関係が平均0.867であり、β_2も0.8とプラスなので、プラスのバイアスが発生している。

図10-3

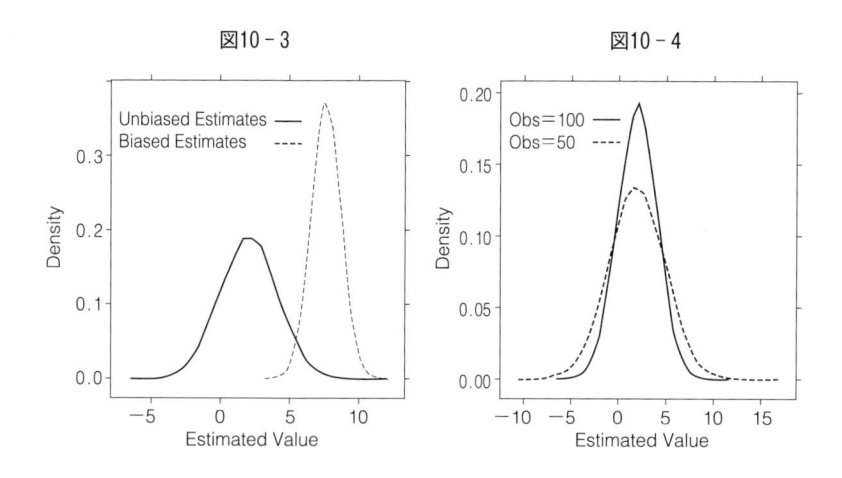

図10-4

が欠落変数バイアスだ。

　注意深い人はここで、推定値の「平均」と言っているのはなぜ？とひっかかるかもしれない。この点は、バイアスの定義に関わる。MCの過程を振り返って見てみよう。まず、データ生成過程は、母集団（第3章を参照）で働いている「真の」メカニズムである。けれども私たち観察者は、母集団全体を直接観察することはできないから、そこからランダムに標本を抽出して、その標本に基づいて分析を行い、母集団のパラメータの値を推定する。母集団からの標本抽出がランダムになされたとしても、1つ1つの標本にはばらつきがあるから、1回1回の推定値は母集団のパラメータの値と一致するとは限らない。

　けれども、何度も標本抽出を繰り返した場合に、その推定値の平均が母集団のパラメータと一致していれば、私たち観察者は、この分析手法が信頼できると考えることができる。他方で、もし、推定値の平均が母集団のパラメータと一致していなければ、この分析を行っても母集団のパラメータについての正確な推定をすることはできないから、無意味である。この意味で、推定値の平均が母集団のパラメータと一致するという性質は重要であり、不偏性（unbiasedness）と呼ばれる[6]。これが、バイアスのより正確な定義だ。バイアスがある場合（図10-3の点線）の推定値は、信頼できないけれども、

バイアスがない場合（図10-3の実線）の推定値は、信頼できる。

ついでに、MCをもう1つやってみよう。今度は、正しいモデルについて、標本100個全部を使った推定値と、標本のうち最初の50個だけを使った推定値とを比較してみる（図10-4）。標本100個を使った場合（図10-4の実線）と、50個を使った場合（図10-4の点線）とでは、どちらも推定値の平均は真の値2にほぼ等しい[7]けれども、ばらつき（分散）は大きく異なる。標本数が少ない方が分散が大きいことが見てとれるだろう。標本数が大きいほど標準誤差が小さくなる（正確には$1/\sqrt{n}$：第7章参照）というのは、このことを意味していたのだ。

この2つの推定値のうち、どちらの方がより望ましいかというと、標本数が100個の場合の方だろう。そちらの方が分散が小さく、より推定の精度が高いからだ。このように、分散が小さく推定の精度が高いことを、効率的（efficient）という。素敵なことに、OLSは、一定の条件下では、数ある推定手法の中で最も効率的であり、かつ、不偏性を持つことが知られている[8]。

6）不偏性に類似した概念に、一致性（consistency）というものがある。不偏性は、標本抽出を繰り返した場合に、推定値の平均が母集団の真の値と一致するという性質であるのに対し、一致性は、標本のサイズを大きくしていくと推定値の平均が次第に母集団の真の値と一致する、という性質だ。逆に言えば、一致性があったとしても、標本のサイズが小さい場合には、推定値の平均が母集団の真の値と一致していない可能性がある。これに対し、不偏性があれば、標本サイズの大小にかかわらず、推定値の平均は母集団の真の値と一致する。したがって、不偏性がある場合には、標本のサイズを気にする必要がないのに対し、一致性しかない場合には、標本のサイズが小さいときにはバイアスがある可能性に気を配らなければいけないことになる。実際の実証分析においては、不偏性が実現できる場合は必ずしも多くなく、一致性しか実現できない場合が多い。一致性について正確に理解するためには、漸近理論（asymptotic theory）に関する理解が必要となる。漸近理論は、計量経済学においては非常に重要な理論だけれども、その説明を始めると読者の大半が逃亡すると予想されるので、本書では取り上げない。

7）このシミュレーションでは、標本100個の場合の平均値が1.988、標本50個の場合の平均値が1.953である。標本数が少なくてもパラメータの真の値と一致しているから、一致性より強い不偏性を満たしていることがわかる。

8）このことから、「OLSはBLUE（Best Linear Unbiased Estimator）である」と言われる。

③ バイアスへの対処

　話を元に戻そう。前述したように、必要な説明変数を落としてしまうと、たいていの場合は推定値にバイアスが発生する。たとえば、式(1)の「能力」を観察してデータを入手することは、通常は不可能だ。だからといって、この説明変数を落としてしまうと、バイアスが発生してしまう。その場合にとり得る対処方法の一つは、代理（proxy）変数を使うことだ。

　能力の場合であれば、IQのような知能指数を代理変数として採用することが考えられる。もちろん、IQという代理変数は、私たちが真に使いたい説明変数である能力と完全に一致してはいない。このため、代理変数が、必要な説明変数を「不正確に表現」している限りにおいて、推定値にバイアスが発生してしまう。しかし、バイアスが発生するにしても、そのバイアスの程度は、欠落変数バイアスよりもマシであることが通常である[9]。このため、モデルに必要な説明変数の入手が困難である場合には、できるだけその説明変数の振る舞いに近い振る舞いをする代理変数を探してくることが望ましい。

　もっとも、常に適切な代理変数を発見できるとは限らない。その場合には、目的変数のラグ付き変数を説明変数に使うことも一案だ。ラグ付き変数というのは、1期（または2期以上）前の値だ（第5章）。もし、入手できない説明変数が、現在の目的変数の値と、過去の目的変数の値との双方に影響しているのであれば、過去の目的変数の値を説明変数に取り込むことで、この部分をコントロールできるからである。もっとも、代理変数としての「正確性」には心許ない部分が多い（余計な要素が多く入りすぎている）ので、可能であれば別個の代理変数を探してくる方が望ましい。

---

9) 実際にどの程度のバイアスが発生するかは、元の説明変数と代理変数との間にどれだけ相関関係があるか、および、代理変数では説明変数を説明できない部分（元の説明変数を目的変数として代理変数で単回帰した場合の残差項）と、他の説明変数との間にどれだけ相関関係があるか、に依存して決まってくる。

④ 測定誤差・欠測値・異常値

　代理変数とよく似た症状を引き起こすのが、測定誤差（measurement error）の問題だ。分析に使いたい変数は入手できるのだけれども、その測定に誤差がある場合は、しばしばある。たとえば、質問調査において、「去年の○○はどうでしたか？」といった質問項目があった場合、記憶違いによって正確な値が得られないこともかなりあるだろう。

　まず、目的変数に測定誤差がある場合、誤差が説明変数と相関していなければ、バイアスは発生しない。ただ、誤差の分、推定の精度は低くなり、標準誤差は大きくなってしまう。他方、説明変数に測定誤差がある場合は、多くの場合にバイアスが発生してしまうから、注意が必要だ。もっとも、どちらの場合にせよ、その変数を使わないことよりは深刻ではないので、測定誤差によるバイアスの可能性を認識しつつ、その変数を使い続けるしかない。

　測定誤差よりもう少し深刻なケースとして、欠測値（missing data）がある。アンケート調査で無回答項目があるなどして、説明変数の一部にデータが欠けている場合である。RやStataのような多くの統計ソフトウエアでは、欠測値があると、自動的にそのデータを除外して残りのデータを使って計算を行うけれども、そうしていいのかどうかについては、少し立ち止まって考える必要がある。

　もし、欠測値がランダムに発生しているのであれば、欠測値のあるデータを除外して計算することに、何ら問題はない。けれども、欠測値の発生の仕方がランダムではなく、システマティックな場合（たとえば、低所得者より高所得者の方がアンケート返送率が高いなど）には、問題が出てくる可能性がある。これは、第1章で言及した選択バイアス（selection bias）の一種であり、この問題に対処するためには、本書の後半で取り上げるさまざまな手法が必要となってくる。

　測定誤差とは逆に、データは存在するのだけれど、あまりにも他のデータと数値がかけ離れているので、そのデータを除外して計算したい、と感じる

ときもある[10]。これが異常値（outlier）の問題だ。異常値の典型的な発生原因は、0 を 1 個打ち間違えてしまったとか、入力するセルが 1 つ横にずれてしまったなどの、データ入力ミスだ。けれども、ある観察値だけが、「本当に」大きく違っていることが原因で発生していることもある[11]。

このような異常値に接した場合、入力ミスが原因と推測できる場合であれば、そのミスを訂正するか、それが不可能な場合には、そのデータを除外して計算してよい。けれども、原因が入力ミス以外の場合には、異常値を簡単に修正してしまうことには問題がある。何をもって「異常」と判断するかについては、主観的な評価の介在する恣意的なものであるため、分析を行う者が、自分に有利な結果が出るように「異常値」を除外していってしまう危険性があるからだ。

したがって、異常値らしきものが見つかったとしても、その原因が特定できない場合には、異常値を除外せずに分析を進めた方がよい。そして、仮に、異常値を除外して分析を進めた場合であっても、異常値を除外しなかったらどのような分析結果が出たのかを、並べて報告することによって、自分の分析が恣意的なものでないことを示すことが望ましい[12]。

【参考文献】
森田果（2010）「会社訴訟における統計的手法の利用——テクモ株式買取請求事件を題材に」『旬刊商事法務』1910号、4-17頁

---

10) OLS は、平均からの距離の二乗を計算するので、異常値に計算結果が特に大きく左右されてしまうという弱点を持っている。
11) 異常値の有無を探すためには、データをグラフにプロットしてみるのが手短だ。
12) 森田（2010）三 2 で批判している、「株価の異常な変動を除外する」推定手法も、本質的には、（入力ミスではない）異常値を除外する推定手法である。このような推定手法を採用するときには、異常値を除外しない場合にどのような分析結果になるのかも報告すべきなのだけれども、この事件の当事者はそうしなかった。このような場合は、分析手法の恣意性・妥当性を疑ってかかるべきことになる。

第11章 不均一分散への対処
こんなこともあろうかと

　前章では、係数（β）の推定値にバイアスが発生すると、推定値が信頼できなくなってしまって困るということを見た。ところが、係数の推定値は正しいのだけれども、標準誤差の推定値にバイアスが発生してしまう場合もある。この場合、係数の推定値は正しい（バイアスがない）から、説明変数と目的変数の間の相関関係（説明変数が変化すると目的変数がどれだけ変化するか）については正確な推論ができる。けれども、標準誤差が正しくないということは、この相関関係についての仮説検定を正しく行うことができないことになる。たとえば、真の標準誤差よりも小さい標準誤差になるというバイアス（過小推定）があると、本当は統計的に有意でないのに統計的に有意だという結論を導いてしまう危険性がある。
　では、このような標準誤差のバイアスは、どのような場合に発生し、そして、どのような対処をすればいいのだろうか。

① 不均一分散

1.1 不均一分散
　そもそも、標準誤差が「正しくない」というのは、具体的にはどのような状況なのだろうか。今までに何度も登場していただいた失業者数と犯罪件数

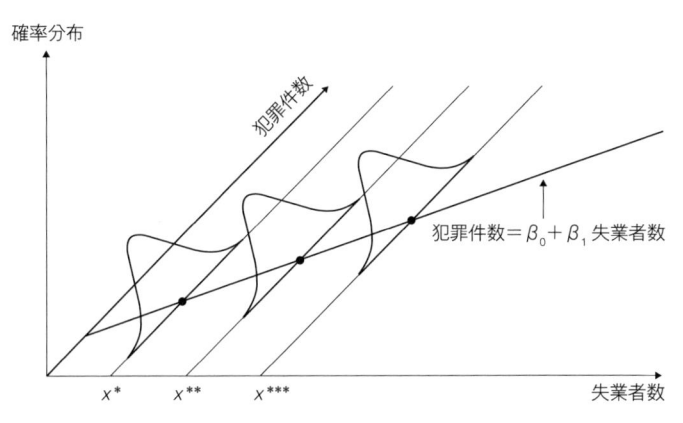

図11-1 均一分散

の回帰モデル

$$犯罪件数 = \beta_0 + \beta_1 失業者数 + \varepsilon$$

で考えてみよう。このモデルを OLS で推定した場合に、標準誤差が正しく推定でき、正しい仮説検定を行うことができるのは、誤差項 ε のばらつき具合（分散）が常に一定の場合だ（図11-1）。

このように、誤差項の分散が一定であれば、失業者数がどのような値 (x^*, x^{**}, x^{***}) であっても、失業者数の変化が犯罪件数に与える影響 β_1 のばらつき具合が同じであると考えて仮説検定をすることができる。実は、前章までの OLS の下での仮説検定においては、この条件が満たされることを暗黙のうちに前提としていた。この前提のことを、均一分散（homoskedasticity）と言う[1]。しかし、この前提が常に満たされるとは限らない。

失業者数と犯罪件数のモデルの場合、おそらく均一分散の仮定は充足されないであろうことは、簡単に予想できる。先ほどの回帰モデルを、人口5万

---

1) 英語の方は何とも舌をかみそうな単語だけれども、米国でも入門レベル（学部や MBA など）では、教師が笑いを取るために「こんな変な単語があるよ」と教えることがある。さすがに経済学系大学院の Ph.D. コースでは当たり前のようにスルーされるが。その辺が「お客様」扱いの MBA と真剣勝負の Ph.D. の違いの1つなのだろう。

図11-2 不均一分散

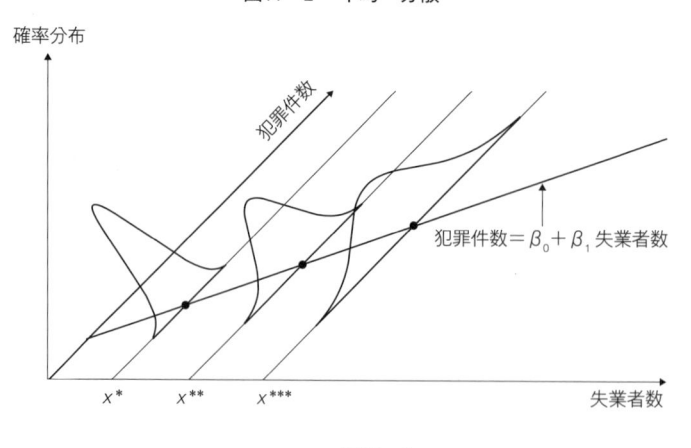

[図: 確率分布と失業者数の関係、犯罪件数 = $\beta_0 + \beta_1$ 失業者数、x^*, x^{**}, x^{***}]

図11-3

[散布図: 横軸 unemployment (0〜150000)、縦軸 residuals (-10000〜20000)]

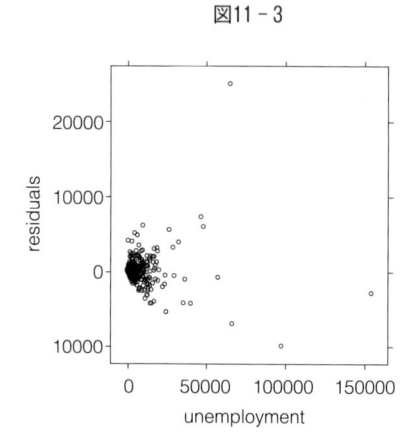

人の都市と50万人の都市とにおいて当てはめてみたとしよう。単純に考えると、後者の都市では前者の都市に比べて、失業者数も犯罪件数もほぼ10倍のオーダーになるから、回帰モデルにおける誤差項 ε のオーダーもほぼ10倍になるだろうと予想される。ということは、誤差項の分散は常に同じではなく、失業者数の増加に比例して誤差項の分散が大きくなっていくと考える方がむしろ自然だ（図11-2）。

実際、失業者数と犯罪件数の回帰モデルにおいて、失業者数を横軸に、誤

差項の値を縦軸にとってグラフ（散布図）を書くと、図11-3のようになる。この図11-3においては、失業者数が小さい場合には、誤差項の絶対値は小さいけれども、失業者数が大きくなるにつれて誤差項の絶対値が大きくなるという傾向が観察されるから、先ほどの予想は正しかったのだと確認できる。これが、不均一分散（heteroskedasticity）と呼ばれる状態だ[2]。

もちろん、誤差項の分散が一定ではないというのは、この図11-2、図11-3の場合のように、特定の説明変数の増大にしたがって分散が大きくなるというケースだけでなく、複数の説明変数の影響を受けるケースや、もっとばらばら（増えたり減ったり）のケースもあり得る。ともあれ、係数β_0、β_1を推定するときに計算される分散（あるいはその平方根の標準誤差）は、均一分散を前提として計算されているので、不均一分散の場合には、通常のOLSで推定される分散・標準誤差は正しい値ではなくなってしまう。

このようなバイアスが発生する背景には、直感的に言うと、次のようなメ

---

[2] 均一分散と不均一分散を、誤差項の共分散行列（variance-covariance matrix）で書くと、次のように表記できる。均一分散とは、

$$E(\varepsilon\varepsilon') = \begin{pmatrix} \sigma^2 & 0 & 0 & \cdots \\ 0 & \sigma^2 & 0 & \cdots \\ 0 & 0 & \sigma^2 & \cdots \\ \vdots & \vdots & \vdots & \ddots \end{pmatrix} = \sigma^2 \boldsymbol{I}$$

となり、行列の対角成分が全て同じ値σ^2である場合である。これに対し、不均一分散とは、

$$E(\varepsilon\varepsilon') = \begin{pmatrix} \sigma_1^2 & 0 & 0 & \cdots \\ 0 & \sigma_2^2 & 0 & \cdots \\ 0 & 0 & \sigma_3^2 & \cdots \\ \vdots & \vdots & \vdots & \ddots \end{pmatrix}$$

となっており、データの1つ1つについて異なる分散の値が入る場合だ。なお、ここでは、対角成分以外の数値（共分散）は全て0となっており、データの1つ1つの間に誤差項の相関関係はないことが仮定されている。しかし、たとえば時系列データの場合であれば、今期と前期（あるいは来期）の間には一定の相関関係があるかもしれないし（系列相関：serial correlation）、地理的なクロスセクションデータ、パネルデータの場合であれば、同一地域内には一定の相関関係があるかもしれない（空間相関：spatial correlation）。そのような場合には、対角成分以外にも0でない数値が入ることになり、それに対する修正が必要になる。

カニズムが働いている。標準誤差（分散）を推定するためには、1つ1つの誤差項のばらつき（偏差）の二乗を足しあわせていった値を利用する。たとえば、データが3つあって、それぞれの誤差項のばらつきが1、2、3だったとしよう。この場合に、3つの誤差項の偏差の二乗の和を足しあわせると、$1^2+2^2+3^2=14$ だ。ところが、分散が均一だと仮定した場合には、偏差の平均は2だから、3つの誤差項の偏差の二乗の和を計算すると、$2^2+2^2+2^2=12$ になる。真の値は14なのに、均一分散を仮定してしまうと、12という真の値より小さい値になるのだ。

このような過小推定のバイアスが発生する原因は、距離の**二乗**の総和に基づくという分散の性質（第3章）による。二乗することによって、小さめの値がより小さくなる度合いよりも、大きめの値がより大きくなる度合いの方が強くなるため、均一分散の仮定によって、真の値よりも過小に分散の総和が計算されてしまうのである。

1.2　頑健な標準誤差

そこで、不均一分散が存在している場合に正確な分散の値を得るためには、分散の値が一定ではないということを考慮に入れた修正を施してやる必要がある。この修正の仕方には、いろいろなものがあるけれど、もっとも広く使われているのは、Halbert White という計量経済学者が1980年に公表した手法だ[3]。この手法は、White 型の頑健な標準誤差（robust standard error；robust SE）とかサンドイッチ標準誤差と呼ばれる[4]。たいていの統計パッ

---

[3] White は、2012年3月31日に61歳の若さで亡くなった。彼の1980年のペーパー（White(1980)）は、経済学でもっとも引用回数の多いペーパーの1つである。

[4] 「サンドイッチ」と呼ばれるのは、頑健な標準誤差を求める式が、行列を使って書くと

$$(X'X)^{-1}X'\Omega X(X'X)^{-1}$$

となっており、Ω（おめが、誤差項の二乗を使った不均一分散の推定値）を $(X'X)^{-1}X'$ で両側から挟む（＝サンドイッチする）形になっているからである。基本的なアイデアは、脚注2で見た不均一分散の共分散行列に対して、逆行列をかけてやることによって均一分散の場合と同じ形にすることにある。

表11-1 頑健な標準誤差

	推定値	標準誤差	頑健な標準誤差
係数 β_1	0.487	0.0036	0.0286
t 値		136.14	17.03

ケージソフトウエアには、この頑健な標準誤差を計算するコマンドが組み込まれているので、簡単に計算できる。失業者数と犯罪件数のモデルで実際に計算させてみると、表11-1のようになる。

このように、不均一分散に対処するために修正された頑健な標準誤差は、通常の標準誤差と大きく違っており、このケースでは約8倍もの大きな値になっている。この違いは、このモデルにおいては、不均一分散の程度が深刻であり、それだけ大きな影響が発生していることを示唆する。

もっとも、均一分散の前提が成立していなくても、OLSによる係数の推定値自体は、不偏（バイアスがない）だし、一致性も満たされている。不均一分散の場合に問題になるのは、標準誤差であり、標準誤差を使った仮説検定である。幸い、このケースでは、通常の標準誤差で仮説検定すると t 値は136.14であるのに対し、頑健な標準誤差で仮説検定すると t 値は17.03なので、いずれを使っても1％レベルで統計的に有意ではある。けれども、場合によっては、頑健な標準誤差を使った場合には統計的な有意性が消える（t 値は推定値を標準誤差で割る（t 値 = 推定値/SE）ことによって得られることに注意）こともあるから、この問題は深刻だ。

1.3 どのような場合に頑健な標準誤差を使うべきか？

このように、頑健な標準誤差を使うと、仮説検定に重大な影響（統計的有意性が出にくくなる）が発生する。そうなると、どのような場合に頑健な標準誤差を使うべきかが重要になってくる。前述したように、通常の標準誤差が正しくない（バイアスが生じる）のは、不均一分散の場合だから、通常の標準誤差ではなく頑健な標準誤差を使うべきなのは、均一分散の前提が成立せず、不均一分散となっている場合だ。

そして、均一分散なのかどうかについては、これを発見するための簡単な手法がある。提唱した人の名前をとって、Breusch-Pagan テストや White テストなど、さまざまなものがあるが、いずれも基本的には、均一分散を帰無仮説、不均一分散を対立仮説とする仮説検定を行うものである。したがって、これらのテストにおいて、一定の有意水準で帰無仮説が棄却された場合には、不均一分散だということで頑健な標準誤差を使うべきことになる。これらのテスト（の一部）は、統計パッケージソフトウエアにあらかじめ組み込まれているから、コマンド1つで均一分散かどうかを検定できる。実際、これらのテストを実行してみると、多くの場合において不均一分散が検出され、頑健な標準誤差を使わざるを得なくなるだろう。

もっとも、不均一分散を検出するためのこれらのテストは、いずれも、特定の形（仮定）の不均一分散を判別しようとするもので、そのテストが前提としている形以外の不均一分散を検出できるとは限らない[5]。このため、特定のテストによって不均一分散が検出されなかったからという理由で、通常の標準誤差を使って仮説検定をすると、雑誌の査読者（あるいは読者）から、「そうは言っても別の形の不均一分散があるかもしれないじゃん。もしそうだとしたら、頑健な標準誤差を使わずに仮説検定をして統計的有意性を導いているこの実証分析は信頼できないな」と言われてしまいかねない。

そこで、**こんなこともあろうかと**、常に頑健な標準誤差を使っておくことがお勧めだ。分析者が通常探しているのは統計的に有意な関係なので、統計的有意性の出にくい頑健な標準誤差を使うことは、痛くもない腹を探られずにすむことになる。実際、私たちが公表論文で見かける実証分析の多くは、通常の標準誤差ではなく、頑健な標準誤差を使っているけれども、それにはこのような背景があるのである。

---

[5] たとえば、Breusch-Pagan テストは、モデルの説明変数の線形結合によって誤差項が説明できるかどうかを検定しようとするものなので、それ以外の形の不均一分散については検出できるとは限らない。

表11-2 WLSとOLSの比較

推定手法	(1) OLS	(2) OLS + robust SE	(3) WLS
係数 β_1	0.487	0.487	0.473
SE	0.0036	0.0286	0.0035
t 値	136.14	17.03	135.82

② WLS

　以上のように、不均一分散がある場合には、OLSをした上で頑健な標準誤差を使って修正するのが1つのやり方だ。でも、今回のように、不均一分散の具体的な内容が予想できる場合には、OLSをちょっと修正することで、より効率的（efficient＝標準誤差が小さい）な推定を行うことができる。

　前述したように、失業者数と犯罪件数のモデルにおいて不均一分散が予想されるのは、人口が多い都市ほど、それに比例してばらつきが増えるであろうことが原因だった。とすれば、1つ1つの都市ごとに、当該都市の人口の逆数を重み（weight）付けした上でOLSにかければ、ばらつきの大きさは一定になり、均一分散が実現できるはずだ。このように、重み付けをした上でOLSを使おうというのが、重み付き最小二乗法（Weighted Least Squares；WLS）だ。WLSも、たいていの統計パッケージソフトウエアに組み込まれているので簡単に計算できる。計算結果は表11-2のようになる。

　WLSを使うにあたって注意しなければいけないのは、繰り返しになるけれど、不均一分散だからといってOLSによる係数の推定値自体は、不偏だし一致性も満たしているということだ。問題なのは、標準誤差に発生するバイアスと、それに伴う、仮説検定の不正確さなのである。このことは、表11-2からも明らかであり、係数 β_1 の推定値は、OLSを使った場合でもWLSを使った場合でも、ほとんど変わらない[6]。

　けれども、標準誤差は大きく違う。OLS（頑健な標準誤差を使っていない(1)列は過小推定というバイアスがかかっているので、(2)列を参照）の標準

誤差0.0286に比べると、WLSの標準誤差は0.0035と大幅に小さくなっており、それに伴って t 値も大幅に上昇している。このように、WLSを使う利点は、OLSを使った上で頑健な標準誤差で修正をした場合よりも、小さな標準誤差が得られること、つまり、それだけ推定の精度が高く（効率的）、統計的有意性を得やすい点にあることになる。

③ GLS

もっとも、WLSが使えるのは、不均一分散の形があらかじめわかっている場合だけだ。全国の都市・都道府県のデータや、あるいは国別比較のデータのような場合には、不均一分散のあり方についてある程度の予想（人口比例など）がつくこともある。しかし、実際には、不均一分散の形がわかっていない場合の方が多く、そのような場合にはWLSは使えない。そんなときにでも利用可能なのが、一般化最小二乗法（Generalized Least Squares；GLS）だ[7]。

GLSにもさまざまな手法（バリエーション）があるけれども、ここではその中でも、実行可能一般化最小二乗法（Feasible Generalized Least Squares；FGLS）と呼ばれる手法のアイデアを紹介しよう。前述したように、WLSが使えないのは、不均一分散の形がわかっていないからだった。

6）表11-2では、OLSとWLSの場合で推定値が厳密には一致していない。このような不一致が生じるのは、標本のばらけ方によるもので、ある程度は仕方がない。しかし、もし、OLSとWLSとで推定値が大幅に違っているような場合には、不均一分散以外の何らかの問題が発生していることが考えられるから、その原因を探求する作業が必要になる。

7）本文では、GLSが有用なのは、不均一分散の形がわからない場合だと書いたけれども、実はGLSはそれ以外の場合にも使い道がある。たとえば、脚注2で書いたように、1つ1つのデータが独立ではなくて、相互に相関している場合（＝誤差項の共分散行列の対角成分以外に0でない値が入ってくるケース）においても、GLSを使うことによって正確な推定が可能になる。このため、系列相関がある時系列データや、隣接地域等による相関があるクロスセクションデータでは、GLSを使うことで、より効率的な推定が実現できる。

表11-3　OLSとFGLSの比較

推定手法	(1) OLS + robust SE	(2) FGLS
係数 β_1	0.487	0.464
SE	0.0286	0.0062
t 値	17.03	75.07

もちろん、私たち観察者は、神様の視線を持っていないから、母集団の不均一分散の真の形を知ることはできない。けれども、不均一分散の形についてさまざまなモデルを使って推定することは可能だから、推定された不均一分散を重み付けに使ってOLSを実行することが考えられる。

不均一分散の推定の仕方にはさまざまなものがあるけれども、ここでは、非常に単純なモデル[8]を利用してFGLSを行ってみよう。その推定結果が表11-3である。

不均一分散の形について強い仮定を置いたWLSの場合（表11-2）ほどではないけれども、FGLSを採用することによって、標準誤差は小さくなり、t 値も上昇して統計的有意性が出やすくなったことがわかるだろう。そして、WLSに比べてGLSの優れた点は、不均一分散の形について特定の仮定を置く必要がない（＝突っ込まれにくい）点にある。そこで、均一分散を仮定できないけれども、かといって不均一分散の形の予想もつかない場合には、OLSに頼るのではなく、GLSを使うことによってバイアスのない「正しい」標準誤差を得ることが有益な戦略だ。

【参考文献】

White, Halbert (1980) "A Heteroskedasticity-Consistent Covariance Matrix Estimator and a Direct Test for Heteroskedasticity," *Econometrica*, 48, pp. 817-838.

---

8) 具体的には、説明変数の線形結合の指数関数でモデル化している（$\varepsilon^2 = \sigma^2 \exp(\delta_0 + \delta_1 x_1 + \cdots + \delta_k x_k)$）。もちろん、他のモデル化の仕方もあってよい。

第12章 目的変数が質的変数の場合の分析手法

飛ばねぇ豚はただの豚だ

　これまで本書で扱ってきた回帰分析は、いずれも、目的変数が連続変数（第9章参照）である場合ばかりだった。けれども、実証分析の俎上に上がってくるものの中には、目的変数が質的変数である場合もある。というより、法学の分野で出会う実証分析のかなりの部分は、目的変数が質的変数である場合だとさえ言ってよいかもしれない。

　たとえば、「日本企業の社外取締役の採否は、どのような要因によって決まってくるのか」という問いを立てた場合の目的変数は、「社外取締役の有無」であり、「社外取締役あり」「社外取締役なし」の2通りの値しかとり得ない（ダミー変数）。また、「賃貸借契約における信頼関係の破壊の有無は、どのような要因によって決まるのか」という問いを立てた場合の目的変数も、「信頼関係の破壊がある」「信頼関係の破壊はない」の2通りの値しかとり得ないダミー変数だ。

　では、このように目的変数が質的変数、特にダミー変数である場合に、今までに扱ってきたようなOLSによって推定ができるのだろうか？　以下では「**豚が飛ぶことを選ぶ（＝ただの豚でなくなる）のは、どのような要因によって決まるのか**」という問いを例にとって考えていこう。なお、「飛べない豚は……」だと誤解している人が多いけれども、正確には「飛ばない豚は……」だ。

図12-1

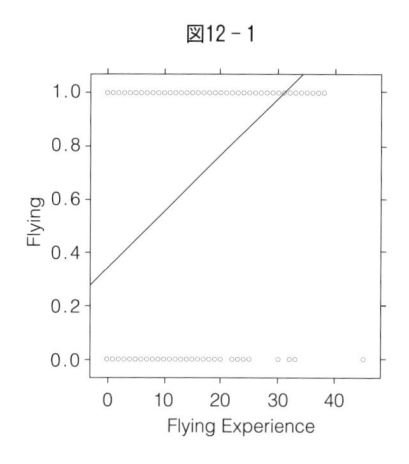

① 線形確率モデル (LPM)

　目的変数が質的変数（ダミー変数）である場合、もっとも手っ取り早い分析の方法は、目的変数がとり得る値をそれぞれ、0、1と置いた上で、普通にOLSで推定してしまうものだ。豚の例で言うならば、飛ぶ豚であれば1、ただの豚であれば0、と数値化した上で、飛ぶかどうかの意思決定に影響を与えそうな説明変数でOLS推定を行うのである。たとえば、過去に飛んだ経験がある豚ほど、飛び慣れている分、再び飛ぼうと考えがちだと推測できる。そこで、次のようなモデルを考えよう：

$$飛ぶ豚 = \beta_0 + \beta_1 飛行経験 + \varepsilon$$

このモデルのOLSによる推定結果は、「飛ぶ豚＝0.345＋0.021飛行経験」となる（図12-1）。つまり、飛行経験が1年増えるごとに、飛ばないから飛ぶに0.021だけ近づくことになる。

　では、この「飛ばないから飛ぶに0.021だけ近づく」という関係は、何を意味しているのだろうか。目的変数がダミー変数である場合の線型モデルについては、簡単な解釈ができる。それは、このモデルの推定値を、ダミー変

図12-2

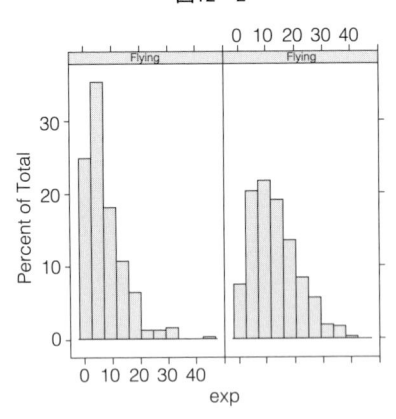

数が1の値をとる確率と解釈する方法である。たとえば、過去の飛行経験が5年の豚であれば、飛ぶことを選ぶ確率は、0.345+0.021×5＝0.45（45％）である（飛ばない確率は55％）のに対し、飛行経験25年の豚であれば、飛ぶ確率は0.345+0.021×25＝0.87（87％）もある（飛ばない確率は13％）。つまり、「飛行経験が1年増えるごとに、飛ぶ確率が2.1％増える」と解釈できることになる。これが、線形確率モデル（Linear Probability Model；LPM）だ。

　このようになる理由は、図12-2のヒストグラムのように、飛ばない豚（左側）と飛ぶ豚（右側）の分布を比べてみればわかる。飛ばない豚よりも飛ぶ豚の方が、過去の飛行経験が長いのだ。とすれば、過去の飛行経験が長い豚ほど、飛ぶことを選ぶ確率が増えると考えることは、合理的だ。

　このような線形確率モデルのアイデアは、説明変数を増やしても妥当する。たとえば、次のようなモデルを考えることができる：

飛ぶ豚＝$\beta_0+\beta_1$年齢＋β_2教育＋β_3配偶者の教育＋β_4配偶者の収入＋β_5飛行経験
　　　＋β_6 6歳未満の子供の数＋β_7 6歳以上18歳未満の子供の数＋ε

このモデルを OLS で推定して5％レベルで統計的に有意に出る要因を見ていくと（表12-3）、1歳年をとるごとに飛ぶ確率が1.8％減る（若い方が元

気)、教育が1年長くなるごとに飛ぶ確率が4.7％増える（飛ぶにも教養が必要だ）、飛行経験が1年増えるごとに飛ぶ確率が2.3％増える（経験豊富な方が飛行技術が上）、6歳未満の子供が1人増えるごとに飛ぶ確率が27％減る（幼児の世話で忙しい）、ということがわかる。

② 線形確率モデルの問題点

　以上のように、線形確率モデルは、直感的に理解しやすいモデルなのだが、3つの問題がある。第1に、線形確率モデルによる係数の推定値にはバイアスが発生しやすい。第2に、0より小さな、または1より大きな確率が導かれてしまう。第3に、不均一分散になる。

　対応が簡単な方から説明すると、まず、不均一分散は深刻な問題ではない。前章で見たように、頑健な標準誤差を使ったり、GLSを使ったりすれば、バイアスのない正しい標準誤差を推定することができるからだ。

　次に、確率は、0から1までの値しかとり得ないはずだから、その範囲外の値が出てしまうというのは確かにおかしい。実際、図12-1の例では、飛行経験が30年をちょっと過ぎた辺りから、飛ぶ確率は1を超えている。「飛ぶ確率150％！」というのは、宣伝文句や気合いの入り方を示す表現としてはいいのかもしれないけれど、ちょっと解釈に困る（同様に「飛ぶ確率-30％」というのも困る）。

　もっとも、この問題点も、さほど深刻なものではない。推定された確率が0から1までの範囲を外れてしまうのは、たいてい、説明変数がかなり極端な値をとった場合であって、説明変数が「普通」の値をとっている限りは（たとえば平均値）、推定された確率は0から1までの範囲に収まるのが通常だからだ。実際、図12-2から明らかなように、推定された確率が1を超えてしまうような、飛行経験30年以上の豚というのは、あまり多くはない。

　以上に対し、係数の推定値にバイアスが発生するという問題は、ちょっとやっかいだ。そもそも、なぜバイアスが発生するのかについては、第3章で見た、確率分布の累積分布関数の形を思い出す必要がある。図12-3に見ら

図12 - 3

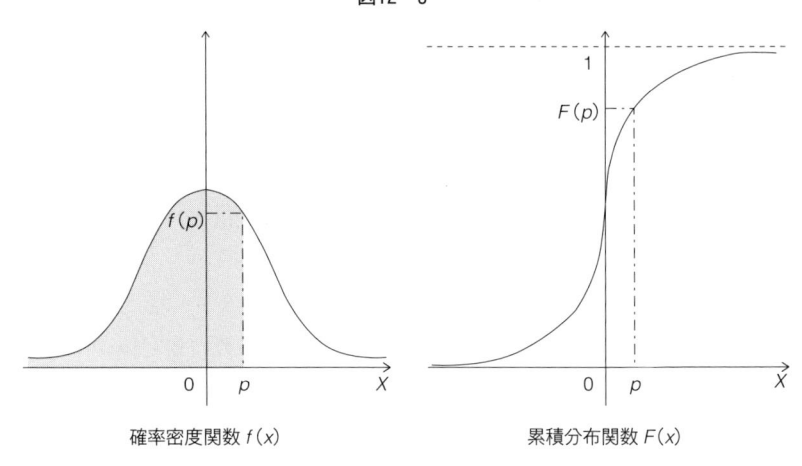

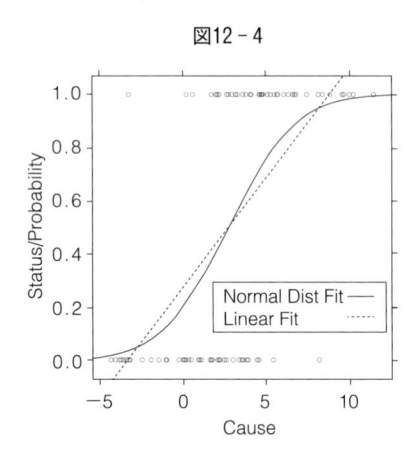

確率密度関数 f(x)　　　　　累積分布関数 F(x)

図12 - 4

　れるように、通常の確率分布の累積分布関数は、直線ではなくて曲線になっている。

　このような曲線を無理に線形モデルで回帰すると、図12 - 4の破線のような形になる。これを、正規分布で回帰（その方法については後述）した場合の実線と比較すると、違いがよくわかる（なお、実線は0と1の範囲内に収まっていることにも注意）。線形モデルでは、「説明変数が1変化したときに、

図12-5　一様分布

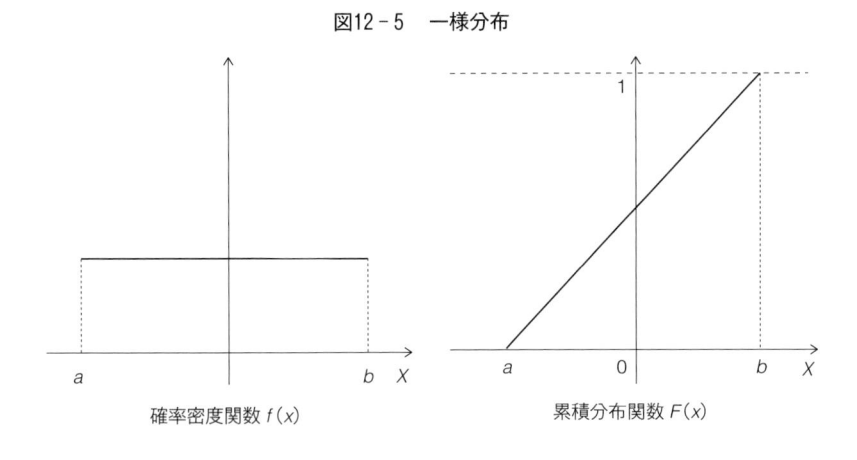

確率密度関数 f(x)　　　累積分布関数 F(x)

確率がどれだけ変化するか」(傾き)は常に一定だ。これに対し、正規分布モデルでは、傾きは説明変数の値によって異なる。説明変数の値が小さいと傾きは小さく、次第に傾きは大きくなってある点で最大となり、そこから次第に傾きは小さくなっていく。

とすると、「正しい」(=私たちには観察できない母集団の)確率分布が正規分布をしている場合に、これを線型モデルで回帰してしまうと、そこで推定された傾きは、真の傾きと一致するとは限らない(図12-4についてざっと目視すると、真の傾きと一致しているのは、説明変数が0の辺りと5の辺りだけ)。説明変数がそれ以外の値をとった場合には、線形確率モデルによる推定値は、真の値と異なるというバイアスが発生してしまうのである。

もっとも、線型確率モデルを使ってもバイアスが発生しないケースもある。それは、「正しい」確率分布が一様分布をしている場合だ(図12-5)。もし、母集団の確率分布がこのような形をしていると確信できるのであれば(そのような場合はあまりなさそうだけれども)、線形確率モデルを使うことに何ら問題はない。

もう一つ線形確率モデルが有用なのは、確かにバイアスが存在するとしても、通常、そのバイアスはあまり深刻なものではないからだ。たとえば、飛ばない豚の例で正規分布モデル(実線)と線形モデル(破線)を比較してみ

133

図12-6

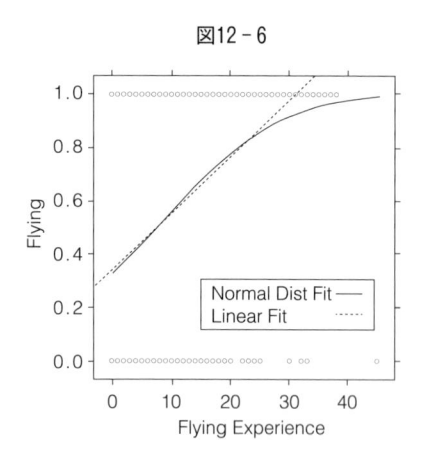

Flying / Flying Experience

Normal Dist Fit ——
Linear Fit ┄┄┄

ると（図12-6）、傾きにさほど差はないことが見てとれる。だから、最終的に読者に報告する場合には正規分布モデルを使うにしても、だいたいのイメージを掴むためには、計算も解釈（これについては後述）も簡単な線形モデルでまずは分析を行ってみることは有益だ。やはり、OLSは**最高の友達**なのである。

③ 非線形モデル

3.1 プロビット・ロジット

前述したような線形確率モデルの弱点を克服するためには、「説明変数 x が1増えると、確率 y が β_1 増える」という単純比例（線形）の関係ではなく、説明変数 x がどのような値であっても、0から1の範囲に目的変数が収まるように、累積分布関数 F を使った変形を行えばよい。つまり、線形確率モデルが

$$y = \beta_0 + \beta_1 x + \varepsilon$$

という形をしていたのに対し、

図12-7

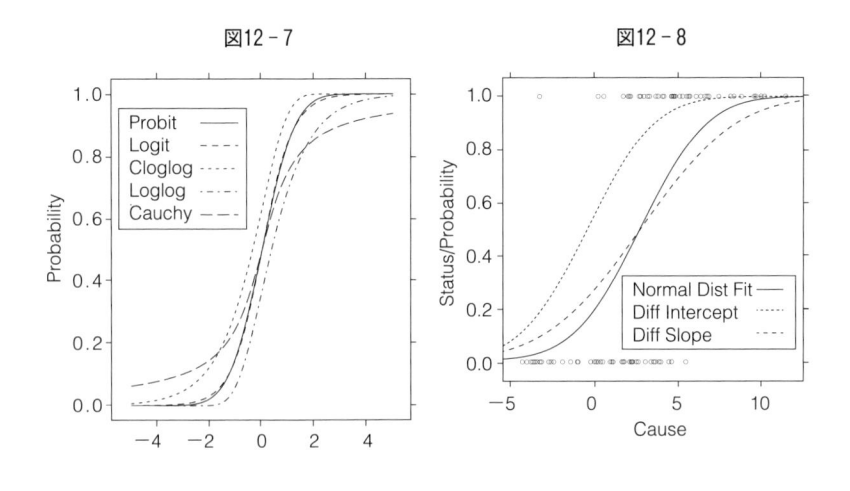

図12-8

$$y = F(\beta_0 + \beta_1 x) + \varepsilon \tag{1}$$

という変形を行うのである。目的変数が、説明変数とは単純な比例関係にないから、これは「非線形（nonlinear）モデル」になる。

この変形には、どんな累積分布関数を使ってもよい。図12-4では正規分布を使ったけれども、それ以外にも候補はいろいろとある（図12-7）。もっとも、これらの累積分布関数の中で実際に使われるのは、正規分布とロジスティック分布の2つがほとんどだ。正規分布を使ったものがプロビット（probit）モデルと呼ばれ、ロジスティック分布を使ったものがロジット（logit）モデルと言われる（この2つは図12-7ではほぼ重なっている）[1]。

そして、このような非線形モデルについても、線形モデルにおける OLS の場合と同様に、「データにもっともよく適合するような」パラメータ（係数）の値を探すことができる。図12-8は、図12-4と同じデータについてプロビットモデルを当てはめた場合（実線）だが、切片 β_0 を変化させればグラフは左右に動くし（点線）、傾き β_1 を変化させればグラフの傾きが変化

---

1) なお、正規分布もロジスティック分布も、確率が0.2から0.8の間については、ほぼ直線である。線形確率モデルのバイアスは深刻なものにはならないのが通常だ、と書いたけれども、それはこの点も理由の一つである。

する（破線）。線形モデルではないので OLS は使えず、最尤法（MLE）という方法を使って推定を行うけれども、MLE については次章で説明する。

さて、こういった非線形モデルの中で、もっとも頻繁に使われるのが、前述したようにプロビットとロジットだ。グラフの形はよく似ているけれども、いくつかの違いがあるので、どちらを使うのかは各人の好みによるところが大きい。

まず、プロビットの方が好ましいと考える人たちの動機は、それが正規分布に基づいたモデルである点にある。世の中の確率分布の多くは正規分布で近似できるから（中心極限定理：第3章参照）、正規分布を使うことには合理性がある。プロビットはロジットに比べて計算が大変だという欠点があるにせよ[2]、コンピュータの計算速度の向上により、この点はあまり問題とはならなくなってきている。

これに対し、ロジットの利点としては、プロビットより計算が簡単なことの他に、解釈が容易だという点がある。ロジットの式(1)を変形すると、

$$\beta_0 + \beta_1 x + \varepsilon = \ln \frac{y}{1-y}$$

となる。この $y/(1-y)$（＝飛ぶ確率／飛ばない確率）は、ギャンブルで言うオッズ（odds）に該当するので、ロジットは対数オッズとしての解釈ができる（表12-1）。

さらに、ロジットは、傾きの解釈も比較的簡単だ。そもそも、プロビットもロジットも、非線形モデルなので、「説明変数 x が1増えると、確率 y が β_1 増える」という関係にはない。説明変数 x が1増えた場合の確率 y の変

---

[2] 標準正規分布の累積分布関数 Φ（ふぁい）は、

$$\Phi(z) = \frac{1}{\sqrt{2\pi}} \int_{-\infty}^{z} \exp\left(-\frac{1}{2}z^2\right) dz$$

ロジスティック分布の累積分布関数 Λ（らむだ）は、

$$\Lambda(z) = \frac{1}{1+\exp(-z)}$$

となっており、ロジットの方がプロビットよりも単純な形をしている。

表12-1 オッズ

確率 y	オッズ $\frac{y}{1-y}$	対数オッズ $\ln\frac{y}{1-y}$
0.01	1/99=0.0101	－4.60
0.05	5/95=0.0526	－2.94
0.1	1/9=0.1111	－2.20
0.3	3/7=0.4286	－0.85
0.5	1/1=1	0
0.7	7/3=2.333	0.85
0.9	9/1=9	2.20
0.95	95/5=19	2.94
0.99	99/1=99	4.60

表12-2 ロジットにおける傾き

確率 y	傾き $\beta y(1-y)$
0.01	$\beta \times 0.0099$
0.05	$\beta \times 0.0475$
0.1	$\beta \times 0.09$
0.2	$\beta \times 0.16$
0.5	$\beta \times 0.25$
0.8	$\beta \times 0.16$
0.9	$\beta \times 0.09$
0.95	$\beta \times 0.0475$
0.99	$\beta \times 0.0099$

化は、その y の位置によって異なる（図12-3を参照）。プロビットの場合にこの傾きの変化を計算するのは面倒だけれども、ロジットの場合は、$\beta y(1-y)$ という簡単な計算で求められる（表12-2）。このように、理論的正当性を得やすいプロビットか、解釈のしやすいロジットか、という違いがあることになる。ただ、現実には、分野による違いが大きい。経済学系はプロビットを好むのに対し、社会学系・心理学系・医学系はロジットを好む傾向がある。

3.2 潜在変数アプローチ

ここまではプロビットやロジットを非線形な累積分布関数の当てはめという観点から説明してきたけれど、飛ぶか飛ばないかを一人ひとりの豚が意思決定している、という側面に着目すると、次のような理解もできる。

豚が飛ぶことによって得られる満足感（経済学で言う効用）ξ（くすぃー）は、豚の心の中にある変数なので、私たち観察者の目には見えない。この意味で、ξ は潜在変数（latent variable）と呼ばれる。もし、豚が合理的に決断をしているのであれば、満足感がプラスであれば飛ぶことを選び（$\xi>0$ なら $y=1$）、逆に、満足感がマイナスであれば飛ばないことを選ぶ（$\xi\leq 0$ なら $y=0$）はずだ。そして、この ξ 自体が、線形モデルの形をしているとす

表12-3 豚はなぜ飛ぶのか？

変数	LPM	Probit	Logit
年齢	−0.0181*** (0.00246)	−0.0567*** (0.00839)	−0.0932*** (0.0144)
教育	0.0466*** (0.00885)	0.152*** (0.0293)	0.258*** (0.0499)
配偶者の教育	−0.0960 (0.00685)	−0.0273 (0.0222)	−0.0479 (0.0380)
配偶者の収入	−0.00278† (0.00151)	−0.00993* (0.00497)	−0.0170* (0.00854)
飛行経験	0.0226*** (0.00218)	0.0702*** (0.00757)	0.120*** (0.0137)
6歳未満の子供	−0.271*** (0.0336)	−0.873*** (0.118)	−1.44*** (0.202)
6-18歳の子供	0.0124 (0.0133)	0.0347 (0.0430)	0.0588 (0.0735)
N	753	753	753
R^2	0.249	0.213	0.213

る：

$$\xi = \beta_0 + \beta_1 飛行経験 - \varepsilon$$

これを変形すると、「豚が飛ぶ確率」=「$\xi>0$ となる確率」=「$\beta_0+\beta_1$ 飛行経験$-\varepsilon>0$ となる確率」=「$\varepsilon<\beta_0+\beta_1$ 飛行経験となる確率」となる。この最後の「$\varepsilon<\beta_0+\beta_1$ 飛行経験となる確率」は、ちょっと頭をひねってみると、図12-3で見た累積分布関数として把握できることに気づくだろう（累積分布関数は、確率分布が、その値以下をとる確率を示すものであることに留意）。

後は、この誤差項 ε が標準正規分布に従っていると仮定すれば、プロビットモデルになるし、ロジスティック分布に従っていると仮定すれば、ロジットモデルになる。先ほどの説明とこの説明とどちらが納得しやすいかは人それぞれだけれども、筆者は、人間の行動原理に着目した潜在変数アプローチの方が好みだ。

3.3 プロビット・ロジットと線形モデルの比較

　最後に、飛ばねぇ豚の具体例で、3つのモデルの推定結果を比較しておこう（表12 - 3）。括弧内はSE、†は10％レベル、＊は5％レベル、＊＊は1％レベル、＊＊＊は0.1％レベルで統計的に有意な係数だ。どのモデルでも有意性はほとんどあまり変わらない。推定値を比較しても、たとえば、プロビットモデルにおける飛行経験の平均値での傾きを計算すると0.0274、ロジットモデルにおける確率0.5での傾きを計算すると0.0301となって、3つのモデルの間に大差はないことがわかる。なお、MLEにおけるR^2の意味については、OLSとは違ってくるので次章で説明する。

第13章 最尤法（MLE）
OLS とは違うのだよ、OLS とは！

　前章で、プロビットやロジットのような非線形モデルについては、OLS ——予測値からの外れの度合い（＝誤差項の二乗の総和）を最小化する手法——による推定はできず、MLE という推定手法によらなければならない、と書いた。本章では、その MLE（maximum likelihood estimation；最尤法[1]）について説明する。ちなみに、MLE は、20世紀前半の最大の統計学者である R. A. Fisher が、1912年、学部 3 年生（！）のときに発明した手法だ（から、そんなに難しくないはず？）[2]。

---

1) 最尤法は「さいゆうほう」と読む。ちなみに筆者は、米国で MLE を学んで日本に帰国した後しばらくの間、読みがわからず、「さい・もっともらしさ・ほう」と心の中で読んでいた。いやだって、尤を「ゆう」と読むなんて日常生活ではお目にかからないし、likelihood という英語は「もっともらしさ（蓋然性）」という意味じゃないか！　英語で統計学を学んだ人の中には、同じような読み方をしたことのある人がきっと他にもいるだろうと確信している。多分。
2) ちなみに、OLS を発明した人については諸説あるが、大数学者 Gauss が18世紀末に発明したという説が有力。また、OLS、MLE と並ぶ推定手法であるモーメント法（method of moments）は Chebyshev が発明したとされる。モーメント法は、時系列データの分析において多く使われている。

第13章 最尤法（MLE）

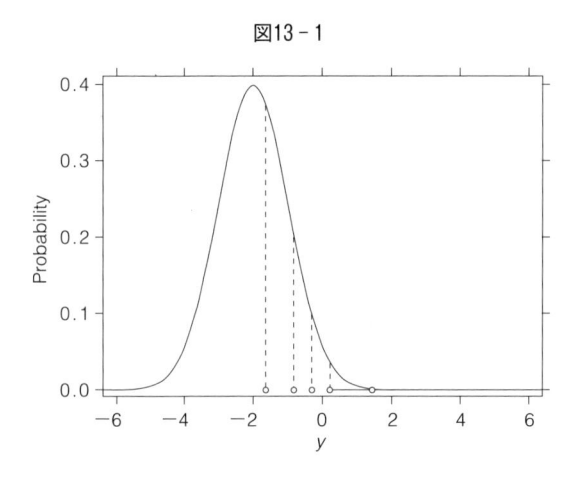

図13-1

① MLEの考え方

　MLEの発想を理解するために、ごく簡単な例で考えてみよう。今、母集団について、分散1（＝標準偏差1）の正規分布をしていることはわかっているけれど、その平均μがわかっていないので、これを推定したいとする。そこで母集団から5個のサンプルをランダムに（＝各個独立に）集めてみたら、$y=\{1.364, 0.235, -0.846, -0.285, -1.646\}$だった。このデータを前にして、OLSの発想は「どのようなμが、外れ度合いをもっとも小さくするか」というものであったのに対し、MLEの発想は「どのようなμが、このようなサンプルデータを生み出す蓋然性（likelihood）がもっとも大きいだろうか」というものになる。

　たとえば、仮に$\mu=-2$だったらどうなるかを図示したのが図13-1だ。平均-2、標準偏差1の正規分布の確率密度関数（実線）を使えば、母集団からサンプルを取得したときに、それが「1.364である蓋然性（確率）」「0.235である蓋然性」……を計算できる。とすれば、この5個のサンプルがランダムに取得されたのであれば、この5個のサンプルを同時に取得する蓋然性は「（1.364である蓋然性）×（0.235である蓋然性）×（-0.846である蓋然

図13-2

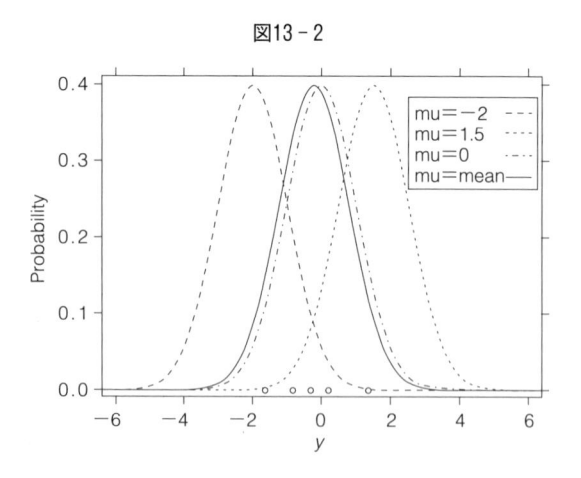

性)×(−0.285である蓋然性)×(−1.646である蓋然性)」になる。

同様に、μが1.5だった場合（点線）、0だった場合（一点鎖線）、5個のサンプルの平均だった場合（実線）について、それぞれの確率分布を前提として、5個のサンプルが得られる蓋然性を計算することができる（図13-2）。それでは、これらのμの値の中でどれがもっともあり得そうな（likely）値かというと、それは、この蓋然性がもっとも大きくなるμだと言えるだろう。そこで、サンプルデータを生み出す蓋然性をもっとも大きくするようなμの値（この場合はサンプル5個の平均がこれに該当する）を、母集団のμの推定値として採用しよう、というのがMLEのアイデアである。

すなわち、母集団からランダムに採取されたサンプルが得られる蓋然性＝尤度[3]は、私たちが推定したい母集団のパラメータ（μなど）によって決まる。そこで、その尤度を最大化するような値をパラメータの推定値とするのがMLEだ。なお、尤度をパラメータを用いた式で表したものを、尤度関数

---

3) MLEにおいては、最大化の対象となる尤度関数は、同時確率密度（joint probability density）と実は等しい。その意味で、わざわざ確率とは違う「尤度」という名称を使う必要はないようにも思える。しかし、ここで計算されている尤度は、確率のような絶対的な尺度ではなく、あくまで相対的な尺度に過ぎない。だから、やはり尤度でいいのである。

(likelihood function）と呼ぶが、実際の計算は、尤度関数の対数をとった対数尤度関数を利用する。対数を使うと、掛け算が足し算になって計算しやすくなるからである[4]。

② MLE の計算方法

以上に見てきたように、MLE による推定を行うためには、尤度関数を求めた上で、尤度関数を最大化するようなパラメータの値を解けばよい。といっても、OLS のように簡単に解を求められるとは限らない。高校数学で学んだように、解析的 (analytical) に最大化を計算――たとえば $-(x-2)^2+5$ なら $x=2$ で最大――できればいいのだけれど、そう簡単にはいかない場合がほとんどだ。その場合には、尤度関数を数値的 (numerical) に解くことになる。

数値的に解くというのは、単純計算が得意なコンピュータ様に力業で解いてもらう方法だ（第10章で登場したモンテカルロシミュレーションも数値演算の一種で、数値積分に使う）。もっとも有名な方法が Newton-Raphson 法[5]だ。基本的なアイデアは、図13-3のように、$f(x)=0$ という問題（最大値は一次導関数がゼロとなるところなので）の解を求めるために、適当な値 x_0 からスタートしたら、そこから接線を引いて x_1 を求め、今度は x_1 から接線を引いて x_2 を求め……と繰り返していくと、いつかは解（の近傍）に到達する、というものである。Newton-Raphson 法は、非常に高速に解を求められることが知られているけれども、計算量が多くなりがちなので、Berndt-Hall-Hall-Hausman（BHHH）法、Davidson-Fletcher-Powell（DFP）

---

[4] 母集団の平均の推定の例では、対数尤度は「(1.364である蓋然性) + (0.235である蓋然性) + (−0.846である蓋然性) + (−0.285である蓋然性) + (−1.646である蓋然性)」になる。対数を使うもう一つの理由は、対数が単調増加関数であることによる（＝最大値をとる場所が対数をとっても変わらない）。

[5] この Newton は、万有引力のニュートンご本人。ロジックは、テイラー展開 (Taylor expansion) に依拠している。

図13-3　Newton-Raphson法

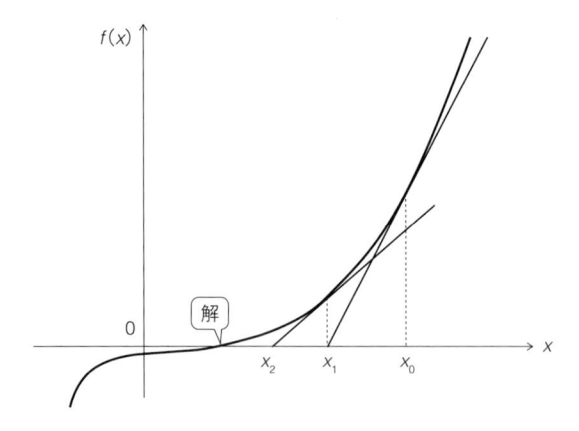

法、Broyden-Fletcher-Goldfarb-Shanno（BFGS）法など、他の数値演算手法が使われることもある（多くの統計ソフトウエアでは演算手法を選択できる）。

　もっとも、こういった数値演算手法がいつも上手くいくとは限らない。場合によっては、収束（converge）せず、解を求められないこともある。また、収束はするけれども、やたらと時間がかかる場合もある。これらの数値演算手法では、通常、10回以内の繰り返し（iteration）で解が求められる。けれども、（対数）尤度関数の形が汚い場合やデータが少ないにもかかわらず無理に推定を行おうとした場合など、20回も100回もかかってやっと解に収束することがある。このような場合には、推定モデルやデータに立ち帰って、「何かおかしいところはないか」と再検討した方がいい。

　数値演算による最大化の計算の場合にもう一つ問題となるのは、「間違った最大化」をしてしまう危険性だ。たとえば、尤度関数が図13-4のような形をしていたとしよう。この場合、尤度関数全体の最大値（global maximum）であるB点に収束するような形で解ければよいけれども、最初の初期値（initial value）の選び方によっては（たとえば左端からスタート）、局所的な最大値（local maximum）であるA点で止まってしまうかもしれない。このため、複雑な尤度関数の場合には、初期値の選択を注意深くしないと間

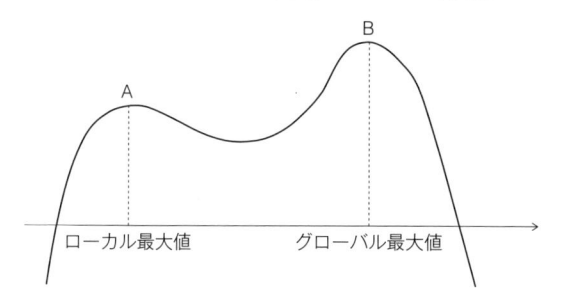

図13-4　グローバル最大値とローカル最大値

違った解に到達してしまう危険性がある（Rでは初期値を選択できる）。もっとも、たいていの場合は、統計ソフトウエアが自動的に最適な初期値を選んでくれるから、あまり問題は発生しない。ただ、古いソフトウエアには、計算するごとに毎回解が違ってしまう、なんてものもあった。

そして、以上のようにして計算されたMLE推定量には、一致性があり、効率的であり、サンプル数が十分に大きければ正規分布していることが知られている。OLS推定量には、不偏性があり、効率的であるという性質（BLUE）があったけれども（第10章）、MLE推定量も、それに負けず劣らず優れた性質を持っているのだ。

③ 当てはまりの良さの指標

さて、以上のようにしてMLEによるパラメータの推定値を計算できたとしよう。OLSの場合には、パラメータの推定値と同時に、R^2が計算され、R^2によって「そのモデルが目的変数の変化のうちどれくらいの割合を説明できるか」についてのイメージを得ることができた（第6章）。しかし、MLEにおいては、OLSとは違って残差は計算されないからR^2を得ることはできないし、F値を使ったF検定（第8章）もできない。では、MLEを使った場合にモデルの当てはまりの良さを評価するためには、どのような指標を使えばよいのだろうか。

OLSとは異なり、MLEは常に、「その推定値がサンプルデータを生成する蓋然性」すなわち尤度を算出する。ならば、この尤度を使えば、モデルの良し悪しを評価できるはずだ。そこで、OLSのF検定に相当する検定として、尤度比検定（likelihood ratio test；LR test）というものが考え出された。OLSのF検定は、検定したいモデル（無制約モデル）とそこから説明変数を全部省いたモデル（制約モデル）とのR^2を比べ、「説明変数の導入によってR^2が有意に増加したか？」を問うものだった。同様に、MLEにおいても、無制約モデルと制約モデルの尤度を比べ、「説明変数の導入によって尤度が有意に増加したか？」を問うことができる[6]。これが統計的に有意に出れば、追加された説明変数は無意味ではなかったと言える。

もっとも、このような尤度比検定では「モデル全体（の説明変数の組み合わせ）が無意味かどうか」というおおざっぱな評価しかできない。そこで、OLSにおけるR^2に類似した概念として、擬似決定係数（pseudo R^2）が使われることもある。これは、

$$1 - \frac{無制約モデルの対数尤度}{制約モデルの対数尤度}$$

として計算するのが一般的だ（複数のバージョンがある）。無制約モデルが、制約モデルに比べてあまり尤度を改善していなければ、「無制約モデルの対数尤度／制約モデルの対数尤度」の部分は1に近くなり（尤度は1より小さいので対数尤度はマイナスであることに注意）、擬似決定係数は0に近づく。これに対し、無制約モデルが大幅に尤度を改善していれば、「無制約モデルの対数尤度／制約モデルの対数尤度」の部分は0に近くなり、擬似決定係数は1に近づく。

6）厳密に言うと、
$$-2\ln\frac{制約モデルの尤度}{無制約モデルの尤度} = -2(制約モデルの対数尤度 - 無制約モデルの対数尤度)$$
について、χ^2分布（自由度は説明変数の個数）による検定を行う。なお、無制約モデルの尤度は、制約モデルの尤度より必ず大きい（より多くの説明変数が使われているから）。

もっとも、擬似決定係数は、決定係数のように、「目的変数の変化のうちのどれほどを当該モデルが説明しているか」という指標として解釈することはできない。このため、擬似決定係数を比較して「こちらの方がいいモデルだ」といった結論を下すことは危険だ。ましてや擬似決定係数とOLSの決定係数を比較することもできない。さらに、擬似決定係数は、調整済み決定係数（adjusted R^2）のように、説明変数を増やしたことによる調整もされていない。このため、擬似決定係数は、ほとんど無意味な数値と言ってよい。

そこで、決定係数の代わりにモデルの良し悪しを比較する基準としてしばしば使われるのが、赤池情報量基準（Akaike information criterion；AIC）だ[7]。AICは次のようにして計算され、AICが一番小さいモデルが「もっとも良い」モデルとされる：

$$\text{AIC} = -2 \times \text{対数尤度} + 2 \times \text{パラメータ数}$$

要するに、たくさんの説明変数を使っても（パラメータ数が増えても）、それに応じた分だけ尤度が十分に増加していなければ、そのモデルは「良い」モデルだとは言えないことになる（尤度が決定係数、AICが調整済み決定係数というイメージ）。AICは、MLEにおけるモデルの評価基準としてもっとも広く使われているが、それ以外にもAICを改良した基準はその後続々と登場しており、それらを使ってもよい[8]。

④ 仮定を可視化するMLE

以上に見てきたように、MLEは、OLSでは推定できないような非線形モデルであっても推定を可能にする、強力な推定ツールである。さらにMLEには、OLSでは暗黙のうちに前提とされていた仮定を明示的にモデルの中に取り込むことで、多様なデータ（データ生成過程、data generating pro-

---

7) AICは、赤池弘次が1973年に公表した基準である。
8) AIC以外の基準の中でもっともよく知られているのが、ベイズ情報量基準BIC（Bayesian information criterion）だ。

cess；DGP）に対し柔軟な対応を可能にする、という長所がある。

このことを、具体例を使って考えてみよう。ここでは、仮設例（筆者がシミュレーションで作成したデータ）として、中小企業を対象とした資金繰りを援助する政策（たとえば中小企業金融円滑化法を想定してもらえばよい）を実行している自治体とそうでない自治体とが存在したとする。政策評価として重要な問題は、この政策によって中小企業の倒産件数が減ったかどうかだ。そこで、目的変数に倒産件数、説明変数に自治体人口と援助政策の有無とをとった、次のようなモデルを考える：

$$倒産件数 = \beta_0 + \beta_1 人口 + \beta_2 援助法 + \varepsilon$$

私たちがこのモデルをOLSで推定するとき、目的変数である倒産件数がどのような分布の仕方をしているかを気にすることは、ほとんどない。しかし、OLSの利用は、実は、目的変数の分布の仕方についてある仮定を採用することを意味する。OLSによる推定では、誤差項 ε が正規分布しているという仮定が置かれていた。ということは「倒産件数は『$\beta_0 + \beta_1 人口 + \beta_2 援助法$』を平均に正規分布している」という仮定を置いていることになる。

この仮定は、確かに多くの場合についておおよそ当てはまるだろう（中心極限定理）。しかし、倒産件数のような場合には、当てはまりにくい。たとえば、この仮設例では、倒産件数が図13-5のような分布をしている。この分布は、0以上の整数しかとらず、右側の裾野が大きい（0件の自治体が8割近くで、最大値は19件）。左右対称の釣り鐘型であり、負の値や整数以外の値もとり得る正規分布とは大きく異なる。このような分布については、ポアソン分布（Poisson distribution）や負の二項分布（negative binomial distribution）といった確率分布が上手く当てはまることが知られている[9]。

この他に、自殺件数・いじめ件数・交通事故件数・離婚件数などについても、正規分布よりこれらの分布の方が当てはまりやすいことが知られている。これらのデータはいずれも、発生確率のあまり高くない事象の発生件数を数えたもの（count data）であり、少なくとも発生件数が少ないうちは——発

図13-5

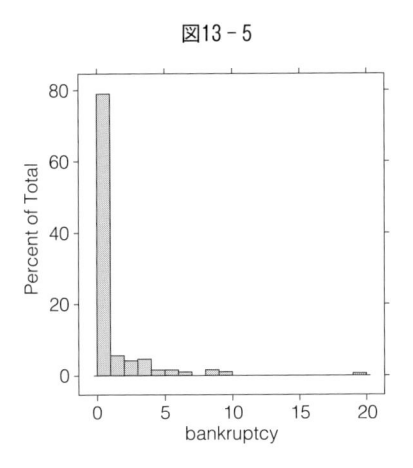

生件数が多くなれば中心極限定理により正規分布で近似できる——正規分布には従いにくいのだ。

このように、自分が分析の対象としている変数が、正規分布ではなく、ポアソン分布のような他の確率分布を持っていると考えられる場合には、そちらの分布を使ってMLEによる推定を行うことで、より適切な推定値を得ることができる。

もちろん、ここでの「正規分布よりもポアソン分布の方が適切だ」という判断は、私たち分析者による主観的なものだ。それが本当に正しいかどうかはわからない。けれども、OLSを使うということは、暗黙のうちに「正規分布が適切だ」と判断していることに他ならない。それよりはむしろ、「私は○○という根拠に基づいて、この確率分布が目的変数の分布の仕方として適切だと考える」と主張した方が、より真摯な姿勢だと言えるだろう[10]。

---

9) ポアソン分布は、まさに、「発生確率があまり高くない事象が何回発生するか」をモデル化した確率分布である（$\Pr(k) = \lambda^k e^{-\lambda}/k!$）。ポアソン分布は、本文に書いた特徴の他、平均と分散が等しいという特徴も持っている。これに対し、負の二項分布は、平均よりも分散が大きいので、ポアソン分布がうまく当てはまらない場合には、負の二項分布を使うとよい。

10) なお、素敵なことに、MLEは、モデルが多少間違っていても、「あまりにひどい間違い」でない限り、そこそこ頑健な推定結果を導いてくれることが知られている。

表13-1　OLS と MLE

モデル	OLS	ポアソン	負の二項分布
人口	0.0447***	0.0453***	0.0480***
(SE)	(0.00740)	(0.00358)	(0.00774)
(t値/z値)	(6.04)	(12.65)	(6.20)
援助法	−0.973**	−1.085***	−1.027***
(SE)	(0.309)	(0.154)	(0.290)
(t値/z値)	(−3.15)	(−7.05)	(−5.66)
Obs.	200	200	200
R^2	0.1914(a)	0.278(p)	0.0978(p)
対数尤度	−438.133	−297.439	−230.650
AIC	884.27	600.88	469.3

注)　＊＊は1%レベル、＊＊＊は0.1%レベルで有意。

　それでは実際に、中小企業援助政策と倒産件数との関係について、OLSによる推定結果とMLEによる推定結果（ポアソン分布と負の二項分布）とを比較してみよう（表13-1）。ここでは、どのモデルを使った推定であっても、係数の推定値はほとんど変わらないし、有意性もほとんど変わらない（唯一、OLSによる援助法の有意性が0.1%レベルではなく、1%レベルである）。そして、その推定値の意味は、「人口が増えるほど、倒産件数が有意に増える」「援助法がある場合をない場合と比較すると、倒産件数が減る」というもので、この法政策に効果があったことになる。

　このように、このデータに関しては、いずれのモデルを採用するかによって結論はほとんど変わらない。でも、それはそれとして、どのモデルがもっとも適切なモデルなのかという評価を行うことは可能だ。前述したように、MLEにおけるモデルの比較をする際には、対数尤度やAICを見ればよい。なお、OLSでそのまま推定したのでは対数尤度が得られないが、OLSと同じ線形モデル（＝正規分布モデル）をMLEによって推定して対数尤度を計算している。

　この3つのモデルのうちでは、対数尤度が最大なのは負の二項分布モデルで最小なのはOLSモデル、AICについても、AICが最小なのは負の二項分

布モデルで最大なのは OLS モデルだから、「もっとも良い」モデルは負の二項分布モデルであり、次にポアソンモデル、そして「もっとも良くない」モデルが OLS モデルということになる。

なお、擬似決定係数がモデル間比較に全く役に立っていないこともわかる。表13-1 では、OLS モデルが調整済み決定係数で、ポアソンと負の二項分布モデルが擬似決定係数だが、「もっとも良い」モデルであるはずの負の二項分布モデルの擬似決定係数が三者の中で一番低い[11]。このため、擬似決定係数を基準にモデル選択をすると、完全に間違った判断をしてしまう危険性があることになる。そもそも決定係数という数値自体、これをあまりに重視することには問題があることを第6章で注意したけれども、擬似決定係数は、「決定」係数という名前がついている割には、どれだけ「決定」しているかについてはほとんど関係しておらず、非常にミスリーディングで危険な数字なのだ[12]。

もう一つ、この表13-1 が今までとちょっと違うと気づいた読者がいるかもしれない。標準誤差 (SE)[13] の下の行が、t 値となっておらず、z 値という言葉が追加されている点だ。これは、OLS と MLE のもう一つの違いだ。OLS における係数パラメータの仮説検定は t 分布を使うので、t 値になる（第8章）。ところが MLE の場合、推定量の分布は前述したように正規分布

---

[11] ただし、負の二項分布モデルの擬似決定係数がここで極端に低い原因には、ベースとなる制約モデルが他と違っているというトリックがある。

[12] とはいえ、私たちが見る実証研究においては、ただ単に慣習として擬似決定係数が表に含まれていることが多い。しかし、より正確に情報を伝達するという観点からは、擬似決定係数よりも、対数尤度や AIC、BIC を報告することの方が遥かに適切である。

[13] MLE における SE は、尤度関数の傾きの変化度（二次導関数）に基づいて計算される。直感的には、尤度関数の最大値を求めたときに、その最大値の辺りで尤度関数が尖った山を作っていれば、推定が正確であることになるから、SE は小さくなる。これに対し、最大値の辺りで尤度関数の山がなだらかであれば、推定が不確かであることになるから、SE は大きくなる。行列で表現すると、ヘシアン行列（Hessian matrix；対数尤度関数の二次導関数）の期待値にマイナスをかけたもの（情報行列；information matrix）の逆行列になる：

$$[\boldsymbol{I}(\boldsymbol{\theta})]^{-1} = [-E(\boldsymbol{H}(\boldsymbol{\theta}))]^{-1} = \left[-E\left(\frac{\partial^2 \ln L(\boldsymbol{\theta})}{\partial \boldsymbol{\theta} \partial \boldsymbol{\theta}'}\right)\right]^{-1}$$

に従うので、正規分布を使った仮説検定になる。そこで、t 値ではなく、z 値（z-value）と呼ばれる。もっとも、その捉え方については t 値とだいたい同じと考えてよい。t 値と違って自由度を考える必要はなく、絶対値が1.65を超えていれば10％レベルで有意、1.96を超えれば5％レベルで有意、2.58を超えていれば1％レベルで有意、3.29を超えていれば0.1％レベルで有意になる。

第14章 目的変数が三択以上の場合の分析手法

B'z より Perfume

① 順序プロビット・ロジットと多項プロビット・ロジット

　目的変数が二択のダミー変数の場合は、プロビットやロジットを MLE で推定するのが基本だ。たとえば、目的変数を「メダルあり」「メダルなし」とし、どのような要因がメダルの獲得に相関しているかを調べるような場合がこれにあたる。けれども、メダルの色まで考えると、目的変数が「金」「銀」「銅」「メダルなし」の4つのカテゴリからなる質的変数になる。この場合はどうすればよいのだろうか。

　一つの方法として、金を4、銀を3、銅を2、メダルなしを1と数値化したモデルで、OLS で推定することが考えられる（図14-1）。しかし、このモデルは、金銀・銀銅・銅なしの間がいずれも等距離という前提を置くことになる。この前提は、ちょっと非現実的だ。たとえば、メダルなしから銅メダルに上がるのに必要な努力量と、銅から銀に上がるのに必要な努力量と、銀から金に上がる努力量が等しい、なんてことはあり得ないだろう。これは、本来量的変数ではない質的変数を無理に数値化してしまったために生じた問題だ。

　とすれば、質的変数が目的変数となっている場合は、二択の場合に限らず

図14-1

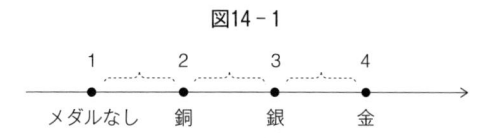

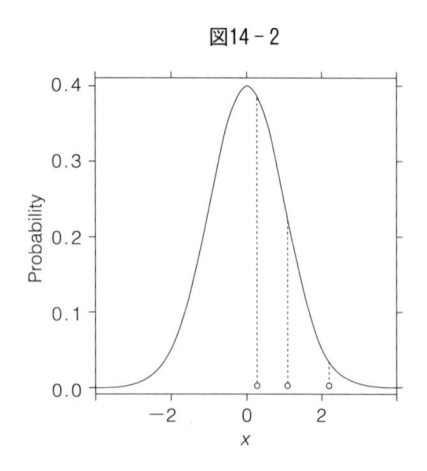

　　　1　　　2　　　3　　　4
　　メダルなし　銅　　銀　　金

図14-2

　三択以上であっても、数値化せずにカテゴリのまま扱った方が現実的なモデルになる。カテゴリのままモデル化する際にどうするかというと、質的変数の値が順序づけられるものと順序づけられないものとで変わってくる。順序づけられる質的変数とは、メダルのように、「金＞銀＞銅＞なし」といった序列を見いだせるものだ。このほか、質問票調査で、「好き・どちらでもない・嫌い」の三択、あるいは5段階評価の回答を集めた場合も、数値化には適さないが、序列を見いだせる場合と言えよう。これに対し、順序づけられない質的変数とは、たとえば「Perfumeの3人のうち誰が一番好き？」という問いに対する答えがこれにあたる。

　目的変数が順序づけられる質的変数の場合、順序プロビット（ordered probit）や順序ロジット（ordered logit）という方法が使える。これらは、図14-2のようにして確率分布をデータにフィットさせようとするものだ。図14-2は、正規分布の確率密度関数について、3つの閾値を点線で表示している。メダルの例で考えると、一番左の点線より左側の領域をメダルなし、

一番左の点線と左から2番目の点線の間の領域を銅、2番目と3番目の点線の間の領域を銀、3番目の点線より右側の領域を金、とする。その上で、説明変数 x ができるだけ上手く説明できるように3つの閾値、傾き β（確率分布の山の高さ）を動かせばよい。

この確率分布の形として、正規分布を使うものが順序プロビットであり、ロジスティック分布を使うものが順序ロジットと呼ばれる。具体的な推定手法としては、尤度関数を導いた上で MLE で推定する。もっとも、たいていの統計ソフトウエアにはどちらも実装されているので、自分で尤度関数を書く必要はない。

これに対し、目的変数が順序づけられない場合は、少し面倒だ。Perfume の例を使うと、3つの値のうち、まずいずれかをベースカテゴリに設定する。たとえば、「のっち」をベースカテゴリに設定したとしよう。そうすると、「のっちが好き」「のっちでなくてあ〜ちゃんが好き」「のっちでなくてかしゆかが好き」の3つあり得る回答のそれぞれの発生確率について、説明変数がどのように影響を与えるかをモデル化することになる。ここで確率分布に正規分布を使うものが多項プロビット（multinomial probit；MNP）、ロジスティック分布を使うものが多項ロジット（multinomial logit；MNL）と呼ばれる。

ところが、多項プロビットにも多項ロジットにも、いずれにも使いづらい点がある。まず、多項ロジットは、IIA（independence of irrelevant alternatives）という前提が満たされることが必要だ。これは、「対象者による選択は、選べなかった無関係な選択肢が選択可能かどうかによって左右されない」という前提だ。もうちょっとわかりやすく言い換えると、「ある2つの選択肢のオッズ比は、他の選択肢が利用可能かどうかによって左右されない」となる。この前提が現実に満たされるかどうかは、なかなかやっかいなのだ。

Perfume の例で考えてみよう。仮に Perfume にかしゆかとのっちの2人しかいなかったとする。そして、このときに、かしゆかを選ぶ確率ものっちを選ぶ確率も50％だったとしよう。この段階でのかしゆかとのっちのオッズ

比（第12章参照）は、0.5/0.5＝1だ。IIA は、このオッズ比が Perfume にあ～ちゃんが加わって3人になった場合にも当てはまることを要求する。そうすると、かしゆか・のっち・あ～ちゃんを選ぶ確率は、誰についても33.3％になるか、あるいはたとえば、かしゆかとのっちは40％、あ～ちゃんは20％とならなければならない（どちらの場合も、かしゆか/のっちのオッズ比は1になる）。

　このIIAが現実的だと言える場合もあるだろう。しかしたとえば、のっちは髪がショートなのに対し、あ～ちゃんとかしゆかは髪が（セミ）ロングだから、同じ票を食い合うことにより、のっちは50％のまま、あ～ちゃんとかしゆかは25％ずつ、という確率になることも十分現実的だ。しかるに、IIAはこういった状態を認めない（あ～ちゃんがのっちとかしゆかからオッズ比に従って票を奪わないとダメ）。

　このように、多項ロジットには、IIA が満たされなければならないという欠点が存在する。これに対し、多項プロビットはIIAを前提としない。じゃあ多項プロビットを使えばいいじゃないか、と思うかもしれないけれど、多項プロビットには別の問題がある。第12章でロジットよりプロビットの方が計算が大変だと書いたけれども、それがここで効いてくる。多項プロビットの計算は非常に難しいのだ。それでも最近は、多項プロビットが一部の統計ソフトウエアに実装されるようになってきたので[1]、可能であればそれを使うのも一案だ。

② 具体例：パブリック・コメントの実証分析

　それでは、プロビット・順序プロビット・多項ロジットの具体例として、筆者が現行会社法制定の際に行われたパブリック・コメントについて分析した森田（2005）を取り上げよう[2]。2012年8月1日に法務省から会社法改正

---

1) 計算の難しさは多重積分にある。Rは、ベイジアンのMCMCシミュレーションに依拠したパッケージ（MNP）を持ち、Stataは、ガウス求積法に依拠したコマンド（mprobit）を持つ。

要綱案が出されたけれども、これは、2011年末に公表された中間試案の後、パブリック・コメント手続を経て寄せられた意見を参考にして作成されたものだ。同様に、改正前商法が現行会社法になる際にも、パブリック・コメント手続を経て法案が作成された。この際、どのような団体がどのような意見を法務省に寄せたのかについてデータが公表されていたので、森田（2005）は、このデータを使って「どのような団体の意見がどれくらい最終案に影響を与えたのか？」という問いに答えようとしたのである[3]。

2.1 データ

データについては、会社法現代化試案に含まれていた150ほどの論点ごとに、そこでの提案が最終的に法案に採用されているかいないか、または、改正前と同じ・規制緩和・規制強化のいずれに変わったか、を調べた[4]。前者のように単純に区分けできる論点と、試案でa案・b案・c案のようになっていて後者のようにしか区分けできない論点とがあるため、このように2通りの扱いをしている。前者の場合は、プロビット、後者の場合には順序プロビット・多項ロジットを使うことになる。規制緩和・変化なし・規制強化の間に序列を見いだせるのであれば順序プロビットでよいが、それでは仮定が強すぎるという批判にあらかじめ備えて、多項ロジットも「念のため」やっておくわけだ（頑健性テスト、第2章参照）。

説明変数としては、法務省に寄せられた団体の意見を大学・経済団体（日

2）他に順序プロビットを使った具体例として、胥・田中・森田（2012）を参照。
3）もう少し森田（2005）の背景について説明すると、これまで、官僚の行動様式の分析としては、財務省や経産省についての分析が、政治学（行政学）の分野で多くなされてきたけれども、法務省についての分析はほとんどなされてこなかった。森田（2005）は、この問題について定量的なアプローチをした珍しい分析であるとして、法学よりも政治学において人気があるらしい。
4）ちなみに、実証分析で一番大変なのが、データセットを構築する作業だ。ファイナンスのように株価や財務データが簡単に入手できる場合はそうでもないけれど、普通の実証分析ではそうは行かない。森田（2005）の際も、1週間くらいデータ入力のつらい単純作業が続いた。データセットさえ作ってしまえば、統計ソフトウエアを回すのは快適な作業だ。

表14-1 パブコメ：プロビット

従属変数 モデル	全て (1)	全て (2)	「とする」のみ (3)
全団体・賛成	0.0728*** (0.0258)		
全団体・反対	−0.101*** (0.0287)		
大学等・賛成		0.0362 (0.0812)	0.244 (0.174)
経済界・賛成		0.468*** (0.159)	0.535* (0.303)
金融機関・賛成		0.398 (0.340)	−0.156 (0.480)
その他・賛成		−0.0395 (0.0997)	0.0419 (0.198)
大学等・反対		−0.254*** (0.0917)	−0.339* (0.187)
経済界・反対		0.125 (0.160)	0.0181 (0.381)
金融機関・反対		0.0494 (0.324)	0.121 (0.615)
その他・反対		−0.222** (0.102)	−0.134 (0.224)
「とする」	0.933*** (0.331)	1.14*** (0.384)	
サンプル数	157	157	106
対数尤度	−46.09	−40.15	−15.20

注）括弧内は標準誤差。＊は10％レベル、＊＊は５％レベル、＊＊＊は
１％レベルで統計的に有意。

本経団連など）・金融機関・その他（裁判所など）に区分した上で、いくつの団体が、試案に賛成・反対、または、規制緩和・規制強化・意見なしの意見を寄せたか、を数えた。さらに、試案をパブリック・コメントに回す時点で法務省自身がどのような意見を持っていたのかを知るために、試案が「～とする」という表現で終わっている場合（＝法務省の意見が既に確定している）とそうでない場合とに区分けした変数を用意した。

2.2 目的変数が二択の場合

まず、表14-1から見てみよう。(1)列は、全ての団体の賛成・反対およ

び提案の文言を説明変数として回帰したものだ。賛成意見を述べた団体数が多いと試案の提案が成立する可能性が高まり（推定値の符号がプラス）、反対意見を述べた団体数が多いと提案が成立しない可能性が高まるから、その範囲では「パブコメは有効に機能している」と言える。けれども、それより興味深いのは、法務省の意見が既に確定している論点については、提案がそのまま成立する可能性が大きく高まる、という点だ（「とする」が1％レベルで統計的に有意で値も大きい。(2)列も同様）。つまり、パブコメなんてどうせ出来レースだよ、と言えることになる。

　続いて(2)列は、団体の性質によって区分して回帰したものだ。ここで統計的に有意に出ているのは、経済界が賛成すると提案は成立しやすく、大学等やその他団体（典型的には裁判所）が反対するとその提案は成立しにくくなる、という関係だ。会社法改正作業においては、1997年のストックオプション導入改正以後、議員立法という立法ルートに支えられた交渉力を「発見」した経済界の影響力が非常に強くなっているから、経済界が利益集団として会社法の内容に大きな影響力を果たしていることは自然と言えるだろう。他方で、それにもかかわらず、大学等の反対意見とその他団体の反対意見等が統計的に有意に出ている点は興味深い。その他団体に裁判所や弁護士会が含まれていることを考えると、法律専門家によるテクニカルな反対意見（「○○という法改正を実現すると、××という不都合が生じるから望ましくない」）については、法務省も案外まじめに耳を傾けているんだ、ということがわかる。

　(3)列は、(1)列で見られたように法務省の事前の意見が強い影響を持っていることに鑑み、論点の中から文末が「とする」となっているものだけを取り出して、法務省の意見が事前に相当程度固まっている場合であるにもかかわらず、各団体が影響を与え得るとしたら、どのような団体なのか、を調べようとしたものだ。基本的には(2)列と似た結果だ。ただ、有意性のレベルが、経済界の賛成意見と大学等の反対意見について10％レベルに減っており、その他団体の意見はもはや統計的に有意でないことから、やはり、出来レースの様相は相当に強いということが見てとれる。

なお、この表14-1では、時に理論的予測と正反対の推定値が出ている箇所がある。たとえば、(2)列では経済界による反対意見はプラスの値0.125になっており、これをそのまま解釈すると、「経済界が反対するほど、提案が成立しやすくなる」（＝法務省は経済界をツンデレだと考えた？）ということになりそうだ。しかし、この場合にはそのように解釈すべきではない。経済界による反対意見は統計的に有意ではないから、経済界による反対意見は会社法改正に影響を及ぼしていない、と解釈すべきである。このように、統計的に有意に出ていない推定値については、理論的な予測と逆の符号の推定値が出ていても、（特にその有意性が低ければ）あまり気にする必要はない。

2.3　目的変数が三択の場合

さて今度は、表14-2を見てみよう。順序プロビットでは、規制強化→変化なし→規制緩和の「順序」に従属変数を並べている。このため、パラメータの推定値がプラスになっている場合は、その説明変数は規制緩和の方向へと動かす影響力があり、マイナスになっている場合は、その説明変数は規制強化の方向へと動かす影響力があると解釈する。順序プロビットでは、この表に記載した他に、図14-2の閾値にあたる値2つ（規制強化と変化なしの間・変化なしと規制緩和の間）も推定されている。しかし、この閾値は、OLSで言うと切片にあたるパラメータなので、関心の対象にならず、表で報告しないのが一般的だ。

(4)列では、新たな変数が追加されている。それは、「とする」と規制強化との交差項だ。これを導入したのは、「とする」となっている中にも、規制緩和の提案になっているものと規制強化の提案になっているものがあり、それぞれが従属変数に与える影響は異なっているはずだからである。交差項の導入により、「とする」は、規制緩和の提案だけを含み、「とする」と規制強化の交差項は、規制強化の提案だけを含む形になっている（交差項の解釈については、第9章を参照）。ただ、この交差項の標準誤差が非常に大きな値となっているのは、規制強化する方向で法務省の立場が事前に固まっている論点がごくわずかしかないことによるものと考えられる。

第14章 目的変数が三択以上の場合の分析手法

表14-2 パブコメ：順序プロビット・多項ロジット

推定手法 従属変数 モデル	順序プロビット 全て (4)	順序プロビット 「とする」のみ (5)	多項ロジット 全て 規制緩和(6a)	多項ロジット 全て 規制強化(6b)
大学等・緩和	0.0618 (0.0781)	−0.475 (0.295)	0.296 (0.205)	0.278 (0.240)
経済界・緩和	0.200** (0.0947)	0.576* (0.323)	0.450* (0.265)	−0.208 (0.250)
金融機関・緩和	0.227 (0.234)	−0.196 (0.480)	0.727 (0.557)	0.168 (0.642)
その他・緩和	0.0433 (0.0742)	0.256 (0.278)	0.153 (0.184)	−0.00857 (0.215)
大学等・強化	−0.0822* (0.0494)	−0.349 (0.220)	−0.243 (0.152)	0.0663 (0.107)
経済界・強化	−0.0707 (0.172)	−0.291 (0.787)	0.725 (0.513)	0.421 (0.407)
金融機関・強化	−0.107 (0.235)	0.297 (0.681)	0.568 (0.652)	0.824 (0.633)
その他・強化	−0.0492 (0.0768)	−0.0765 (0.289)	−0.0731 (0.213)	0.0609 (0.195)
「とする」	1.64*** (0.366)		2.39*** (0.776)	−14.4 (967)
「とする」×規制強化	−6.88 (284)		1.21 (26254)	36.1 (21516)
サンプル数 対数尤度	140 −69.37	77 −11.88	140 −62.55	

注）括弧内は標準誤差。＊は10％レベル、＊＊は5％レベル、＊＊＊は1％レベルで統計的に有意。

　この(4)列で統計的に有意に出ているのは、経済界の規制緩和意見が規制緩和の方向へ、大学等の規制強化意見（ただし有意性は10％レベル）が規制強化の方向へ、規制緩和の「とする」が規制緩和の方向へ、の3つだけだ。基本的に、表14-1のプロビットと同じ傾向が見てとれる。経済界の規制緩和意見とアカデミックな規制強化意見が影響を与えているが、相変わらず出来レースの様相は濃い。かかる出来レース的性格は、「とする」となっているサンプルのみを取り出した(5)列の順序プロビットにおいて、有意性が大きく減少していることからもうかがわれる。

　最後に、(6a)(6b)列は、多項ロジットによる回帰になる。多項ロジットでは、どの選択肢をベースにするかをまず決めなければならない。ここでは、

161

「変化なし」をベースカテゴリにして、「ベースカテゴリではなく、規制緩和が選ばれる確率に、どの変数がどのように影響したのか」((6a)列)「ベースカテゴリではなく、規制強化が選ばれる確率に、どの変数がどのように影響したのか」((6b)列)を見ることになる。基本的に、(4)列とほとんど同じ結果が出ている。違いは、多項ロジットの方が統計的有意性が減少している点だ。これは、多項ロジットの方が、推定する必要のあるパラメータの数が多く、その分、自由度が減って推定の精度が落ちるからだ。頑健性を示すために多項ロジットの推定も行ってはみたものの、実質的には順序プロビットで足りると言うべきだろう。

2.4 この分析の問題点

実は、この実証分析には、大きな問題点がある。それは、サンプル数が小さすぎるという点だ。前章で述べたように、MLE は、OLS のように不偏性を有してはおらず、一致性しかない。一致性の下でバイアスのない推定値を得るためには、サンプル数が大きくなければならない。できれば500、可能であれば数千のサンプル数が欲しいところだ。ところが、この実証分析ではサンプル数が100前後しかなく、MLE の推定にはかなり心許ない。実際、このデータで多項プロビットの推定をしようとすると、計算が収束せずに推定値が求められない場合が多い。

このような問題点があるにもかかわらず、この実証分析が採用されたのは、そのアイデアとデータセットのオリジナリティのおかげだろう。逆に言えば、おもしろいアイデアを持っており、独創的なデータセットを構築できれば、多少の欠点には目をつぶってもらえるのである。

なお、この実証分析の基になった森田(2005)を雑誌に投稿した際、レフェリーから、多項ロジットには IIA の制約があるから、多項プロビットを使うようにとの提言がなされた[5]。しかし、この小さなサンプルで多項プロ

---

5) レフェリーからはもう1点、中間試案のデータと現代化試案のデータをプールして分析するようにとの助言もなされたが、両者はサンプルの性質が大きく異なっており、プールすることには意味がない。

ビットを行うことにはかなり無理があるし（一部のモデルは推定できなくもないが、推定値の信頼性は低い）、前述したように、そもそも実質的には順序プロビットで足りるのだから、多項モデルであえて無理をする必要はない。アカデミックなジャーナルに論文を投稿した際、レフェリーからは無意味あるいは不適切なリクエストが来ることがままある[6]。あまりひどい誤解に基づいてなされたコメントであれば積極的に反論した方がいいけれども、実害がさほどないならば、争わずにそれに従った方が楽な場合もある。実際、筆者もこのケースではあきらめた。だって載せていただく側だから。

【参考文献】
胥鵬・田中亘・森田果（2012）「株主総会白書データから読み取れる株主総会の実像」『旬刊商事法務』1966号、4-16頁
森田果（2005）「パブリック・コメント手続は有効に機能しているか？——商法改正をめぐるパブリック・コメント手続の実証分析」『民商法雑誌』133巻2号、237-268頁

6）なお、現在の筆者が森田（2005）に対してレフェリーとして助言するなら、ここで示したように、「とする」だけを取り出して分析すること、「とする」と規制強化の交差項を導入すること、頑健な標準誤差を報告すること、を提案するだろう。その方が、よほど有益なレフェリーリポートだ。

第15章 サバイバル分析
坊やだからさ

① サバイバル分析における基本用語

「ガルマ・ザビは死んだ。なぜだ？」と問われて、「坊やだからさ」と理由を断言できるのであれば話は簡単だ。けれども、それを客観的なデータから明らかにしたいことがある。そんなときに使われるのが、サバイバル分析（survival analysis）だ。イベントヒストリー分析（event history analysis）とか存続モデル（duration model）と呼ばれることもある。

名前の由来は、たとえばガン患者がいつ死ぬか＝いつまで生存するかをモデル化したことにある。たとえば、あるガン患者は3カ月後に死に、別のガン患者は1年半後に死に、また別の患者は5年たってもまだ生き続けている、といった状況において、「どのような要因が死亡確率＝生存確率に影響しているのか？」を知りたいときにサバイバル分析が使われる。

サバイバル分析に使われるデータの特徴は、特定のイベントが発生したら、当該ユニットに関するデータはそれ以後は観察されなくなり、サンプルから落ちてしまう、という点だ。たとえば、ガン患者の生存確率の例では、あるガン患者が死亡したら、それ以後、その患者に関するデータは入手できなくなる。同様に、企業の倒産をモデル化する場合は、ある企業が倒産したら、

それ以後その企業はサンプルから落ちてしまうことになるし、離婚をモデル化する場合も、ある夫婦が離婚したら、それ以後その夫婦はサンプルから落ちてしまうことになる。

そこで以下では、夫婦の離婚を例にとってサバイバル分析を説明していこう。サバイバル分析には、いくつかの特徴的な用語が使われるので、まずそこから説明を始めたい。サバイバル分析のデータは、0期から始まって1期ずつ増えていく。そうするとまず、夫婦がいつ離婚してデータから落ちるかについて、脱落率（failure rate）の確率密度関数（PDF：第3章を参照）バージョン $f(t)$ を次のように考えることができる：

$f(t)$ = 期間 t が経過した時点で離婚する確率

この脱落率（PDFバージョン）は、ある時点 t において離婚する確率を意味するのに対し、データの開始から当該時点 t までの間のいずれかの時点で離婚してしまっている確率も考えることができる。これが、脱落率の累積分布関数（CDF）バージョン $F(t)$ だ[1]：

$F(t)$ = 期間 t が経過するまでに離婚してしまっている確率

この $F(t)$ をベースにして、ある時点 T が経過するまでに未だ離婚していない確率である、生存率関数（survival rate function, survivorship function）$S(t)$ も考えることができる：

$S(t)$ = 期間 t が経過するまで婚姻が継続している確率 = $1 - F(t)$

さて、ここまで整理してきてやっと（！）、サバイバル分析で一番大事なハザード関数（hazard function）$h(t)$ が登場する。ハザード関数とは、ある時点 t まで夫婦が離婚せずに存続していたということを前提にして、その時点 t において離婚する、という条件付き確率だ。つまり、

---

1) 数学的には、PDFバージョンの $f(t)$ を積分すればCDFバージョンの $F(t)$ になるし、$F(t)$ を微分すれば $f(t)$ になる。

$$h(t) = \frac{t\text{期に離婚する確率}}{t\text{期まで婚姻が継続している確率}} = \frac{f(t)}{S(t)}$$

だ。サバイバル分析では、$f(t)$、$F(t)$、$S(t)$ ではなく、このハザード関数 $h(t)$ を分析対象とする。直感的には、どれだけ離婚してしまったか（あるいは婚姻が継続しているか）を示す指標である前者を分析対象とした方がよさそうなのにもかかわらず、後者を分析対象とするのはなぜだろうか。

それは、サバイバル分析に使うデータがどのように成り立っているかを考えればわかる。たとえば、1期に離婚する数と、30期に離婚する数とを比べると、通常は、後者の方が少なくなっているだろう。なぜなら、30期に到達するまでに多数の夫婦が既に離婚してしまっているから、データの中で離婚せずに存続している夫婦の数は、1期の時点からは大きく減っているからだ。とすれば、仮に夫婦の離婚のしやすさが1期でも30期でも同じであったとしても[2]、単純に脱落率で比較すると、30期の方が脱落率が小さくなってしまう。これに対し、ハザード率で考えれば、30期の時点で離婚せずに存続していることを前提に、30期に離婚してしまう確率を考えることになるから、本当の「夫婦の離婚のしやすさ」を把握することができるのである。

このようなサバイバル分析のデータの構造を考えると、たとえば婚姻の継続期間を目的変数にした上で、単純な OLS によって推定することは不適切だということもわかる[3]。サバイバル分析のデータには、右側の打ち切り（right censoring）と左側の切り捨て（left truncation）があるからである（図15-1）。

まず、右側の打ち切りについて。夫婦離婚のデータで、0期から30期までのデータが入手できたとしよう。けれども、データの中で一部の夫婦がデータの最終期である30期においても離婚せずに存続していたとする。この場合、

---

2) 実際には、離婚率は、結婚後数年の間が一番高く、しばらく低い数値が続いた後に再び少し高くなることが知られている。
3) なお、OLS が不適切な理由としては、本文で述べる理由の他に、マイナスの存続期間が推定されてしまうこともある。

図15 - 1

```
左側の切り捨て          右側の打ち切り
```

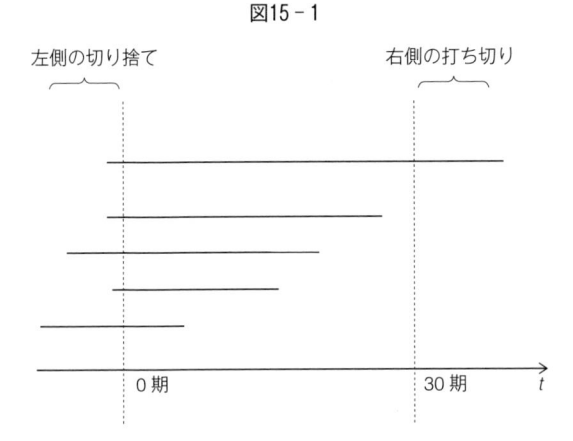

```
      0期              30期         t
```

　これらの夫婦がいつ離婚するのか（33期？42期？）は、このデータからはわからず、データ取得が打ち切られてしまうことになる。これが右側の打ち切りだ。

　次に、左側の切り捨てについて。夫婦離婚のデータで0期からのデータを入手したとしても、実際には、データに含まれている夫婦は、始期である0期より以前から婚姻関係にある。その夫婦がいつ結婚してどのくらい存続してきているかは、このデータには含まれていない。夫婦関係の出発点が不明なのだ。これが左側の切り捨てだ。

　サバイバルデータにはこのような特性があるため、打ち切り確率・切り捨て確率を取り込んだモデルを扱えないOLSでは推定できない。そのため、サバイバルデータを分析する際には、これらの要素をも考慮できるMLEを使って推定することになる[4]。

4）具体的には、打ち切り確率・切り捨て確率を取り込んだ形で尤度関数を書けば、MLEによる推定が可能となる。

図15-2

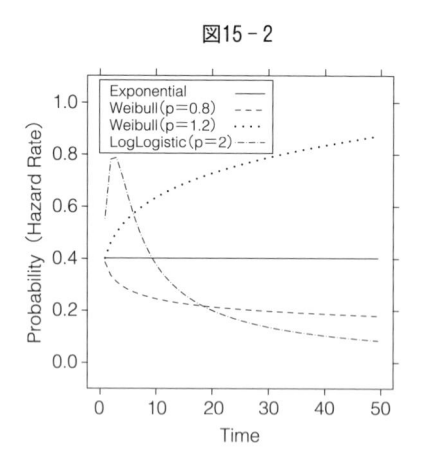

② パラメトリックなハザードモデル

　では、サバイバル分析ではどのようにモデル化をすればよいのだろうか。前述したように、サバイバル分析ではハザード関数の形が、どのような説明変数によって左右されるのかを考える。そこでまず考えられるのが、ハザード関数の形として、何らかの形を仮定した上で、さまざまな説明変数がハザード率に与える影響を考える手法だ。ハザード関数の形に一定の形状を仮定することから、これらのモデルは、パラメトリックな（parametric）モデルと言われる。

　具体的には、時間の経過とともにハザード率が一定であるとか、時間の経過とともにハザード率が減少するまたは増加する、あるいは、時間の経過とともにいったん増加して後に減少に転ずるまたはいったん減少した後に増加に転ずる、といったさまざまな形が想定できる（図15-2）。

　ハザード率が一定（図15-2の実線）は指数（exponential）ハザードモデルと呼ばれ[5]、ハザード率が時間の経過とともに増加したり減少したりする（図15-2の破線と点線）場合は、ワイブル（Weibull）ハザードモデルを使うことによって推定できる。ワイブルハザードモデルは、その中で使われて

いるパラメータpの値によって、時間の経過とともに増加する点線のような形もとれるし（pが1より大きい場合）、減少する破線のような形もとれる（pが1より小さい場合）。さらに、ハザード率がいったん増加した後に減少に転じるような場合（図15-2の一点鎖線）については、対数ロジスティック（log-logistic）ハザードモデルを使うことによって推定できる。この他にも、対数正規分布（log-normal）ハザードモデル、ゴンペルツ（Gompertz）ハザードモデルなど、さまざまな確率分布を使ったパラメトリックなモデルが存在する[6]。

これらのモデルはいずれも、ハザード率の経時変化について、一定の仮定（一定／単調増加・減少／増加後減少など）を置いている。このため、もし、ハザード率の経時変化に関するこの仮定が、真の（＝神様の目にしかわからない）ハザード率の変化の仕方を正しく捉えているのであれば、これらのパラメトリックなモデルは、正確な推定を実現してくれる。

しかし、ハザード率の経時変化に関する仮定が正しくなかったら（たとえば、いったん増加してから減少に転じるのにもかかわらず、単調増加という

5）ちなみに、なぜハザード率が一定の場合が指数ハザードと呼ばれるのかというと、数学的にはハザード関数は

$$h(t) = \frac{f(t)}{S(t)} = -\frac{d\ln S(t)}{dt}$$

となり、これを積分することで生存率関数をハザード関数で表現すると、

$$S(t) = \exp\left(-\int_0^t h(u)du\right)$$

となって、生存率関数はハザード率の指数の形になるからである。

6）これらのモデルの推定は、ハザード率を目的変数とした上で説明変数を用いてMLEによって行われる。ところが、一部のパラメトリックなモデルについては、加速ハザード（accelerated failure time；AFT）モデルの形による表現も可能だ。これは、目的変数にハザード率をとるのではなく、存続時間の対数（$\ln t$）をとった上で説明変数を用いた回帰を行うモデルだ。たいていの統計ソフトウエアは、どちらを使うかを選択できる。Stataは、デフォルトがハザード率タイプで、オプションnohrを指定するとAFTタイプの推定ができる。Rは逆に、デフォルトがAFTタイプになっている。どちらを使うかによってパラメータの推定値が異なってくるが、本質的には同じである（ただし、AFTタイプの推定値をハザード率に対する影響として解釈するのはやや面倒）。計量経済学では、ハザード率タイプで結果を表示することの方が多い。

仮定を置いてしまったら)、そのモデルによって推定された値は不正確なものとなってしまう。そして私たち分析者は、ハザード率の経時変化について、理論に基づいて推測することしかできず、確定的にそれを知ることができない。これがパラメトリックなモデルの大きな欠点だ。

　さらにそもそも、時間の経過によってハザード率がどのように変化するのかについて、私たち分析者が興味を持っているかというと、実はそれは分析の中心とはなっていないことが多い。すなわち、私たちが興味を持っているのは、「ガルマ・ザビが死んだのはなぜだ？」という問い、すなわち、死亡（生存）にどのような説明変数がどれくらい影響を与えているかであって、ハザード率が時間の経過によって増えていくのか、それとも減っていくのかではない場合がほとんどだ。だとすれば、ハザード率の経時変化についてどのような仮定を置くのかについて頭を悩ますよりも、より直接的に説明変数の与える影響に焦点を絞って推定を行った方がいいだろう。このような発想から生まれてきたのが、次に見るコックス比例ハザード（Cox proportional hazard；Cox PH）モデルだ。

③　コックス比例ハザードモデル

　コックス PH モデルの Cox とは、このモデルを発明した20世紀の統計学者の名前だ。彼による発明以来、このモデルは、サバイバル分析における重要なモデルとなり、多くの実証分析において使われている。では、この名前のもう一つの部分である「比例ハザード（PH)」というのは何を意味しているのだろうか。

　これは、離婚のしやすさに関して、データの中の全ての夫婦に共通する要因であるベースラインハザード（baseline hazard；$h_0(t)$）が存在しており、それとは別に、夫婦ごとの特徴である相対ハザード（relative hazard）を組み合わせる（数学的にはかけ合わせる）ことで、夫婦ごとのハザード率が決まる、という性質だ。相対ハザードは、夫婦ごとの説明変数の値（$x_1, x_2, ...$）によって決まってくる。つまり、各夫婦のハザード率 $h(t)$ は、全夫婦の共

通要因であるベースラインハザードの何倍（倍率は説明変数で決まる）、というベースラインハザードに比例する形で決まるので、比例ハザードと呼ばれるのである[7]。

コックス PH モデルは、非常にシンプルな構造をしている。ハザード率がベースラインハザードと説明変数の指数関数の掛け算で決まる、というモデルだ：

$$\text{ハザード率}h(t) = \text{ベースラインハザード}h_0(t) \times \exp(\beta_1 x_1 + \beta_2 x_2 + \cdots + \beta_k x_k)$$

コックス比例ハザードモデルが、ベースラインハザード $h_0(t)$ の形について何らかの仮定を置くパラメトリックなモデルと大きく違うのは、$h_0(t)$ の形を気にせず、$\beta_1 x_1 + \beta_2 x_2 + \cdots + \beta_k x_k$ の中の β_1 から β_k までの値に焦点を絞って推定しようとする点だ[8]。だから、パラメトリックなハザードモデルの場合と違って、ハザード率の経時変化については考えない。

かかるコックス PH モデルの推定も、パラメトリックなハザードモデルの場合と同様に、MLE によって推定できる[9]。ただし、ベースラインハザードを推定しないので、データが含んでいる情報の全てを活用した推定ではなく、情報の一部だけを活用した推定を行う[10]。このため、コックス PH モデルの推定において使われる尤度は、通常の尤度とは違い、部分尤度（partial likelihood）と呼ばれ、部分尤度関数を最大化することでパラメータの推

---

[7] 実は、パラメトリックなハザードモデルのうち、指数・ワイブル・ゴンペルツは、比例ハザードの性質を満たす。対数ロジスティックと対数正規分布は比例ハザードではない。

[8] このことから、コックス PH モデルはセミパラメトリックな（semi-parametric）モデルだと言う人もいる。なお、注意深い人は、コックス PH モデルでは、切片にあたる β_0 が存在しないことに気づいたかもしれない。これは、切片に該当する値が $h_0(t)$ の中に吸収されてしまっているためである。

[9] R では coxph（survival パッケージ）、Stata では stcox というコマンドがある。

[10] 具体的には、各夫婦の存続期間という情報ではなく、データ中の全ての夫婦を存続期間の長さ順に並べた、その順序という情報だけを活用する。なお、順序を考えることになると、複数の夫婦が同時に離婚したらどうするのかが問題になるが、この問題の近似的解決のためには、複数の方法が提唱されている（Efron 法や exact 法が使われることが多い）。

定値を求めることになる。

　このように、ハザード率の経時変化を考慮せず、説明変数がハザード率に与える影響だけを推定するコックス PH モデルは、とても便利だ。でも、コックス PH モデルにも欠点がある。前述したようにパラメータの推定の際に一部の情報しか使っていない（から、MOTTAINAI）ということもあるが、比例ハザードという仮定が強すぎ、この仮定が実際には成立していないのではないかという問題だ。たとえば、時間が経つにつれて説明変数の影響が強まっていく（または弱まっていく）ような場合や、周囲の人たちから学習することによって、全ての人のハザード率が同一の値に収束していくような場合は、比例ハザードの仮定が満たされない。

　比例ハザードの仮定が満たされているかどうかについては、シェーンフェルド残差（Schoenfeld residuals）というものを使った比例ハザードテストがあり、これを使うことによって比例ハザードの仮定が満たされているかどうかを判定できる[11]。実際にやってみるとわかるが、比例ハザードテストによると比例ハザードの関係になっていないと評価される説明変数が出てくることが結構多い。世の中にはコックス PH モデル嫌いな人たちも一部にいるのだけれど、そういった人たちの理由の一つはこの点にある。さらに、コックス PH モデルは、複数のリスクが生存・死亡確率に影響しているとき、それらの影響は互いに独立しているという仮定も置いている。これが強すぎるというのも、コックス PH モデルが嫌われる理由だ。

④ トービット

　サバイバル分析で打ち切り（censoring）を説明したので、同様に打ち切りが問題となるケースとしてトービット（Tobit）モデルも説明しておこう。たとえば、どのような要因が飲酒量に影響を与えるかを推定したいとする。

---

[11] 比例ハザードテストは、R では resid、Stata では stphtest というコマンドで実装されている。

お酒を飲む人は飲むけれど、筆者のようにお酒が飲めない人（その割に日本酒の論文を書いているけれど）の飲酒量はゼロだ。マイナスの飲酒量というのはなく、この目的変数は非負の値しかとらない。

このように、目的変数がとる値の範囲が限定されていたり、何らかの条件に該当したときにはデータが観測されなかったりする場合に使われるのがトービットだ。飲酒量の他にも、世帯収入が一定の数値を超えた場合にだけ三つ星レストランでの消費がなされる場合の消費額も、トービットが活用されるケースになる。また、年収に関するアンケート調査をしたとき、「2000万円未満であれば実際の金額を記入してください。2000万円以上であれば2000万円以上と書いてください」となっていれば、上下双方に打ち切りがある（0円から2000万円まで）ことになる。

トービットは、プロビットやロジットの潜在変数アプローチ（第12章）と同様にモデル化される。たとえば、潜在的な飲酒量 y_i^* を考えた場合、もしこの y_i^* がゼロ以上であれば、y_i^* がそのまま観察されてその人の飲酒量になるけれど、y_i^* がマイナスであれば、y_i^* は観察されず、0になる、とモデル化するのである[12]。かかるトービットも、打ち切りにあう確率をモデル化することで、MLEによる推定ができる[13]。

⑤ 具体例：社外取締役の採用

最後に、PHモデルとトービットモデルの具体例として、齋藤（2011）の表4-4を見よう（表15-1）。齋藤（2011）は、2012年の会社法の見直しに関する要綱案でも問題になった、社外取締役の導入に関する実証分析で、どのような要因が社外取締役の導入・人数に影響を与えるのかを分析したもの

---

12) 数式で書くと、
$$y_i = \begin{cases} y_i^* & (y_i^* > 0) \\ 0 & (y_i^* \leq 0) \end{cases}$$

13) Rでは tobit（VGAMパッケージ）、Stataでは tobit というコマンドが実装されており、下限（左側の打ち切り）・上限（右側の打ち切り）を設定できる。

表15-1　取締役会構成の決定要因

従属変数＝	社外取締役導入	社外取締役人数	社外取締役比率(%)	独立社外取締役比率(銀行員含む)(%)	独立社外取締役比率(銀行員含まず)(%)
計量モデル＝	比例ハザード	Tobit	Tobit	Tobit	Tobit
	(1)	(2)	(3)	(4)	(5)
切片	- -	−11.184*** (2.600)	−80.190*** (23.439)	−88.197*** (25.344)	−95.349*** (25.252)
Log (売上高)	0.255*** (0.117)	0.475*** (0.117)	3.335*** (1.049)	3.547*** (1.131)	3.754*** (1.131)
子会社/売上高	0.615 (0.653)	0.877 (0.780)	9.432 (7.269)	2.028 (7.435)	4.024 (7.430)
海外売上高比率	0.003 (0.007)	0.002 (0.007)	0.036 (0.064)	0.050 (0.070)	0.066 (0.070)
負債比率	−0.076 (0.669)	−0.168 (0.658)	0.309 (5.903)	8.181 (6.212)	9.130 (6.059)
研究開発集約度	0.049 (0.062)	0.098** (0.050)	0.968** (0.453)	1.137** (0.488)	1.099** (0.486)
時価簿価比率	0.322** (0.145)	0.083 (0.129)	1.374 (1.245)	2.681** (1.228)	2.822** (1.162)
リスク	0.259* (0.152)	0.006 (0.126)	0.501 (1.119)	−0.418 (1.261)	−0.497 (1.237)
フリーキャッシュフロー	−0.129*** (0.355)	−0.095*** (0.037)	−0.837*** (0.318)	−0.782*** (0.336)	−0.817** (0.333)
ラーナー指数	−0.023 (0.072)	−0.025 (0.058)	−0.514 (0.491)	−0.570 (0.513)	−0.443 (0.550)
Log(企業年齢)	0.174 (0.349)	−0.156 (0.156)	−2.150 (1.472)	−1.069 (1.393)	−1.203 (1.277)
産業調整済みROA	0.005 (0.035)	0.0146 (0.038)	0.113 (0.322)	0.123 (0.321)	0.264 (0.322)
創業者経営	−0.600 (0.427)	−0.854** (0.398)	−7.561** (3.667)	−7.059* (3.850)	−7.928** (3.816)
創業者の子孫経営	0.013 (0.244)	−0.096 (0.277)	0.265 (2.625)	−0.672 (2.846)	−0.092 (2.747)
外国人持株比率	0.027** (0.012)	0.031*** (0.011)	0.305*** (0.100)	0.335*** (0.109)	0.300*** (0.104)
系列	0.061 (0.236)	−0.170 (0.281)	−0.453 (2.506)	−0.192 (2.752)	0.782 (2.588)
5%以上株主	0.044 (0.208)	0.458** (0.199)	3.869 (1.728)	1.704 (1.837)	2.430 (1.840)
10%以上株主	0.251 (0.527)	1.493*** (0.387)	12.726*** (3.429)	1.165 (3.433)	1.077 (3.469)
産業ダミー	yes	yes	yes	yes	yes
年度ダミー	No	yes	yes	yes	yes
Log pseudo-likelihood	−737.350	−5,460.206	−9,349.654	−7,927.651	−7,409.926
サンプル数	3,404	5,346	5,346	5,346	5,346

注1)　(　)内の数字は企業内の誤差項の相関を考慮した頑健な標準誤差。
注2)　*、**、***はそれぞれ、10%、5%、1%有意水準を表す。

だ。社外取締役を導入したかどうかを目的変数にした場合は、ある企業が社外取締役を導入すればその企業がデータから脱落するという形で考えるので（社外取締役の導入＝死亡・離婚・倒産などと捉える）、サバイバル分析のPHモデル（明示されていないがおそらくコックスPHモデル）が使われている。他方で、社外取締役の人数などを目的変数とした場合は、社外取締役の人数がマイナスの値をとることはないので、トービットモデルが使われている（ポアソンなどのカウントモデル（第13章）も使えそうだ）。

　まず、PHモデルを使った(1)列から見てみよう。ここで統計的に有意に出ているのは、売上高、時価簿価比率、フリーキャッシュフロー、外国人持株比率だ。ここでのハザード率は、特定の時点でまだ社外取締役を導入していなかった企業がその時点で社外取締役を導入する確率を意味するから、正の推定値が出ている説明変数は、ハザード率を上げる＝社外取締役の導入確率を上げる方向に働いていることを意味し、負の推定値が出ている説明変数は、ハザード率を下げる＝社外取締役の導入確率を下げる方向に働いていることを意味する。

　すると、売上高が大きな（≒規模の大きな）企業や外国人持株比率の高い企業ほど社外取締役を早く導入する確率が高く、時価簿価比率が高い（≒企業の内容を外部者が監視するのが難しい）企業も、社外取締役を早く導入する確率が高い。これに対し、フリーキャッシュフローが多い（≒余剰資金が多く、経営者による会社資源の浪費の危険性が高い）企業ほど、社外取締役の導入が遅くなることになる。

　今度は、トービットモデルを使った(2)列を見てみよう（(3)列から(5)列までも基本的に同じ）。トービットにおけるパラメータの推定値の解釈は、OLSなどと同様にしてかまわないから簡単だ。統計的に有意に出ている説明変数は、売上高、研究開発集約度、フリーキャッシュフロー、創業者経営、外国人持株比率、5％以上株主、10％以上株主である。すると、規模が大きく、外国人持株比率が高く、大株主が存在していて、ビジネスが複雑な（研究開発集約度）企業ほど、社外取締役の員数が多い。これに対し、余剰資金が多く、創業者が社長または会長として経営を行っている企業ほど、社外取

締役の員数が少ないことになる。

　このような分析結果に依拠して、取締役会構成の決定要因に関するさまざまな理論仮説のうち、いずれが支持されていずれが支持されないのかを検証することになるが、この点について詳しくは齋藤（2011）を参照してほしい。

【参考文献】
齋藤卓爾（2011）「日本企業による社外取締役の導入の決定要因とその効果」宮島英昭編『日本の企業統治』東洋経済新報社、181-213頁

第16章 因果効果の推定

あんなのただの飾りです。偉い人にはそれがわからんのですよ。

　足なんてただの飾りであり、あってもなくてもジオングの性能に変わりはないのか、それとも足があることによって性能がアップするのかは重大な問題だ。足によって性能がアップするのであれば足を付けた方がいいし、性能に変わりがないのであれば足を付けるのは時間と費用の無駄になる。だとすると、「足を付けるべきか？」という政策問題に対して回答を与えるためには、足「によって」性能が上がるかどうか、という因果効果（causal effect）の推定（causal inference）を行う必要がある。

　同じことは政策一般について言える。米国では、何らかの政策を実施する際には、その政策が期待通りの効果を発揮するかどうかの検証が、客観的データに基づいてなされる。それが、プログラム評価（program evaluation）とか政策評価（policy evaluation）と呼ばれる作業だ[1]。そして政策の効果を測定するためには、政策が社会に与える因果効果の推定が必要になる。

　政策評価が行われる対象は、私たちが「政策」という言葉で思い浮かべるものに限られない。私たちが学習・研究の対象としている法ルールは、いずれも何らかの社会目的を達成することを狙って設定されている。憲法ルール

---

[1] ちなみに、日本で行われた「事業仕分け」は、政策評価に似ているようにも見えるけれど、科学的な手順を踏んで行われておらず、ここにいう政策評価の名に値しない（そもそも目的が違うのかもしれない）。

だって民法ルールだって刑法ルールだって、何らかの目的の実現のために存在するルールである。そしてそれは、制定法だろうと判例法だろうと、あるいはそれ以外のソフトローであろうと変わらない。だとすれば、それぞれの法ルールが期待された目的を実現できているかどうか、あるいは、これから新たに作ろうとする法ルールが期待された目的を実現できそうかどうかについても、やはり政策評価をすることができるはずだ。

実際、米国では、さまざまな法ルールについて、狙っていた社会目的を実現できているかどうかを政策評価の手法を使って検証することが行われている。最近の米国のローレビューや法学系のアカデミックジャーナルを見ると、このタイプの実証研究に溢れている。これに対し、日本の法学ではそういった研究はまだほとんど見られない。そこで本章から数章にわたって、政策評価を行っている研究を読む、あるいは、自分の手でやるために必要な知識について説明していこう[2]。

① 因果効果の推定

1.1 3つのアプローチ

政策評価において問題になるのは、因果効果の推定だ。つまり、ある法ルール「によって」どのような社会的影響が生じたのか、という効果を推定したいわけである。もし、推定された効果が期待した通りであれば、その法ルールは当初の目的をきちんと果たしたことになるし、効果が観察されなかったり、あるいは観察されても期待と逆方向であったりすれば、その法ルールは当初の目的を実現できなかったという意味で「不適切な」法ルールと結論づけられることになる。

ところが、これまでに本書で取り上げてきた回帰分析で解明できるのは、基本的に相関関係に過ぎず、回帰分析によって因果関係を明らかにすること

2）この分野全体についての参考文献として、Angrist and Pischke（2009）を挙げておく。

はできない（第2章参照）。そこで本章では、OLSのような回帰分析はいったん忘れて[3]、どうやったら因果効果を推定できるのかを考えてみたい。

刑法でも因果関係論は重要な論点の一つだけれども、それとはまた違った形で、科学（science）では因果効果の推定は重要テーマである。刑法にもいろいろと学説があるように、因果効果を推定する作法にも、大別して3つのアプローチがある。提唱者の名前をとって、Campbellアプローチ、Pearlアプローチ、Rubinアプローチだ[4]。このうち、政策評価の分野でもっとも一般的に採用されてきているのがRubinの因果モデル（Rubin Causal Model）なので、以下ではその内容を紹介していこう。

1.2　潜在的結果と反事実

Rubinモデルでもっとも重要な概念が潜在的結果だ。政策評価においては、評価したいと考える政策＝処置（treatment）が対象（unit）にどのような影響を及ぼすのかを測定する。因果効果を測定するためには、対象に処置が施された場合と処置が施されなかった場合（コントロール〈control〉、対照とも言う）を比較すればよい。つまり、処置ありの結果・処置なしの結果という2種類の潜在的結果（potential outcome）を観察すると、その差が因果効果になる。足の有無の因果効果を測定したいのであれば、

　　足の因果効果＝足のあるジオングの性能－足のないジオングの性能

だ。ジオングの場合であれば因果効果の推定は簡単で、足のあるジオングと足のないジオングを1台ずつ作って性能差を見ればいい。ところが、普通はそうはいかない。たとえば、頭痛薬によって（飲んだ後1時間して）筆者の

---

[3] 実際、筆者が後述するRubinの授業を受けたとき、最初の一声が「OLSなんてアホらしいものは俺の授業では忘れろ！」だった。因果効果の推定で使うアイデアは、基本的に、経済学はあまり関係がなく、むしろ純粋な統計学の考え方だ。ピュアな統計学者は、経済学を取り込んだ計量経済学が必ずしも好きではないのだ。

[4] 3つのアプローチの簡単な比較解説については、Shadish and Sullivan（2012）を参照。

表16 - 1　頭痛薬の因果効果

	当初	1時間後の潜在的結果 投薬あり	投薬なし	因果関係
頭痛の程度	80	25	75	－50

　頭痛が治るかどうかという因果効果を推定したいとしよう。頭痛薬の因果効果は、2つの潜在的結果の差として定義される：

　　頭痛薬の因果効果
　　　＝薬を飲んだ後の頭痛の程度 − 薬を飲まなかった場合の頭痛の程度

　たとえば、最初の頭痛の程度が80で、薬を飲んだ後の頭痛が25、薬を飲まなかった場合の頭痛が75だとすると、頭痛薬の因果効果は、頭痛の50の軽減（25 − 75）と計算できる（表16 - 1）。ところが問題は、私たちは、この2つの潜在的結果のうち、一方しか観察できないことだ。筆者が薬を飲んだ場合には、処置ありの潜在的結果25しか観察できないし、薬を飲まなかった場合には、処置なしの潜在的結果75しか観察できない。これでは、頭痛薬の因果効果を推定できない。

　頭痛薬を飲んだ後1時間後に頭痛が25に減ったといっても、それは頭痛薬「のため」ではなく、他の薬を飲んだ、1時間の間に何かうれしいニュースがあった、など他の要因によって引き起こされた減少かもしれない。頭痛薬の因果効果を推定するためには、「1時間前の筆者」を2人用意した上で、一方に薬を飲ませ、他方には薬を飲ませず、その上で1時間の間完全に同じ状態に置かなければならない。しかし、そんなことはファンタジーの世界でもない限り不可能だ。

　このように、因果効果を推定する際の根本的な難しさは、個々のユニットについて、私たちは潜在的結果の一方しか観察することができず、現実には発生しなかった方の潜在的結果──これを反事実（counterfactual）と呼ぶ──を観察することができない、という点にある。処置を受けたユニットについては処置を受けなかった場合の結果を観察できないし、処置を受けなか

ったユニットについては処置を受けた場合の結果を観察できない。法ルールの効果を測定したい場合も、私たちは、法ルールがあった場合となかった場合のいずれかしか観察できないから、因果効果の推定は難しいのだ。

② 割当メカニズム

　では、反事実を観察できないという限界の下で因果効果を推定するためにはどうすればいいのだろうか。ここで登場するもう一つの重要な概念が、割当メカニズム（assignment mechanism）だ[5]。割当メカニズムとは、一つ一つのユニットが、処置を受けるか受けないかを決めるメカニズムだ。割当メカニズムがどうなっているかによって、因果効果の推定のやり方は違ってくる。

　このことを Rubin の「完璧な医者」の例で考えてみよう。ある癌に対する新しい治療法の因果効果を推定したいとする。この治療法を施した場合と施さなかった場合との8人の患者の生存年数が表16-2のようになっていたとしよう——現実にはこの表は神様の視点を持たなければ知り得ないのだけれども。この場合、この治療法の平均因果効果（ACE；average causal effect）[6]は－2で、この治療法を使うと生存年数が平均で2年短くなってしまう（から、悪い治療法だ）。

---

[5] Rubin モデルにおいて因果効果を推定するためには、SUTVA（stable unit-treatment-value assumption）という前提が満たされることが必要だ。これは、他のユニットが処置を受けたかどうかによって自らの潜在的結果が変化しない、つまり、ユニット間の相互作用が存在しない、という前提である。頭痛薬の例で言えば、他の被験者が頭痛薬を飲んで頭痛が治って幸せになったため、その幸福感の波及効果（spillover effect）を受けて自分の頭痛も治った、といったことがないことが前提となる。現実には、この SUTVA が充足されない場合もある。

[6] 平均処置効果（ATE；average treatment effect）とも言う。患者一人一人に治療法がどのような因果効果を持つかを測定しても、その治療法の是非については判断できないので（後述する共変量などによる個体差があるから）、政策評価においては、興味の対象となっているユニット全体における平均的な因果効果を考えるのが一般的である。

表16-2　新治療法の効果

患者	潜在的結果 治療なし	潜在的結果 新治療法
1	13	14
2	6	0
3	4	1
4	5	2
5	6	3
6	6	1
7	8	10
8	8	9
平均	7	5

表16-3　完璧な医者の割当結果

患者	潜在的結果 治療なし	潜在的結果 新治療法
1	?	14
2	6	?
3	4	?
4	5	?
5	6	?
6	6	?
7	?	10
8	?	9
平均	5.4	11

　ところが、まるで神様のように完璧な医者がいて、彼女には表16-2の潜在的結果が完全にわかっていたとしよう。彼女は、患者ごとに最適な治療を選択できるから、新治療法を施した方がいい患者（患者1・7・8の3人）にはそうして、施さない方がいい患者（患者2～6の5人）はそのままにするので、表16-3のような結果が私たち観察者によって観察されることになる。この観察された結果だけで新治療法の「効果」を計算すると5.6になり、新治療法によって生存年数が5.6年も伸びた（から、良い治療法だ）と言えそうだ。しかし、だからといって、表16-2を知り得ない普通の医者が全ての患者に新治療法を施すと、実際には患者の生存年数が平均で2年短くなるから、新治療法は実は逆効果なのだ。

　このように、割当メカニズムのあり方が、因果効果の推定の難しさに影響を与え、場合によっては逆の効果を推定してしまうことさえあり得ることがわかるだろう。完璧な医者が割当を行った場合には、表16-3の「？」の部分を補完する（impute）すべを考える必要が出てくるのだ[7]。

　完璧な医者のケースで因果効果の推定が難しくなるのは、彼女の割当メカニズムが「混同的な（confounded）」メカニズムだからだ。混同的なメカニ

7）データが欠落している部分（missing data）を補完する作業はimputationと呼ばれ、サーベイ調査などで一部の回答が欠落している場合などに対処するための手法として、統計学では重要な分野である（第27章参照）。

ズムというのは、処置を受けるか受けないかの決定が、潜在的結果を考慮に入れて行われているものを言う。混同的な割当メカニズムは、因果効果をいわば「先取り」して割当メカニズムに取り込んでしまうため、因果効果部分を切り出して推定することが難しくなるのだ。このケースは、結果が手段に影響を与えているという意味で、内生的（endogenous）と呼ぶこともある。

これに対し、潜在的結果を考慮に入れずに行われる、混同的でない（unconfounded）割当メカニズムであれば、因果効果を推定することは、比較的簡単になる。そこで今回はまず、混同的でない割当メカニズムが採用されている場合に、どうやって因果効果を推定すればよいかを考えてみよう。

③ ランダム化と階層化

3.1 ランダム化比較対照実験

混同的でない割当メカニズムとして一番広く使われているのが、ランダム化比較対照実験（RCT；randomized controlled trial）だ。実験室（ラボ）で行われる自然科学や心理学の実験ではRCTが一般的だ。これは、被験者を、処置を受ける処置群と処置を受けないコントロール群とにランダムに割り当てた上で、処置群とコントロール群との結果の差を見ることによって、処置の因果効果を推定しようとする手法だ。この割当メカニズムは、潜在的結果を考慮に入れていないから混同的ではない。

もちろん、RCTによって推定された因果効果は、1回1回ばらばらだ。ランダムに割り当てるということは「等しく」割り当てることを意味しない。一つの試行を取り出すと、そこではたまたま因果効果がプラスの被験者だけに処置を割り当てていたり、また別の試行を取り出すと、そこではたまたま因果効果がマイナスの被験者だけに処置を割り当てていたりすることがあるかもしれない。けれども、被験者数を大きくしていけば、大数の法則（第3章）により、そういったブレは小さくなっていき、母集団の真の平均因果効果（ACE/ATE）を推定することができる。これがRCTのメリットだ。

もっとも、こういったRCTを、政策評価のような社会科学において実行

できるかというと難しい。私たち分析者が被験者にランダムな割当メカニズムを強要することは普通は困難で（法的倫理的な理由による場合もあれば、行動時と観察時の時間差による場合もあるだろう）、被験者が割当を自発的に選択してしまっている場合がほとんどだ。このようなデータを、観察データ（observational data）と呼ぶけれど、観察データではRCTのようなランダム割当がなされておらず、処置群とコントロール群を単純に比較するだけでは平均因果効果を推定することはできない。

もっとも、最近では、社会科学においても強引にRCTを行って政策の因果効果を推定しようという研究（フィールド実験；field experiment）も多く行われている。特に、開発経済学の分野では、MITのDufloらがこのタイプの研究を強力に推し進めている。社会科学におけるRCTのパワフルさを知りたい人は、バナジー＝デュフロ（2012）を読むとそれを実感できるだろう。

3.2 階層化・下位分類化

では、ランダム割当ではない観察データの場合に平均因果効果を推定するためにはどうすればいいだろうか。ここでの鍵は、RCTにおけるランダム化が一体何を実現しているのかを考えることから始まる。

潜在的結果に影響を与える要素は、処置の有無だけではない。頭痛薬の例で言えば、頭痛の程度に影響を与えるのは、年齢・性別・体重・睡眠時間・普段のストレス・体調……などさまざまな要因があるだろう。回帰分析の用語で言えば説明変数に該当するこういった要因は、因果効果の推定の文脈では、共変量（covariate）[8]と呼ばれる。

もし、被験者一人一人について因果効果を観察しようとすれば、処置後に観察される潜在的結果は、投薬の影響のみならず、さまざまな共変量にも影響されているから、ばらばらな数値（ある被験者にはプラス、別の被験者に

8）回帰分析における説明変数と共変量とは、微妙に違う概念だ。共変量は、処置の前後で値が変わらないという性質を持つので、階層化やマッチングに活用できる。

はマイナスなど）が得られてしまう。けれども、ランダム割当をすることによって「平均的には」真の因果効果が推定できてしまうのは、処置群とコントロール群との間で処置の有無以外の共変量による影響がキャンセルされてしまうからだ。

そして、なぜ共変量による影響がキャンセルされるかというと、それは共変量がバランスしている——処置群に割り振られた被験者たちの共変量の分布の仕方と、コントロール群に割り振られた被験者たちの共変量の分布の仕方とが同じになっている——からだ。共変量がバランスしていれば、共変量による潜在的結果への影響の仕方が平均的には同じになるから、その影響を無視することができ、処置の有無による因果効果だけを抽出できるのである[9]。

とすれば、次のようなステップを踏めば、観察データにおいてもRCTに近い状態を作り出せるはずだ。まず、処置を受けるかどうか決める意思決定者がどのような要因に基づいて決定をしているかについて検討し、鍵となっている重要な共変量をピックアップする。その上で、処置群とコントロール群とから、これらの共変量がバランスしているサブグループを選び出す。この2つのサブグループについて観察結果の差をとれば、共変量の影響をキャンセルできるから、**当該サブグループについての平均因果効果を推定できる**。これが、階層化（stratification）とか下位分類化（subclassification）と呼ばれる手法だ。

たとえば、喫煙者のうち、紙巻きたばこと葉巻たばことでどちらの利用者が死亡率が高いかを知りたいとしよう。葉巻の方が高価なこともあって、葉巻利用者の方が年齢層が高い。このため、単純に平均死亡率の差をみると、葉巻利用者の方が死亡率が高いことになってしまう。そこで、葉巻を利用す

---

[9] したがって、RCTにおけるランダム化が適切に実現されているかどうかをチェックするためには、処置群とコントロール群とで、共変量のバランスが実現されているかどうかをチェックすればよい。なお、RCTにおいても共変量のバランスを可及的に実現するために、ブロック化（blocking）と呼ばれる手法を組み合わせて行われることがある。

表16-4 たばこ利用者の1000人当たり死亡率

年齢層	紙巻き	割合	葉巻	割合	階層内の差
若年	4	40%	2	10%	−2
中年	8	30%	6	30%	−2
老年	30	30%	25	60%	−5
平均	13	100%	17	100%	−3

るかしないか(処置の有無)の意思決定に影響する重要な要因として年齢があると考えて、年齢という共変量で階層化する。たとえば、若年層・中年層・老年層に3分類し、それぞれのサブグループごとにシガー利用者と紙巻きたばこ利用者の死亡率を比較するのだ。

たばこ利用者の死亡率と年齢についてのデータを集めたところ、表16-4のようなデータが得られたとしよう。表を見てわかるように、年をとるほど死亡率は高くなり、紙巻きたばこに比べて葉巻たばこの方が利用者の年齢層が高い。紙巻きたばこ利用者の1000人当たりの平均死亡率は、$4×0.4+8×0.3+30×0.3=13$だ。同様に、葉巻たばこ利用者の1000人当たりの平均死亡率は、$2×0.1+6×0.3+25×0.6=17$だ。したがって、葉巻たばこの利用者の方が、紙巻きたばこ利用者よりも死亡率が1000人あたり4人高い(それだけ危険だ)、ということになる。

これに対し、若年層・中年層・老年層の3つのサブグループに階層化した上で、同じサブグループ同士を比較するとどうなるか。まず、若年層における比較では、葉巻たばこの方が死亡率が2人少ない。同様に、中年層では2人、老年層では5人、葉巻たばこの方が少ない。3つのサブグループの単純平均をとれば、葉巻たばこ利用者の方が、紙巻きたばこ利用者よりも死亡率が3人少ない(それだけ安全だ)、という反対の因果効果が推定できる[10]。こちらの方が説得的だろう。

ここでは、年齢という1つの共変量に基づいた階層化を行ったけれども、

---

10) もちろん、より根本的には、収入・財産状態による因果効果(葉巻を購入できるような富裕層の方が健康状態がよく、死ににくい)を考えるべきだろう。

複数の共変量をバランスさせるように階層化を行ったり、あるいは、複数の共変量を順番に使って階層化を行ったり（principal stratification）するなど、さまざまな手法がある。

④ おわりに：観察データ分析の心得

　RCTにおいては、分析者がランダム化という割当メカニズムを採用しているから、因果効果の推定に実験者の恣意が入る余地が小さい（だから信頼性が高い）。けれども、観察データに対して階層化（あるいは次章以降で説明する手法）を使ってRCTに近似した状況を作り出そうとする際には、たとえば階層化の場合であれば、① どの共変量に着目し、② どのくらいの大きさのサブグループを作るか、という点にどうしても分析者の恣意的操作が入る余地が生じる。第1章で注意したように、分析者が分析結果を恣意的に操作できる可能性が出てくるのだ。

　分析者の恣意が入ることをできるだけ避けるためには、**建前としては**次のようなステップを踏むべきだ。まず、観察データを分析する際にどのような手法で行うかを決定する段階（これを設計段階〈design phase〉と呼ぶ）では、結果は見ない。結果を見る前に、割当メカニズムと鍵となる共変量について考え、共変量のバランスが達成できるようなサブグループを作り出す。ここまでの設計を終えてから、初めて結果を見て分析を加える。もし思う通りの分析結果が出なくてもあきらめる。

　もっとも、これは建前であって、実際にどれだけの分析者がこの手順を守っているかはわからない。分析してみたら思うような分析結果が出なかった場合に（＝結果を見た後に）、最初に戻って共変量やサブグループを選び直したいという誘惑に抵抗できる人は多くはないかもしれない。とはいっても、そのような手順設計をしたかどうかは、分析結果を読む側からは判断のしようがない（自白してくれる分析者はいない）。読者にできるのは、共変量とサブグループの選択が合理的かどうかの評価だけだ。だから、観察データの分析を読む際には、注意深くなければならない[11]。

【参考文献】

Angrist, Joahua D. and Jorn-Steffen Pischke (2009) *Mostly Harmless Econometrics: An Empiricist's Companion*, Princeton University Press.（邦訳：ヨシュア・アングリスト＝ヨーン・シュテファン・ピスケ『「ほとんど無害」な計量経済学——応用経済学のための実証分析ガイド』大森義明ほか訳、NTT出版、2013年）

Shadish, William R. and Kristynn J. Sullivan (2012) "Theories of Causation in Psychological Science," *APA Handbook of Research Methods in Psychology Volume 1: Foundations, Planning, Measures, and Psychometrics*, ch.2.

バナジー、A. V.・E. デュフロ (2012)『貧乏人の経済学——もういちど貧困問題を根っこから考える』みすず書房

11）実証分析にバイアスがかかっていないかどうかを知るための手がかりの一つとして、その研究がどのようなファンドから援助を得ているかに注意することが考えられる。たとえば、米国のたばこ製造物責任訴訟で活用された、たばこによる健康被害の有無をめぐる実証分析においては、たばこ企業から資金援助を受けた分析に健康被害を否定する傾向が観察されやすいことはよく知られている。分析者自身にバイアスがかかっていなくとも、資金援助をする側としては、自己に有利な結論を出してくれそうな研究に対して助成するインセンティヴがあるから、そのような結果になるのはある意味自然なことだ。もっとも、だからといって筆者のような研究者がファンドに対して援助を申請する際に、研究者としての良心を売り渡さなければいけないのかというと、必ずしもそうではない。申請段階では、「○○という仮説の検証のためにデータを集めて実証分析を行います。その結果として、△△という結論が期待できます」と言っておく。ところが、資金援助を受けて実際に分析を行った後で「実は△△とは正反対の××という結論が出てしまいました。でも、データが客観的にそう語っているんだから仕方ないよね。てへぺろ（・ω＜）」と開き直るのは、生活の知恵だ。ま、申請時からの確信犯ではあるのだけれど。

第17章 マッチング
人類補完計画

① マッチング

　前章で、混同的でない割当メカニズムが使われている観察データについて因果効果を推定する際には、階層化が有効な手法であることを見た。階層化は、共変量がバランスしているサブグループを選び出した上で、同じサブグループ同士で処置群とコントロール群とを比較することで、因果効果を推定しようというものだった。このアイデアをもう一歩進めたものがマッチング（matching）である。

　階層化が因果効果の推定に有効なのは、共変量がバランスしているサブグループ同士の比較ならば、共変量の与える影響が相殺しあって、処置の因果効果だけを取り出すことができるからだった。それならば、処置群のユニット一つ一つについて、それぞれ共変量が同じユニットをコントロール群から選び出して反事実（counterfactual）として採用し、観察されなかった潜在的結果を補完（impute）した上で比較を行えば、共変量の与える影響がキャンセルされ、処置の因果効果を抽出できる。これがマッチングだ。

　たとえば、処置群に5個のユニットがあり、コントロール群に8個のユニットがあったとする。処置群のユニットのそれぞれについてコントロール群

から共変量の一致するユニットを選び出し、これらを反事実として補完する。マッチされたそれぞれの組み合わせごとに、2つの潜在的結果の差をとる。その上で、5組の差の平均をとれば、**処置群における**平均因果効果・処置効果（ACET/ATET；average causal/treatment effect on treated）が計算できる。

逆に、**コントロール群における**平均因果効果・処置効果（ACEC/ATEC：average causal/treatment effect on control）もマッチングによって計算が可能だ。今度は、コントロール群のユニットのそれぞれについて、処置群から共変量の一致するユニットを選び出せばよい。もっとも、この場合、コントロール群の方が処置群よりもユニット数が多いから、共変量がちょうど一致するユニットを処置群から選び出せない可能性がある。その場合には、共変量が「一番近い」[1]ユニットを反事実としての補完候補に採用することになる。その上で、マッチされた8組のペアについて2つの潜在的結果の差を計算し、その平均をとれば、ACEC/ATECが計算できる。

同様に、処置群・コントロール群全体を通じた、このデータ**全体における**平均因果効果・処置効果（ACE/ATE）も計算できる。それは、以上のようにしてマッチされた13組の潜在的結果の差の平均をとればよい。

1.1　具体例：職業訓練プログラムの因果効果

では、具体例を通じてマッチングによる因果効果の推定を練習しよう。最近の雇用流動化・失業者対策として、労働者に対して職業訓練プログラムを実施することによって、これらの者の労働市場での価値を高めることを目指した法律があったとする。この法律による職業訓練を受けた人（処置群）と受けなかった人（コントロール群）の年収の分布が表17-1のようになっていたとしよう。職業訓練によって年収が上がったかどうかが、この法律が当

---

[1] シンクロ率が高ければ高いほど望ましいように——といってもシンクロ率が400%を超えるのはいかがなものかという気がしないでもないけれど——、共変量もできるだけ近い方が、「良い」比較ができる。場合によっては、複数のユニットの平均を反事実として補完してもよい。

第17章　マッチング

表17-1　職業訓練プログラムの因果効果

処置群(訓練あり)			コントロール群(訓練なし)			マッチング結果(ACET/ATET)			
ユニット	年齢	年収	ユニット	年齢	年収	ユニット	年齢	年収	差
1	28	35400	1	43	41800	8	28	17600	17800
2	34	20400	2	50	62000	14	34	48400	－28000
3	29	28800	3	30	42000	17	29	12400	16400
4	25	41600	4	27	18600	15	25	46600	－5000
5	29	12200	5	54	82200	17	29	12400	－200
6	23	57200	6	48	59600	20	23	19000	38200
7	33	43800	7	39	84000	10	33	31000	12800
8	27	57600	8	28	17600	4	27	18600	39000
9	31	40600	9	24	51000	12	31	53200	－12600
10	26	56200	10	33	31000	11, 13	26	16900	39300
11	25	18800	11	26	800	15	25	46600	－27800
12	27	28600	12	31	53200	4	27	18600	10000
13	29	25000	13	26	33000	17	29	12400	12600
14	24	39400	14	34	48400	9, 16	24	35400	4000
15	25	20200	15	25	46600	15	25	46600	－26400
16	43	21400	16	24	19400	1	43	41800	－20400
17	28	23000	17	29	12400	8	28	17600	5400
18	27	21400	18	35	60400	4	27	18600	2800
19	28	32600	19	32	35600	8	28	17600	15000
			20	23	19000				
			21	32	51800				
平均	28.5	32853	平均	33	41448	平均	28.5	27963	4889

注)　年収の単位は百円。

初の目的を実現できているかどうかを評価するために、私たちが知りたい情報だ。

　まず、何も考えずに処置群とコントロール群の年収を比較すると、328.53－414.48＝－85.95となり、職業訓練を受けた者たちの方が、年収が約86万円低い。とすると、この法律は、訓練受講者の年収を下げる逆効果の法律なのだろうか？

　ちょっと待って欲しい。処置群とコントロール群の年齢を比較すると、処置群の方が平均で4.5歳ほど若い。若いほど年収が低いのが通常だから、処置群の方がコントロール群より年収が低いのは、職業訓練のせいではなく、年齢のせいかもしれない。そこで、年齢を使ってマッチングを行い、処置群

における平均因果効果を推定してみよう。

　処置群における平均因果効果を推定するためには、処置群に属する19人それぞれについて、「仮に当人が職業訓練を受講していなかったとしたら、年収はいくらになっていただろうか？」という反事実を補完し、職業訓練の有無による年収の差を計算し、その平均をとる、という作業が必要になる。

　たとえば、処置群のユニット1については、年齢が28歳なので、コントロール群から28歳の者を探すと、ユニット8が28歳だ。そこで、処置群ユニット1には、コントロール群ユニット8をマッチして反事実を補完する。処置群のユニット2は34歳だから、コントロール群のユニット14をマッチする。それ以下についても同様にマッチを続ける。処置群ユニット10は26歳だが、コントロール群には26歳のユニットが11と13の2名いるので、この2名の平均をマッチさせる。

　このようにしてマッチングを行った結果が、表17-1の一番右側の列だ。マッチされたコントロール群の平均年収は279.63万円だから、処置群における平均因果効果は、328.53−279.63＝48.9となり、職業訓練を受講することによって年収が約49万円増加する、という推定結果が導ける。これで晴れて、この法律は当初の目的を実現した、と評価できる。

　以上では、**処置群における**平均因果効果を推定したけれども、同様に、**コントロール群における**平均因果効果や、**全体における**平均因果効果も推定できる。コントロール群における平均因果効果を推定するためには、コントロール群の21人一人一人について、「仮に当人が職業訓練を受講していたとしたら、年収はいくらになっていただろうか？」という反事実を、年齢を使ったマッチングによって処置群の中から補完する。処置群の中にコントロール群と同じ年齢の人がいなかったら（たとえばユニット2・5・6・7など）、もっとも年齢の近いユニット（複数あればそれらの平均）をマッチさせる。その上で、21組の差の平均をとればよい。全体における平均因果効果については、処置群とコンロール群の40組の平均をとる。いずれも簡単に計算できるから、読者の皆さんの練習問題にとっておこう[2]。

1.2 マッチングに使う共変量が複数ある場合

　ここまでは、マッチングに使う共変量が1個（職業訓練の具体例で言えば年齢）だけの場合を想定してきた。けれども、よりもっともらしい反事実を補完していくためには、複数の共変量に着目した方が適切なはずだ。職業訓練の場合なら、年齢だけでなく、性別・学歴・職業・両親の学歴など、できるだけ多くの共変量に着目し、それらが一致しているユニットを選び出した方が「仮に当人が職業訓練を受講していなかったとしたら、年収はいくらになっていただろうか？」という反事実をより正確に補完できるだろう。そこで、実際に実証分析を行う際には、複数の共変量を使ってマッチングを行うのが通常である。

　ところが、複数の共変量を使ってマッチングを行った場合には、別の問題が発生する。共変量が1個の場合であれば、コントロール群の中から、「同じ年齢の人」を探してくることは、さほど難しくはない。でも、マッチングに使う共変量をさらに5個増やして、コントロール群の中から「年齢が同じで、性別が同じで、学歴が同じで、職業が同じで、父親の学歴が同じで、母親の学歴が同じ人」を探そうとなると、全ての共変量について完全に一致するユニットを見つけ出すのは至難の業だ。5個の共変量のうち、一部については一致していても、他のものについては一致していないことが多いだろう。そうすると、「もっとも近い」マッチング対象を決めるための基準が必要になる。

　このような場合にマッチするペアの「近さ」を評価するために使われる基準が、距離基準（distance metric）だ。さまざまな基準があるけれども、多く使われているのは、正規化ユークリッド距離（normalized Euclidean dis-

---

2) マッチングは、R では Matching や MatchIt などのパッケージ、Stata では nnmatch というコマンドで実装されている。本文のここまでの説明で何となく感じられると思うけれど、マッチングによって反事実を補完していくのは、単純ではあるが結構骨の折れる作業であり、これらの統計ソフトウエアでも、計算には相当の時間がかかる（特に大きなデータを扱う場合）。「PC がフリーズした!?」と思うかもしれないけれども、まぁそんなものだ。

tance）やマハラノビス距離（Mahalanobis distance）である[3]。どちらもたいていの統計ソフトウエアに実装されているから、いずれを使うのかを、オプションで指定してやればよい。

さらに、複数の共変量のうち、一部の共変量（たとえば年齢）については、特に優先的に完全に一致させたい、と考える場合があるかもしれない。その場合には、その特定の共変量については完全に一致させた上で、残りの共変量について距離が最小になるようにマッチングのペアを選ぶことになる。これは、正確マッチング（exact matching）と呼ばれる。

1.3 次元の呪い

これらの距離基準を使ってもっとも近いユニットによる反事実の補完ができたとしよう。ところが、マッチングに使う共変量の数が多い場合には、「完全な一致」が得にくいから、どうしても、マッチしたペア間の距離が大きくなってしまう。データ数が多ければ、距離は小さくできることが期待できるけれども、そうでない場合には、どうしてもペア間の距離が大きいままになってしまい、「似たユニットを使って反事実を補完した」のではなく、「あまり似ていないユニットを使って反事実を補完した」ことになってしまう。マッチングに使う共変量の数が多くなると（多次元）、良いマッチングが実現しにくくなるのだ。これが、次元の呪い（curse of dimensionality）と呼ばれる現象だ。

次元の呪いが発生してしまっているかどうかをチェックするためには、実際にマッチングされているペアを観察して、共変量がどれくらい一致しているかをチェックする。マッチングを使う際にはできるだけ常にこのチェックを行うことが望ましいが、不幸なことに、共変量の不一致が結構あることを

---

[3] もっとも簡単な基準として、共変量の差の二乗の総和であるユークリッド距離がある。しかし、この基準は、共変量の尺度（たとえば、年収を1円単位で測るか百万円単位で測るか）が変わると変化してしまい、使いにくい。そこで、尺度が変わっても同じように評価できるように、正規化ユークリッド距離やマハラノビス距離が使われる。

発見してしまった場合にはどうすべきだろうか。

一つの方法は、処置群における因果効果（ACET）を推定している場合には、処置を受けていないコントロール群に関するデータをできるだけたくさん集めてくることだ。これによって、より良いマッチング対象を見つけ出すことができる可能性が高まる。処置群に関するデータを増やすことは難しいのが一般的だけれども、コントロール群に関するデータを増やすことは、相対的に容易であることが一般的だからだ。

けれども、そう簡単にデータを増やせないことも多い。マッチングがあまり上手く実現しておらず、共変量の不一致が大きい場合には、マッチングによる因果効果の推定値には、バイアスが発生してしまう。この場合には、マッチングの不一致によるバイアスを修正するテクニックを使うことが必要になる[4]。もっとも、このバイアス修正は、常に効果的なわけではなく、一定の条件が満たされたときにしかバイアスを除去できない。その意味では、やはり、共変量の不一致をできるだけ小さくするように努力するしかない[5]。

② プロペンシティスコア・マッチング

次元の呪いは、マッチングを使うにあたって大変困った問題なのだけれども、これを（部分的に）克服するためのもう一つの方法がある。それが、プロペンシティスコア（傾向スコア；propensity score）マッチングだ。

プロペンシティスコアとは、処置を受ける確率のことだ。職業訓練の具体例で言えば、各ユニットが職業訓練を受講する確率がプロペンシティスコアになる。プロペンシティスコアが有用なのは、プロペンシティスコアを使ってマッチングを行うだけで、処置の因果効果を抽出できる点にある[6]。すなわち、1つの変数によるマッチングだけで、複数の共変量を使った場合と同様の結果を実現できるので、次元の呪いから解放されるのだ。

4）Stataのnnmatchには、バイアスを修正するオプションが実装されている。
5）たとえば、マッチングに一度使ったユニットを再度使用できる、「置換あり」マッチング（職業訓練の具体例は、実はこれ）を使うことが挙げられる。

プロペンシティスコアを使ったマッチングを行うには、次のような手順を踏めばよい。まず、プロペンシティスコアに影響を与えそうな共変量を使って、各ユニットのプロペンシティスコアを推定する（現実の処置の有無ではない）。これは、プロビットやロジットモデルを使った回帰分析（第12章参照）をすればよい。その上で、この推定されたプロペンシティスコアを使って、プロペンシティスコアの等しい（またはもっとも近い）ユニット同士をマッチングする[7]。

プロペンシティスコア・マッチングにおいても、通常のマッチングと同様、マッチングが上手くいっているかどうかをチェックすることができる。そのためには、マッチングをさせた後で、処置群とコントロール群との共変量の分布が上手くバランスしているかどうかを見ればよい。通常のマッチングと同様、プロペンシティスコア・マッチングにおいても、このチェックをできるだけ行うべきだ。

③ 合成コントロール

マッチングの特殊バージョンとして、合成コントロール（synthetic control）という手法もある。ある法制度の因果効果を推定したいと思っても、当該法制度が、一人一人の個人にどのような影響を与えたのかについてのデータを取得することが困難で、市町村レベル・都道府県レベル・国レベルでの集計データしか入手できないことはしばしばある。

6）プロペンシティスコアが因果効果を抽出できるための判別（識別）条件（identification assumption）は、①処置を受けるかどうかが観察できる共変量に基づいている（混同的な割当メカニズムでない）こと、②プロペンシティスコアが0より大きく1より小さい（常に処置を受けるユニットや常に処置を受けないユニットが存在しない）こと、の2つだ。現実には、条件①の充足がしばしば問題となる。

7）プロペンシティスコア・マッチングは、Rではパッケージ Matching、Stata ではコマンド psmatch などで実装されている。なお、プロペンシティスコアは、本文で述べたようなマッチングの基準として使うのが一般的であるが、それ以外に、回帰分析におけるウェイトとして利用する方法もある。

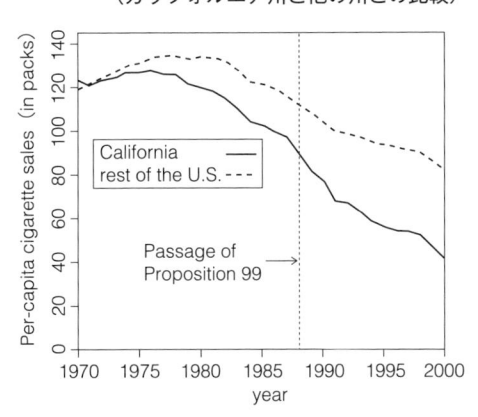

図17-1 一人当たりたばこ消費量の推移
（カリフォルニア州と他の州との比較）

　たとえば、1988年に米国カリフォルニア州は、たばこコントロール政策（提案99）を採用し、喫煙を減らして州民の健康を増進するためのさまざまな施策を採った。このたばこコントロール政策によって、カリフォルニア州におけるたばこ消費量がどれくらい減ったかを推定したいと考えたとする（Abadie, Diamond and Hainmueller（2010）を参照）。けれども、政策の施行前後で、カリフォルニア州民一人一人がどう行動したかのデータは入手できず、州全体のたばこ消費量の変化しか入手できなかった（米国の他の州についても）としよう。

　この場合、政策の施行後にカリフォルニアのたばこ消費量は減っているのだけれども（図17-1）、だからといってこの政策に効果があったと結論づけることはできない。なぜなら、米国におけるたばこ消費量は、健康志向の高まりを反映して次第に減少しており、政策施行後のたばこ消費量の減少は、政策の影響ではなく、この減少傾向を反映しただけに過ぎない可能性があるからだ。政策の因果効果を推定するためには、「仮に政策が施行されていなかったなら、カリフォルニア州のたばこ消費量はどうなっていただろうか」という反事実を構築し、補完する必要がある。

　マッチングを使うのであれば、米国の他の49州[8]のうちから、「カリフォ

図17-2　一人当たりたばこ消費量の推移
（カリフォルニア州と合成コントロールとの比較）

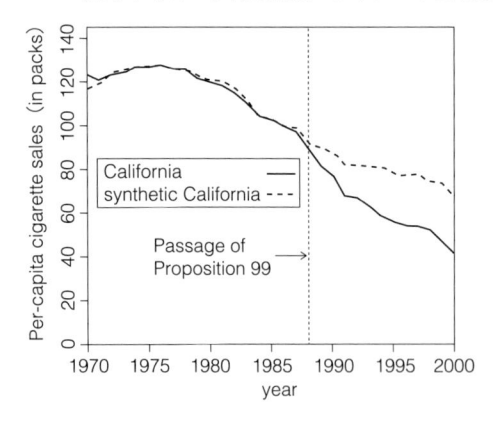

ルニアにもっとも近い州」を探し出してマッチさせればよい。ところが、米国の事情を知っている人ならすぐに気づくように、カリフォルニアは米国の中でも特異な州で、カリフォルニアに似た州というのは他に存在しない。良いマッチング対象が見つからないのだ。

　それならば、他の州を上手く合成することで、「カリフォルニアにもっとも近い州」を仮想的に作り出し、これを反事実にすればいいだろう、というのが合成コントロールのアイデアだ。具体的には、1988年以前のさまざまな共変量を使って、カリフォルニアの共変量にできるだけ近い共変量を持つような、他州の組み合わせ（ウェイトを付けた加重平均）を見つけ出す。そして、この組み合わせを1988年より後のデータに適用すれば、「政策を施行しなかったカリフォルニア」という反事実を構築できるだろう[9]。このようにして作られた合成コントロールとカリフォルニアを比較したのが図17-2であり、これを見ると、この政策にはたばこ消費量を減らす効果があったと結

8）実際には、その後にカリフォルニアに倣った政策を導入したいくつかの州は除かれている。

9）合成コントロールは、RでもStataでもsynthというパッケージ・コマンドとして実装されている。

論づけることができる[10]。

　この合成コントロールの説明を聞いて「力業すぎるなぁ。たばこ消費量に影響を与える要因にはいろいろなものがあるはずなのに、それらの影響を考えなくてよいのだろうか？」と感じる人も多いだろう[11]。その直感は正しい。でも、政策が介入する以前のデータを長くとれる（この場合だと約20年）のであれば、さほど問題はない。なぜなら、合成コントロールがそれだけ長期にわたってカリフォルニアのたばこ消費量を複製できていたのであれば、それは、合成コントロールがさまざまな要因の影響を適切な形で取り込むことができていたためだと推測できるからだ。

【参考文献】

Abadie, Alberto, Alexis Diamond and Jens Hainmueller（2010）"Synthetic Control Methods for Comparative Case Studies: Estimating the Effect of California's Tobacco Control Program," *Journal of the American Statistical Association*, 105, pp.493-505.

---

10) 合成コントロールについては、この他に、標準誤差をどうやって計算するのかという問題がある。この点については話が長くなるので、Abadie, Diamond and Hainmueller（2010）に譲る。具体的には、カリフォルニア以外の49州についても合成コントロールを作り、合成コントロールの正確さ――プラセボ（偽薬）の合成コントロールは現実の値と一致するはず――を評価することになる。

11) たとえば、法学者が行う（きちんとした）比較法研究は、国別のさまざまな社会的要因を考慮に入れつつ分析が展開されているはずだ。

第18章 DD

劇的（？）ビフォーアフター

① DD

1.1 反事実の補完

　前章では、マッチングで因果効果の推定ができることを見た。マッチングが因果効果の推定に有効となる前提（判別〈識別〉条件；identification assumption）の一つは、処置群とコントロール群との間の割当が、私たち分析者にとって観察可能な共変量に基づいて行われている、ということだ（第16章で見た階層化の場合も同じ）。この前提が満たされていれば、その共変量を使ってマッチングを行うことによって、共変量による影響を除去し、処置によって発生した因果効果だけを抽出することができる。

　けれども、処置群とコントロール群との割当が、私たちに観察可能な共変量だけに基づいて行われるとは限らない。私たちには入手できない、観察不可能な共変量に基づいて割当がなされる場合もあるだろう。そのような場合には、観察可能な共変量に基づいてマッチングを行っただけでは、適切な反事実が補完され、因果効果を推定できるとは限らない。

　このような場合に因果効果を推定するために使われる手法の一つが、differences-in-differencesである。DDと略されたりDIDと略されたり、人

表18-1　DD

時点	処置群T		コントロール群C	
時点0	（処置あり）$Y_{1T}(0)$	処置なし$Y_{0T}(0)$	（処置あり）$Y_{1C}(0)$	処置なし$Y_{0C}(0)$
時点1	処置あり$Y_{1T}(1)$	（処置なし）$Y_{0T}(1)$	（処置あり）$Y_{1C}(1)$	処置なし$Y_{0C}(1)$

によって略し方はいろいろだけど（本書はDDでいく）、そのアイデアは「違いの違い」という英語から推測できるように、単純だ。

　DDにおいては、処置群Tとコントロール群Cのそれぞれに属するユニットが存在すること、および、それぞれについて、処置前（時点0）と処置後（時点1）の2つのタイミングを観察できることが必要だ。そうすると、私たちは、表18-1のようなデータを手にしていることになる（括弧が付されているのは実現しなかった潜在的結果で、括弧なしが実現した潜在的結果）。

　この場合、処置群についての因果効果は、時点1での処置群ユニットの「処置あり－〔処置なし〕$Y_{1T}(1)-Y_{0T}(1)$」として、コントロール群についての因果効果は、時点1でのコントロール群ユニットの「〔処置あり〕－処置なし$Y_{1C}(1)-Y_{0C}(1)$」として、定義される。因果効果の推定が難しいのは、潜在的結果のうちの片方が、実現していない反事実（counterfactual）だからだ。処置群については、処置なしの状態は観察できないし、コントロール群については処置ありの状態を観察できない。

　特に、処置群についての平均因果効果（ACET）を知りたい場合には、「処置群のユニットについて、もし処置を受けていなかったら、介入後の時点1においてどのようになっていただろうか？」という反事実を補完しなければならない。この反事実を補完するためには、いろいろな方法がある。

　1つ目の方法は、単純なビフォー・アフターの比較だ。処置群について、介入前の状態と介入後の状態との差をとる方法で、表18-1の「$Y_{1T}(1)-Y_{0T}(0)$」になる。これが処置群についての因果効果だというためには、「$Y_{0T}(0)=Y_{0T}(1)$」、つまり介入の前後で処置群のユニットに処置がなかった場合に変化がなかったであろう（＝処置群の介入前の結果で介入後の反事実を補完）、と言えなければならない。この前提が妥当する場合もある

だろうけれど、通常は、時点0から時点1までの間に、さまざまな事情が変化しているから、妥当しない場合が多いだろう。

2つ目の方法は、介入後の時点1において、処置群とコントロール群の比較をする方法だ。表18－1では、「$Y_{1T}(1) - Y_{0C}(1)$」になる。これが処置群についての因果効果に等しいというためには、「$Y_{0T}(1) = Y_{0C}(1)$」、すなわち、介入後の時点において、処置群とコントロール群との間で、処置を受けていなかった状態が等しい（＝コントロール群の介入後の結果で反事実を補完）、と言えなければならない。この前提が妥当するためには、処置群とコントロール群との間で、（処置がなかったとした場合に）同じ結果が成立していることが必要だ。けれども、処置群とコントロール群との間にはさまざまな性質の違いがあることが多いから、この前提はなかなか成立しないだろう。

そこで活用される3つ目の方法が、DDだ。DDは、以上の2つの方法を組み合わせる。処置群とコントロール群との比較について、さらにビフォー・アフターの比較をするのだ。表18－1では、「$(Y_{1T}(1) - Y_{0C}(1)) - (Y_{0T}(0) - Y_{0C}(0))$」になる。別の言い方をするならば、処置群についてビフォー・アフターの比較を行い、コントロール群についてもビフォー・アフターの比較をした上で、両者の比較をする、と言ってもいい。「$(Y_{1T}(1) - Y_{0T}(0)) - (Y_{0C}(1) - Y_{0C}(0))$」になるけれど、やっていることは全く同じだ。DDをグラフで表すと、図18－1のようになる。

つまり、DDにおいては、反事実$Y_{0T}(1)$を補完して「$Y_{1T}(1) - Y_{0T}(1)$」という因果効果を作り出すために、時点0と時点1との間で、処置群のユニットについても、コントロール群のユニットについても、もしも処置を受けていなかったならば同じような変化をしていたであろう（$Y_{0T}(1) - Y_{0T}(0) = Y_{0C}(1) - Y_{0C}(0)$）、という前提を置いていることになる。もちろん、この前提（処置群とコントロール群が並行トレンド〈parallel trend〉を持つ）が常に満たされるわけではないけれど、DD以外の2つの方法に比べれば現実性の高い前提と言えるだろう。それが、DDが実証分析において多用されている動機だ。

図18−1

処置群

$Y_{1T}(1)$

処置群についての因果効果

$Y_{0T}(1)$：補完された反事実

$Y_{0T}(0)$

$Y_{0C}(1)$

$Y_{0C}(0)$ コントロール群

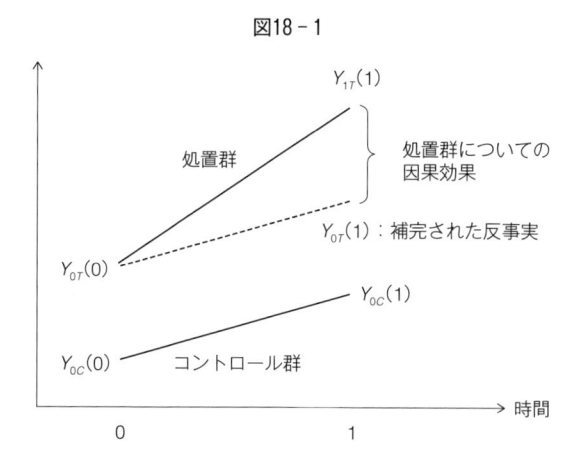

時間 0   1

1.2 DD の推定

このような DD による平均因果効果を推定するためには、以上に説明したメカニックをそのまま実行すればよい。けれども、回帰分析の手法を使ったもうちょっと簡単な方法もあり、そちらを使うのが一般的だ。次のような単純な回帰式を考えてみよう。

目的変数＝$\mu + \gamma \cdot$処置＋$\delta \cdot$時点＋$\alpha \cdot$（処置・時点）＋誤差項

処置は、0（処置なし）と1（処置あり）の2つの値をとるダミー変数、時点も、0（介入前）と1（介入後）の2つの値をとるダミー変数だ。この回帰式を使うと、α の係数が DD による平均因果効果の推定値になる（同時に標準誤差も計算できる）。どうしてそうなるのかは、表18−2で考えてみるとわかる。

処置群とコントロール群について、介入前後でそれぞれ、回帰式のうちどの項が残るかを考えてみたのが表18−2の左上の4つのセルだ。回帰式の変数である、「処置」「時点」について、0と1の組み合わせでこの4つは決まってくる。介入後の時点での処置群とコントロール群との差が左下のセル、介入前の時点での処置群とコントロール群との差が中下のセルになるから、DD（右下のセル）はこの2つの差である α になる。同様に、処置群につい

表18-2　回帰式による DD の推定

	アフター(時点1)	ビフォー(時点0)	アフター－ビフォー
処置群(処置1)	$\mu+\gamma+\delta+\alpha$	$\mu+\gamma$	$\delta+\alpha$
コントロール群(処置0)	$\mu+\delta$	μ	δ
処置群－コントロール群	$\gamma+\alpha$	γ	α

てのビフォー・アフターの差は右上のセル、コントロール群についてのビフォー・アフターの差は右中のセルになるから、DD（右下のセル）はこの2つの差である α になる。このように、処置の有無と時点との交差項の係数が、DD の推定値になるのだ（ダミー変数と交差項の解釈については第9章を参照）。

この回帰式では、処置の有無と時点しか説明変数に使っていないけれど、通常の回帰分析と同様、他の説明変数を組み入れることも、もちろん可能だ。ただし、その場合には一つ注意が必要だ。説明変数の中には、処置を受けたか否かによって影響を受けてしまうものがある。たとえば、前章で取り上げた職業訓練の例だと、週当たり労働時間は、職業訓練を受けたかどうかによって左右されるだろう。このような説明変数を使うと、DD の推定値にバイアスが発生しかねないから、注意しなければならない。

② DD の限界

以上のように、DD は、比較的簡単に計算できて応用範囲も広いので、多くの実証分析において因果効果を推定するために活用されている。しかし、DD が常に因果効果を判別できるわけではない。前述したように、DD が因果効果を判別できる前提（判別条件）は、処置群とコントロール群との間に並行トレンドがあることだ。この前提は常に満たされるわけではない。

もっとも、判別条件が満たされないことによって DD の推定値に発生するバイアスの大きさは、程度問題だ。判別条件が少々満たされなかったとしても、それによって発生したバイアスが小さければ大した問題ではない。け

れども、全然違った推定値になったり、推定値の符号が反対になったりするほどバイアスが大きい場合は、困る。だから、バイアスが大きくなりそうな場合には、DDによって因果効果が推定できるとあまり強く主張するのは控えた方がよいことになる。

ともあれ、DDを使う際にはどのような点に注意が必要か、見ていこう。

2.1 並行トレンド

DDの判別条件である並行トレンドが充足されない原因の一つとして、処置の割当が何らかの既存の結果に基づいてなされていることがある（混同的な割当メカニズム）。たとえば、発展途上国において貧困救済プログラムを実施しようとするNGOは、自らのプログラムが上手く機能しそうな村落においてのみプログラムを実施し、おそらく失敗するだろうと予想される村落ではプログラムを実施しないだろう。このような場合、プログラムが実施されなかったコントロール群と、プログラムが実施された処置群とで、プログラムが実施されなかったならば同じようなトレンドが実現しただろうと想定することは難しくなる。

並行トレンドが満たされているかどうかをチェックするためには、いくつかの方法がある。一つの方法は、過去のデータにさかのぼって並行トレンドがあるかどうかを確かめてみる方法だ。たとえば、時点0と時点1の間に処置がなされたとして、時点0以前の時点−1、−2についても、コントロール群（実線AB）と処置群（一点鎖線CDEまたは破線GDE）とについてのデータを取得する（図18-2）。

この場合、処置群の時点−1、−2におけるデータが、一点鎖線CDのようになっていれば、処置群とコントロール群との間には並行トレンドがあり、時点1における処置群の反事実はFであるとして、EFの差をDDによる因果効果の推定値として採用することは、合理的だろう。でも、もし、処置群の時点−1、−2におけるデータが、破線GDのようになっていたらどうだろうか？　この場合についてまで、時点1における処置群の反事実がFだと想定することは、ちょっと無理だろう。

図18-2

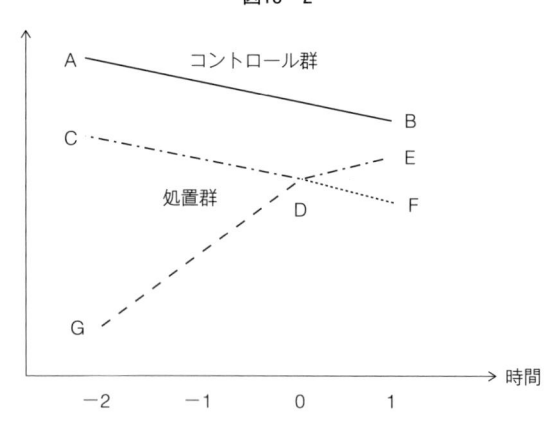

このように、過去のデータをさかのぼって、処置群とコントロール群とが同じような変動をしているかどうかを観察すれば、両者の間に並行トレンドがあるかどうかをチェックできる。したがって、DDによって因果効果が推定できると主張する場合には、過去のデータをさかのぼって、並行トレンドが観察できることを示すこと（時系列グラフを見せればよい）が望ましい。

並行トレンドが満たされているかどうかをチェックするためのもう一つの方法は、処置を受けていないコントロール群として、別の代替物をもう一つ準備することだ——これを仮に、プラセボ（placebo）コントロール群と呼ぼう。そして、最初のコントロール群と、この新しいプラセボ・コントロール群との間で、DDを行ってみる。もし、DDによって因果効果を抽出できるのであれば、コントロール群も、プラセボ・コントロール群も、等しく処置を受けていないのだから、DDによる因果効果はゼロになるはずだ。逆に言えば、コントロール群とプラセボ・コントロール群との間のDDがゼロにならなければ、元のDDによる因果効果の推定値にはバイアスが発生していると考えられる。

この考え方を推し進めるならば、プラセボ・コントロール群を使うことによって、DDのバイアスを除去できる可能性がある。すなわち、処置群とコントロール群とのDDを行い、さらに、コントロール群とプラセボ・コン

トロール群との DD を行い、この 2 つの DD の差をとる。これが、DDD（differences-in-differences-in-differences）だ。もっとも、DDD は頻繁に使われている手法ではない。なぜなら、元の DD にバイアスがあることがわかっても、DDD をすれば全てのバイアスが除去できるとは限らないからだ（また別のプラセボを使えば、違うバイアスが発見できるかもしれない）[1]。

2.2 ユニット構成の変化

DD による因果効果の推定が不正確になる状況としては、ユニット構成が変化してしまうケースもある。通常の DD では、同一のユニット（個人・企業など）についてのデータを、介入の前後で観察する、というパネルデータ（第5章参照）を扱う。ところが、そういったデータが入手できず、介入の前後で、データ収集の対象となっているユニットが違っている場合もある（繰り返しクロスセクションデータ）。

パネルデータではなく、繰り返しクロスセクションデータの場合、介入の前後で処置群・コントロール群を構成しているユニットが変化してしまうと、DD による因果効果の推定は、ユニット構成の変化による影響を含んでしまっている可能性がある[2]。また、パネルデータの場合であっても、介入の前後でユニットが変化していると（たとえばアンケートへの回答を止めた）、それが DD による推定値にバイアスを与えてしまう可能性がある。

いずれの場合も、ユニット構成の変化がランダムに発生しているのであれば、さほど問題はない（その影響はキャンセルされる）。けれども、ユニット構成の変化がランダムではなく、何らかの特徴を持って発生しているときには、DD による推定値にバイアスが発生しやすいから、注意しなければな

---

1) もう一つの理由は、DDD は DD に比べると、標準誤差が大きくなってしまい、因果効果の検出が困難になることにある。
2) たとえば、スマートフォンについての法規制の効果を DD で測定するとき、早期のスマートフォン利用者は若者が多いのに対し、時間が経過するにつれて利用者は全年齢に広がっていくだろう。だとすると、DD 推定値がこのような年齢層の変化の影響を含んでしまう可能性がある。

らない。

2.3 長期的影響を DD で測定できるか？

　DD のもう一つの限界は、DD による因果効果の推定の判別条件である並行トレンドは、短期的には妥当しやすいけれども、長期的には必ずしも妥当しない、ということによる。長期的には、さまざまな要因による複雑な影響が、処置による因果効果と同時に発生してくるから、処置による因果効果だけを抽出することが難しくなるのだ。

　この問題点を避けるためには、DD による因果効果の推定は、短期的な効果について限定し、同じ因果効果が長期的に継続するという、「大胆な」予測は控えた方が望ましいだろう。

2.4 マッチングと DD

　処置群とコントロール群とがあまりに違っていると、どのような関数形を使うか——たとえば対数をとるかとらないか——によって推定値が大きく違い得る、という問題点がある。また、並行トレンドは、処置群とコントロール群とが処置を受ける前の時点においてよく似ている方が、充足されやすい。このため、処置群とコントロール群とは、できるだけ似ている方が、DD による因果効果の推定値は信頼できる。

　そこでしばしば使われるのが、DD とマッチングを組み合わせる手法だ。マッチングを使うことによって、処置群と「よく似た」コントロール群を選び出せば、推定結果が関数形によって左右されることもあまりなくなるし、並行トレンドの仮定が満たされやすくなる。具体的には、処置を受ける前の共変量（さらにラグ付き従属変数を使う場合もある）でマッチングを行ってコントロール群を選び出す。その上で、回帰分析を行って DD 推定値を計算すればよい[3]。

③ 具体例：放射能汚染損害の推定

　それでは、DDの具体例として、森田 (2011) で取り上げた、福島第一原発事故による放射能汚染損害の算定を考えてみたい。森田 (2011) の基本的なアイデアは、住民の環境要因に対する評価は不動産価格に反映されるから、不動産価格の変化を観察すれば、放射能汚染という環境要因の変化による損害額を算定できるはずだ、というものである。このアイデアを応用するためには、放射能汚染による不動産価格の下落という因果効果を推定する必要がある。

　たとえば、福島市における放射能汚染損害による因果効果を推定したいとしよう。因果効果の推定で問題になるのは、私たちが観察できるのは、「放射能に汚染された福島市の不動産価格」だけであり、「放射能に汚染されなかった福島市の不動産価格」という反事実を観察することができない、という点だ。因果効果を推定するためには、反事実を補完する必要がある。

　反事実の補完のための一つの方法が、DDを使う方法だ。ここでは、福島市と違って放射能に汚染されていない都市をコントロール群として選び出し、放射能汚染（＝処置）前後の比較を行う。さしあたり、同じ東北地方にある盛岡市をコントロール群に採用しよう。そして、それぞれの都市について、2009年7月1日・2010年7月1日・2011年7月1日と3年連続して基準地価が公表されている住宅地を全て選び出し、それらの平均をとった上で変化率を計算したのが表18－3だ。

　すると、DDによる放射能汚染の因果効果の推定値は、$(-7.02-(-3.41))-(-6.58-(-7.08))=4.11$となり、福島市における放射能汚染による地価の下落率は4.11％と推定される。もちろん、このDDは、判別条件が充足さ

---

3) たとえば、胥 (2009) は、買収防衛策が企業評価に与える影響についてDDを行っている。しかし、買収防衛策採用企業と不採用企業とを単純に比較したのでは、「大きく違うものを比較している」と言われかねないので、プロペンシティスコア・マッチングを行った上でDDを行っている。

表18-3

	2009→2010	2010→2011
福島市	−3.41%	−7.02%
盛岡市	−7.08%	−6.58%

れるかどうかのチェックを行っていない。この推定値が因果効果を適切に示しているか否かをチェックするためには、福島市と盛岡市の過去の地価データを数年にわたってチェックし、両者が並行トレンドを持っているかどうかを検討することが望ましい。

ともあれ、DDは、放射能汚染損害の算定に有用な手法である。「放射能汚染損害がなかったならばどうなっていたか？」という反事実を、比較的簡単に構築できるからだ。たとえば、蟻川・高橋（2012）は、いわゆる風評被害による損害額の算定にもDDのアイデアが活用できることを論じている。

【参考文献】

蟻川靖浩・高橋大祐（2012）「風評被害立証における経済学的証拠の活用」『NBL』982号、84-93頁

胥鵬（2009）「買収防衛策イン・ザ・シャドー・オブ株式持合い」『商事法務』1874号、45-55頁

森田果（2011）「放射能汚染による損害賠償におけるヘドニック・アプローチ（上）」『NBL』965号、28-37頁

第19章 固定効果法（FE）
あなたとは違うんです

① FE

　前章で取り上げた DD は、複数の同一のユニットについて、複数の時点での状態を観察できるというパネルデータを使って因果効果を推定する手法だった。パネルデータが手元にあるのならば、DD を一般化した手法とも言える FE によって因果効果を推定することも可能だ。

　DD のメリットの一つは、処置群とコントロール群との間の割当が、私たちに観察不能な共変量にも基づいてなされており、単純なマッチングでは適切な反事実が補完できない場合でも、反事実を構築できることだった。DDにおいて問題となっていたように、ユニットの状態に影響を与える可能性がある要因が私たちには観察できず、データを入手できない場合は、しばしばある――というより、ほとんどの場合がそうだ。

　たとえば、失業者に対して職業訓練を与えるプログラムの効果――どれくらい収入が上がったか――を測定したいとしよう。失業者の収入に影響を与える要因には、プログラムの受講という処置の有無の他に、性別・学歴・職業・両親の学歴など、さまざまなものがある。それと同時に、非常に重要な要因だけれど、私たち観察者には入手できないものもある。それは、失業者

の能力だ。

　失業者の能力は、失業者の収入に大きな影響を与えると同時に、その学歴や職業などの共変量、さらにはプログラムの受講（処置）の有無にも大きな影響を与えるだろう。しかし、私たちは、個人の能力を直接観察することはできない[1]。この場合に、プログラムの受講の有無の他に、性別・学歴・職業・両親の学歴などを説明変数とし、収入を目的変数として単純な回帰分析（OLS：第4章）を行うと、重要な説明変数である能力が欠けているために、欠落変数バイアス（第10章）が発生し、推定値が不正確になってしまう可能性がある。

　同様の問題はたとえば、株式会社に対するある法規整が企業業績に与える影響を測定したいという場合にも生ずる。企業業績に影響を与える要因としては、当該法規整の適用の有無の他、研究開発投資・従業員数・店舗数など、さまざまな要因がある。けれども、経営者の経営手腕や企業文化といった要因も、企業業績、さらには法規整の適用の有無や研究開発投資、従業員数などに影響を与えるだろう。しかし残念ながら、これらの要因を適切に測定する手法は開発されておらず、私たちはこれらの要因を統計分析において直接使えない。にもかかわらず、企業業績を目的変数とし、経営手腕や企業文化を説明変数に取り込まずに回帰分析を行うと、やはり欠落変数バイアスが発生し、推定値が不正確になってしまう可能性がある。

　これらの場合に、失業者の能力、あるいは、企業における経営手腕・企業文化といった私たちに観察できない要因が、時間が経過しても変化しないと仮定できるのであれば、FE（fixed effects；固定効果法）と呼ばれる手法が使える。実際、これらの要因は、時間が経過してもさほど変化しそうにないから、この仮定は結構現実的なものだと言ってよさそうである。

　FEの基本的な発想は、ユニットごとのこれら観察できない要因の影響が存在していても、その要因が時間の経過によっても変化せず一定であり、か

---

[1] たとえば、IQのような形で能力を測定することはできるけれども、それは能力そのものではなく、その近似値である代理変数（proxy）であるにすぎない。

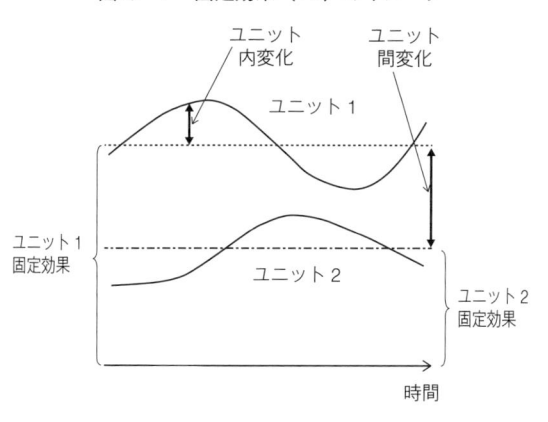

図19-1　固定効果（FE）のイメージ

（図：ユニット内変化、ユニット間変化、ユニット1、ユニット2、ユニット1固定効果、ユニット2固定効果、時間）

つ、複数の時点についてのデータを取得できるのであれば、ユニットごとの固有の特徴＝固定効果を（個別に推定して）除去してしまえ、ということにある（図19-1）。このユニットごとの特徴を除去してしまえば、残りの変化は、観察不能な要因の影響がない部分であることになり、欠落変数バイアスから解放されるのだ。

1.1　FEの推定方法

　ということは、FEによる推定値を計算するためには、ユニットごとの固定効果をモデルに入れて推定してしまえばよい。具体的には、ユニットごとにダミー変数（第9章）を設定して、それぞれのユニットの固定効果をOLSで推定する[2]。

　この際、固定効果の具体的な内容については、私たちは気にしない。というより、私たちに観察不能な要因が固定効果の中に入り込んでいるのだから、私たちは、その中身について明らかにすることはできない。けれども、FEにおいては、このような観察不能な要因の影響を除去することに意味がある

---

[2] 正確には、ユニット数より1個少ないダミー変数を使う。たとえば、1000個のユニットからなるパネルデータがある場合には、999個のダミー変数を説明変数に含めてOLSで推定すればよい。

のだから、その観察不能な要因の影響の中身について気にする必要はないのだ。

FE の推定手法はかかるダミー変数法の他に、もう一つ存在する。それは、「全てのデータからユニットごとの平均値を差し引いた（demean）上で、OLS による回帰を行う」ことである。法規整と企業業績との関係の具体例で、100個の企業がデータの中にあったとしよう。まず、企業1について、企業業績・研究開発投資・従業員数……の異なる時点間の平均値をとり、その平均値を各変数から差し引く。企業2についても、企業業績・研究開発投資・従業員数……の異なる時点間の平均値をとり、その平均値を各変数から差し引く。これを企業100まで行う。このような変換をし終わった新しいデータで、OLS による推定を行うのだ。

このようなユニット平均値除去法による計算であっても、ユニットごとのダミー変数を使った計算の場合と同様に FE 推定値が計算できることが知られている。そして、私たちは、ユニットごとの固定効果の値には興味がないのが通常であることもあって、いちいち固定効果の値を推定しないユニット平均値除去法が使われることが多い[3]。

1.2 クラスタリング

FE 推定値の計算においては、もう一つ注意すべき点がある。それは、常に標準誤差のクラスタリング（clustering）をすることが望ましい、という点だ。パネルデータではなく、1時点のみの単純なクロスセクションデータを使って回帰分析を行うときの重要な前提の一つは、そのデータに含まれている全てのユニットがバラバラに[4]選ばれていることだ。しかし、パネルデータにおいては、この前提がみたされていない。

仮にパネルデータの中の各ユニットがバラバラに選ばれていたとしても、ユニットごとに複数の時点からデータが取得されており、各ユニットの中で

---

[3] たとえば、Stata に実装されているコマンド xtreg は、ダミー変数法ではなく、ユニット平均値除去法で FE 推定値を計算する。

[4] 統計学の用語で厳密には、「独立して（independently）」と言う。

は、これら複数の時点のデータはバラバラではない。このため、同一ユニット内では、異なる時点のデータの間に何らかの相関関係が存在する可能性があるのだ。だとすると、同一ユニットに属するデータを1つのグループ（クラスター）とし、その中で相関関係があり得ることを考慮に入れて標準誤差を計算する必要がある。これがクラスタリングだ[5]。

クラスタリングは、通常のOLSにおける、通常の標準誤差と頑健な標準誤差（第11章）との関係によく似ている。クラスタリングありの標準誤差の方が、クラスタリングなしの標準誤差よりも大きくなるので、クラスタリングを施すと、統計的有意性が出にくくなってしまう。けれども、同一ユニット内に属するデータがバラバラだと想定することはちょっと非現実的だから、必ずクラスタリングは行うべきだ。逆に、正当な理由なくクラスタリングを行っていないとしたら、その分析は疑ってかかった方がよい。

1.3 FEの構造

ともあれ、ユニット平均値除去法でもFE推定値を計算できるということは、パネルデータにおけるFE推定値の興味深い構造を明らかにしてくれる。まず、パネルデータには、2種類の変化（variation）があることに着目しよう。それは、ユニット内変化（within variation）とユニット間変化（between variation）だ。

ユニット内変化とは、同一ユニット内における、異時点間のデータの値の異同のことだ。これに対し、ユニット間変化とは、同一時点における、異なるユニット間のデータの値の異同のことだ（図19-2）。

ユニット平均値除去法においては、ユニットごとに平均値を計算して差し引くので、全てのデータの値は、「それぞれのユニットの平均値からどれくらいずれているか？」という形で書き換えられている。すなわち、ユニット間の違いは無視され、ただ単に、各ユニット内の異時点間の違いだけに着目

---

[5] クラスタリングされた標準誤差は、Stataであればxtregコマンドのオプションclusterで簡単に計算できる。

図19-2　パネルデータの構造

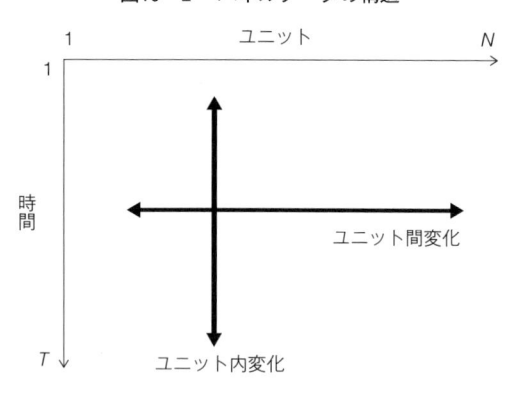

しているわけだ。

　この意味で、FE 推定値の特徴は、パネルデータにおける変化のうち、ユニット間変化を全て捨て去り、ユニット内変化だけを利用している点にある。これに対し、FE ではない単純な OLS（pooled OLS：パネルデータをまとめた OLS）は、ユニット内変化もユニット間変化も等しく利用しよう、というものだ。しかし、ユニット間変化には、私たちには観察できない要因による影響が入り込んでいる可能性があるので、これを利用することは好ましくないことが多いのである[6]。

1.4　FE の判別条件

　FE が因果効果を推定できるための判別条件（identification assumption）は、①観察不能な固定効果を除去すると説明変数と誤差項とが無相関であること、および、②時間の経過にかかわらず一定の説明変数がないこと、だ。①は、固定効果が時間の経過にかかわらず一定であるということに近い[7]。他方、前提②が必要な理由は簡単で、全く変化のない説明変数については、ユニット平均値を除去すると全て 0 になってしまい、それを説明変数とする

---

6) なお、FE は、マッチングの一種として理解できる（ただしマッチングとしてはやや不自然なマッチングなので改善の余地あり）、という興味深い指摘も最近なされている（Imai and Kim（2013））。

回帰のしようがないからだ[8]）。

　前提①が充足されないケースというのは、2つあり得る。1つは、観察不能な説明変数が、時間の経過にかかわらず一定ではなく、時間の経過とともに変化している場合だ。もう1つは、目的変数を考慮して説明変数が決まる、という内生性（endogeneity）あるいは同時決定性（simultaneity）がある場合だ。

　ここでは、「警察予算が増えると、犯罪は減るか」というモデル（目的変数が犯罪率で説明変数が警察予算、ユニットは市町村）をFEで推定するという例を考えよう。判別条件違反の1つ目の例としては、好景気という説明変数が欠落している場合が考えられる。好景気だと、地方公共団体の予算が増えるので警察予算も増えるが、同時に犯罪も減る。単純にFEで推定すると、警察予算の増加「によって」犯罪が減った、という結論に至りかねないけれども、それはおかしいだろう。この問題を解決するための一つの方法は、時間の経過とともに変化する説明変数を組み入れることだ。

　判別条件違反の2つ目の例としては、各市町村が、前年度の犯罪率を見て警察予算を決めている場合が考えられる。つまり、犯罪率が高い場合には警察予算を増額し、犯罪率が低ければ警察予算を減額するのだ。混同的な割当メカニズムが採用されている場合であるが、このような場合にもFEでの推定値にはバイアスが発生してしまう。

7）①を厳密に書くと（iはユニット、tは時点（1からTまで）、εは誤差項、Xは説明変数のベクトル、cは固定効果）、

$$E(\varepsilon_{it}|X_{it}, c_i)=0, \quad t=1, 2, ..., T$$

となる。「固定効果を条件とした、説明変数の厳格な外生性」とも呼ばれる。

8）もっとも、時間の経過にかかわらず一定である変数が一部のユニットにあってもよい。逆に言えば、全てのユニットにおいて時間の経過にかかわらず変化しない変数があってはダメである。たとえば、性別は、時間の経過にかかわらず変化がないから、説明変数に使えない（性転換があれば別だが）。

② RE

　前述したように、FE は、時間の経過にかかわらず一定の説明変数がある場合には使えない。それでもたとえば、性別が収入に及ぼす効果を測定したい、といった場合もあるだろう。そのような場合に使われるのが、RE（random effects：ランダム効果法）という推定手法だ。

　FE においては、ユニットごとの固定効果が時間の経過にもかかわらず変化しない、という前提が置かれていた。RE においては、この部分がランダムに変動する、という前提をとるのである[9]。直感的には、FE がユニット間変化を捨て、ユニット内変化だけを利用するのに対し、RE は、ユニット内変化に加えてユニット間変化（の一部）も取り込んで推定値を計算する仕組みになる。

　けれども、ユニット間変化を取り込むということは、欠落変数バイアスが再度浮上してくることを意味する。そこで、RE が因果効果を適切に推定できるための判別条件は、FE の判別条件①に加えて、時間の経過にもかかわらず変化しない観察不能な効果（FE でいう固定効果）と説明変数とが無相関であることが必要となる。

　この判別条件が充足されるのであれば、RE は、FE に比べて効率的（efficient）であり、FE よりも小さな標準誤差が得られる。この意味で、FE と RE の関係は、OLS に対する GLS の関係（第11章）によく似ている。もっとも、RE の第2の判別条件が充足されることはあまりない——パネルデータを使う動機の一つは、全ての観察不能な要因の影響を除去することにあったはず！——から、FE を使うことの方が適切な場合が多いだろう[10]。

　9）そうすると結局、RE における誤差項は、ユニットごとに特有な誤差項（c_i）と個別のデータごとに固有の誤差項（ε_{it}）の組み合わせとして表現されることになる。

③ さまざまなバリエーション

以上に見てきたように、FE は、パネルデータが入手できる場合には、非常に便利な分析手法であり、多くの実証分析において活用されている。そこで以下では、FE のいくつかのバリエーションを紹介したい。

3.1 時間の影響

前述したように、FE の判別条件①は、全てのユニットに同じように影響を与える要因があると、充足されない。たとえば、全ての企業業績に影響を与える景気の変化のような要因だ。このような場合に FE の判別条件を再生させるための有効な方法として、このような要因を、「時間の影響」という形でモデルの中に取り込んでしまうことがある。

時間の影響をモデル化するためには、さまざまな方法がある。まず、全てのユニットに同じような直線的なトレンド（毎期一定割合で増えていく・減っていく）があると考えられる場合には、時点トレンドをモデルに組み込むとよい。もし、直線的なトレンドではなく、一定時期まで増えて（減って）そこから先は減って（増えて）いくというトレンドがあると想定される場合は、時点トレンドの二乗項も追加するとよいだろう（第9章）。また、トレンドが全てのユニットに共通ではなく、ユニットごとに違うと考えられる場合には、時点トレンドとユニットダミーの交差項を使えばよい。

---

10) なお、RE を使うべきかどうかについては、Hausman 検定と呼ばれるテストがある。これは、FE の判別条件が満たされていることを前提として、RE の判別条件が追加的に満たされているかどうかをチェックするものだ。帰無仮説が棄却されなければ RE を使う方が効率的となるが、帰無仮説が棄却された場合には、RE にはバイアスが発生するから FE を使う方がよい。ただし、Hausman 検定は、FE の判別条件が満たされており、FE が「正しい」ことを前提としているから、そもそも FE が「正しくない」場合には、全く意味をなさないことに注意してほしい。この意味で、Hausman 検定に頼りすぎることは危険であり、基本的には FE の判別条件を真剣に吟味することが重要だ。

さらに、トレンドのような何らかの傾向を見いだすことはできないけれども、時点ごとに、全てのユニットに共通した影響が発生するということも考えられるだろう。たとえば、景気は良いことも悪いこともあるけれども、全てのユニットに共通して影響する。このような要因を考慮するには、時点ごとのダミーをモデルに組み込めばよい。実証分析で「年固定効果（Year FE）あり」と書かれているのは、このモデルのことだ。時点ダミーの入ったモデルは、実は、DDを一般化したものと考えることができる[11]。

3.2 時間差

次に、さまざまな政策の効果が実際に現れてくるのが、直ちにではなく、一定の時間差をもってであると想定される場合がある。たとえば、低出生率が重要な問題となっているので、何らかの子育て支援策を実施して、その効果を測定したいと考えたとしよう。この場合、子育て支援策を実施したからといって、直ちにその効果が現れて出生率が上昇するということは考えがたい。子育て支援策の実施を見て決心した両親が努力し、子供が生まれたとしても、政策の実施から効果の発現までは、1年あるいはそれ以上のタイムラグがあるのが通常だろう。このような場合には、各ユニットのその時点での説明変数だけでなく、当該ユニットの過去の時点（1期前、2期前、3期前……）の説明変数（ラグ付き説明変数）もモデルに組み込めばよい[12]。

これとは逆に、将来の予想に基づいて現在の状態が決まる場合もある。たとえば、企業の株価は、来期以降の当該企業の業績に対する市場の予測に基づいて決まってくる。このような場合には、同じユニットの将来の時点の説明変数（リード付き説明変数）をモデルに組み込んだ方がよいこともあるだ

---

11) DDの判別条件は「処置群とコントロール群に並行トレンドがある」だった。これは引きも直さず、時点が同じであれば全てのユニットに共通に働く要因があることを意味している。
12) ラグ付き説明変数モデルの場合、各ラグの係数は、説明変数の変化によってラグ経過後に生じる（一時的な）効果を意味し、各ラグの係数の合計が、説明変数の変化によって生じる長期的な効果全体を意味することになる。

ろう。

3.3　因果効果の異質性

さて、これまでのモデルはどれも、処置がユニットに与える効果は、どのユニットであっても同じである、という同質性（homogeneity）を前提としてきた。けれども、この前提は必ずしも現実的ではない。処置の効果は、ユニットごとに違っているという異質性（heterogeneity）の方が現実的な場合もある。

このような異質性を取り込みたい場合は、処置の有無のダミー変数と説明変数との間の交差項をモデルに組み込めばよい。特に、時間を経ても変わらない説明変数と処置の有無のダミー変数との交差項を組み込むことは、しばしば行われている[13]。

3.4　具体例

以上のように、FE はパネルデータにおける強力な分析手法であり、多くの実証分析において活用されている。実は、これまでに本書で紹介してきた実証分析のうち、かなりの部分は FE を使った分析である。

たとえば、第1章で取り上げた駐車禁止違反の取り締まりが駐車禁止違反件数に与える影響の分析、第2章で取り上げた離婚法制の変化が離婚率に与える影響の分析、第8章で取り上げた議員定数が政府支出に与える影響の分析、第9章で取り上げた女性取締役強制が企業業績に与える影響の分析[14]、第15章で取り上げた社外取締役が企業業績に与える影響の分析（Tobit の部分）はみな、FE を使った分析だ。

---

[13] 時間を経ても変わらない説明変数であっても、処置の有無のダミー変数との交差項であれば、処置前は全て0、処置後は0以外の値、という形になるので、FE の判別条件②に違反しないことに注意。

[14] 本書で紹介した部分はクロスセクションデータに基づく OLS だが、元の論文では FE を使った分析もなされている。

3.5 TSCSデータ

なお、パネルデータによく似ているデータに、TSCS（time series cross section；時系列クロスセクション）データと呼ばれるものもある。パネルデータを使ったFEやREの推定においては、ユニット数Nが大きくなることによって大数の法則（第3章）が成立することが活用されている。職業訓練プログラムの効果や企業に対する法規整の効果を測定しようとする場合には、この想定は現実的だ。

けれども、必ずしもこの想定が現実的ではない場合もある。たとえば、米国の最高裁裁判官の判決内容の推移を調べたいとしよう。最高裁裁判官は9人しかおらず、たった9個のユニットについて大数の法則を当てはめるのは無理がある。そこで、ユニット数Nについて大数の法則を適用する代わりに、時点数Tを増やしてこちらに大数の法則を適用しよう、というのがTSCSデータの発想だ。パネルデータが、クロスセクションデータを複数時点束ねたものであるのに対し、TSCSデータは、時系列データを複数本束ねたものだと言える。

TSCSデータは、計量経済学ではなく、入手できるデータに制約の多い政治学で発達してきた。筆者はどちらかというと計量経済学に近い人間なので、時点数Tで大数の法則を使う（といってもせいぜい50年程度が限界なことが多い）TSCSデータには、気持ち悪さを感じてしまう[15]。なお、TSCSデータにおいてパネルデータ同様のFE・REの推定を行うとバイアスが発生することが知られているので、TSCSデータを分析する際には、そのバイアスを修正する手続を踏むことが必要となる[16]。

【参考文献】

Imai, Kosuke and In Song Kim (2013) "On the Use of Linear Fixed Effects Regression Estimators for Causal Inference," *Working Paper*.

---

15) 政治学研究者の皆さん、ごめんなさい。
16) Stataには、TSCSデータ特有のバイアスを修正するためのオプションが実装されている。

第 20 章 操作変数法（IV）
俺を踏み台にした!?

　前章まで、因果効果を推定するための手法として、階層化・マッチング・DD・FE を見てきた。しかし、これらはいずれも、処置を割り当てるかどうかのメカニズムが混同的でない（unconfounded）、すなわち、処置を受けるか否かの意思決定が、処置を受けることによってどのような結果がもたらされるかを考慮せずになされている（内生性〈endogeneity〉がない）、ということを前提としていた。

　そうは言っても、現実には、混同的な割当メカニズムはしばしば見かけられる。たとえば、失業者向けの職業訓練プログラムを受講するかどうかは、そのプログラムの受講によって自分の能力（あるいは労働市場での価値）がどうなるかの予測に基づいて決まるはずだ。また、社外取締役を採用するかどうかは、社外取締役の採用によって自社の業績（あるいは株価？）がどう変わるかの予想に基づいて決まるはずだ。

　このように混同的な割当メカニズムがある場合には、階層化・マッチング・DD・FE といった手法では、因果効果を判別することが必ずしもできず、バイアスが発生しかねない。その場合に因果効果を判別するために使われる手法が、操作変数（instrumental variable；IV）という手法だ。

　IV のアイデア自体は、1930年頃（諸説あり）に発明された[1]。経済学入門で、市場では需要と供給の一致するところで価格と数量が決まる、という

ことを習ったことを覚えている人もいるだろう。供給者は、どれくらいの価格であればどれくらいの量を供給するかを考え、需要者は、どれくらいの価格であればどれくらいの量を買うかを考える。ということは、私たちが目にする、価格・数量の組み合わせは、供給者の意思決定と需要者の意思決定との2つの相互作用の結果として観察されるものだ。このように相互依存関係のある状況で、複数の意思決定（関数）を同時に判別しようとする問題状況を、同時方程式（simultaneous equation）と呼ぶ（連立方程式のこと）。この同時方程式を解く手法として、IV が発明されたのである。

IV のアイデア自体は広く受け入れられて、標準的な計量経済学の教科書の同時方程式の項目に必ず説明が載るようになった。しかし、IV があらためて脚光を浴びるようになったのは、ここ20年ちょっとのことだ。Angrist (1990) が、IV を使うことによって内生性を克服して因果効果を推定できる、ということを鮮やかに示して見せてからのことである。そこで、Angrist の論文を例に IV を説明していこう。

① 具体例：従軍経験が平均賃金に与える影響

Angrist (1990) は、従軍経験が平均賃金に与える影響を測定しようとした論文だ。この分析の問題意識は、米国において退役軍人に対してさまざまな社会保障が与えられてきているけれども、退役軍人は、本当にそのような社会保障が必要なほど、従軍経験があることによってその後の人生に悪影響が発生しているのだろうか、という点にある。

よく言われているように「食いっぱぐれが軍隊に行く」のであれば、従軍する人は、軍隊以外では十分な稼ぎを得られないから、それよりも稼ぎのよい軍隊に行っているのだ、と考えられる。つまり、従軍するかどうかという意思決定が、従軍することによって得られる賃金と従軍しないことによって得られる賃金とを比較しつつなされているわけで、混同的な割当メカニズム

---

1) IV の歴史については、Stock and Trebbi (2003) を参照。

だ。だとすると、従軍経験のある人と従軍経験のない人の平均賃金を単純に比較して、前者が後者よりも低いという結果が導かれたとしても、それは、元々そのような人が従軍しただけの話であって、従軍経験自体によってもたらされた因果効果だと結論づけることはできない。

そこでAngristが目を付けたのは、ベトナム戦争の際に米国で一時的に行われていた、くじによる徴兵制だ。この徴兵制では、1から366まで番号を付けたくじを壺に入れる。そこからくじを引いて書いてあった数字の日（たとえば258なら9月14日）が誕生日の者を、第1段階の当選者とする。これを繰り返して、予定人数に達するまでくじを引き続ける。1970年の初回のくじでは、195個の誕生日が「当選」した。

もっとも、このくじに当選しただけでは徴兵されるとは限らない。その後、身体検査などをパスして初めて徴兵される。他方で、このくじに当選しなくとも、自発的に志願して従軍するのは自由だ。けれども、このくじに当選したか落選したかで、従軍するかどうかの確率が大きく異なることは確かだ。当選者の方が落選者よりも従軍確率は高くなるだろう。そして重要なのは、この従軍確率の違いは、対象者の意思によって生じたものではなく、くじというランダムな割当によって発生したものだという点だ。

とすれば、くじの当選者の平均賃金と落選者の平均賃金を比較すれば、従軍経験という処置が、混同的な割当メカニズムではなく、ランダムな割当メカニズムによって割り当てられたことになり、因果効果を推定できるはずである。実際には、当選者の従軍確率は100％ではなく、落選者の従軍確率も0％ではないので、両者の確率の差で平均賃金の差を割れば、従軍経験による因果効果を推定できることになる。

こうしてAngristは、従軍経験によって平均賃金が15％減少することを示した。このあまりに鮮やかな因果効果の推定に、多くの人が「IVってSUGEEEEEE！」としびれた。これを契機にIVが内生性克服のためのツールとして脚光を浴び、IVの利用が一気に拡大したのである。

② IVのメカニックその1：2SLS

　Angrist（1990）では、くじの当選の有無がIVになっている。IVの定義は、「それ自体直接的には、目的変数に影響を与えないけれども、内生的な説明変数（共変量）に対する影響を通してのみ、間接的に目的変数に影響を与えている変数」だ[2]。ちょっとわかりにくい定義なので、確認してみよう。

　ここでの内生的な説明変数（共変量）は、従軍経験の有無だ。前述したように、従軍するかどうかは、従軍経験がもたらす結果を各人が予測して意思決定しているから、混同的な割当メカニズムが働いている。これに対し、くじの当選の有無は、直接的には平均賃金（目的変数）に影響を与えない。くじの当選の有無が平均賃金に影響を与えるとしたら、くじの当選の有無が従軍経験の有無（確率）に影響を与え、その従軍経験の有無が平均賃金に影響を与える、という間接的な形でしかない。したがって、くじの当選の有無は、従軍経験の有無のためのIVとして利用できる。

　では、なぜ、IVを使うと因果効果を判別できるのだろうか。ここでは、最初にIVで内生的な説明変数を回帰し、続いてその推定結果で目的変数を回帰するという、二段階最小二乗法（two-stage least squares；2SLS）[3]とよばれるメカニック——IVを「踏み台」にして因果効果を判別する——を説明しよう。

　今、内生的な説明変数の変化が、図20-1の全体(a)(b)(c)から成っているとする。この変化は、目的変数を考慮してなされている内生的な部分(a)と、目的変数とは無関係に生じている外生的な部分(b)(c)とに分解できる。

2）なお、Angrist（1990）のIVは、当選・落選の2つの値しかとらないダミー変数だったけれども、連続変数であってもIVとして使うことができる。

3）2SLSは、IVを「踏み台」にする推定手法だけれども、それに少し似た推定手法として、SUR（見かけ上無関係な回帰；seemingly unrelated regression）というものもある。SURは、2本の方程式を別々に推定するけれども、ただし、両者の誤差項の間に相関関係がある可能性を取り込んだものだ（第27章参照）。

図20 - 1

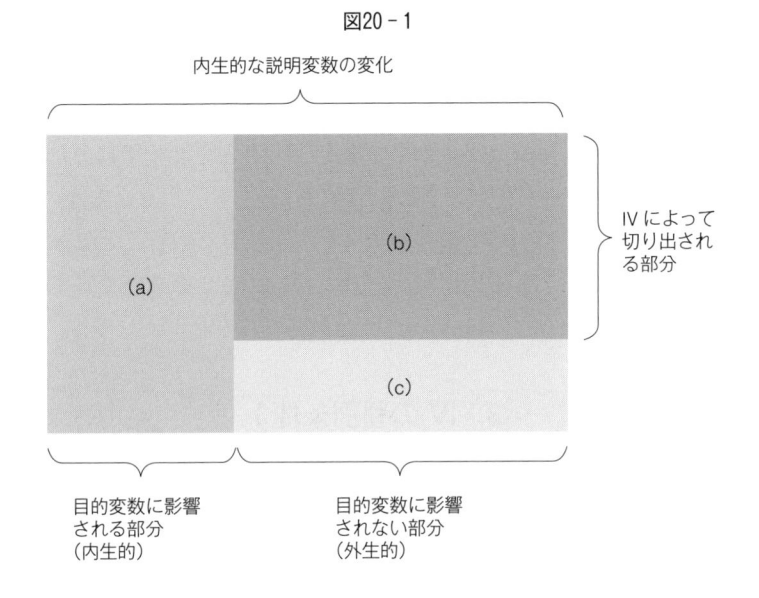

内生的な説明変数の変化

(a)　(b)　(c)

IVによって切り出される部分

目的変数に影響される部分（内生的）　目的変数に影響されない部分（外生的）

そこでまず、IV を説明変数とし、内生的な説明変数を目的変数として、1段階目の回帰分析（OLS）を行う（first stage：従軍確率（従軍の有無）を目的変数、くじの当選落選を説明変数として回帰）。回帰分析を行うと、内生的な説明変数の変化のうち、IV に相関している部分だけが取り出され、それ以外は IV によって説明されない誤差項となる（第4章・第6章参照）。IV は、目的変数と直接関連していない変数だから、IV によって説明される部分は、外生的な部分(b)(c)の一部である(b)だけとなり、残りの(a)(c)は IV によって説明されない部分として残されることになる。

続いて、2段階目の回帰分析（OLS）を行う（second stage）。ここで使う説明変数は、元々の内生的な説明変数の代わりに、1段階目の回帰分析によって推定された、元々の内生的な説明変数の推定値だ（1段階目で推定された従軍確率を説明変数、平均賃金を目的変数として回帰）。内生的な説明変数を説明変数にそのまま使ってしまうと、(a)(b)(c)全ての変化を使うことになり、内生的な部分の影響を受けてしまう。その代わりに、1段階目の回帰分析の推定値を使えば、IV によって切り出された(b)の部分だけが使わ

れるから（(a)(c)はモデルによって説明されない部分なので、推定値を構成しない)、目的変数の影響を受けていない外生的な部分だけのもたらす影響を測定できることになる。

このように、IVを使った因果効果の推定は、OLSを2段階に分けて行ったものとして解釈できるので、2SLSと呼ばれる。もっとも、実際のIVによる計算はOLSを2回行うわけではなく[4]、OLSを2回行うと標準誤差が正しく計算されない。けれども[5]、推定値自体はOLSを2回やっても同じ計算結果が得られるから、興味のある人は試してみるとよいだろう。

③ IVの判別条件1

このように、IVは、混同的な割当メカニズムを克服できる非常に強力な因果効果の推定手法だけれども、他の推定手法と同様に、IVが因果効果を判別できるためには、2つの前提条件が必要である。

第1の判別条件は、「IVは目的変数に直接影響しない（除外制約；exclusion restriction)」、あるいは、「IVと誤差項が相関していない（外生性)」という条件だ。IVが、内生的な説明変数経由以外の経路で目的変数に影響を与えないなら、内生的な説明変数をモデルに入れてしまえば、IVをもはやモデルに入れる必要がなく除外できるので、「除外制約」という名前がつけられている。また、IVが目的変数に影響を与えるのは、あくまで内生的な説明変数を通じた間接的な経路だけであって、それ以外の経路がない、という意味で「唯一経路（only through）条件」とも呼ばれる。こちらがもっとも直感的にわかりやすいと思われるので、以下では唯一経路条件を使おう。

では、唯一経路条件が満たされていない場合に何が起きるのかを示したのが、図20-2だ。この場合、IVが、内生的な説明変数を経由せずに直接目

---

4) RではAERパッケージにivregコマンド、Stataでもivregコマンドが実装されているので、簡単に計算できる。

5) 直感的には、1段階目の推定値には推定誤差が含まれているにもかかわらず、2段階目の推定でそれが考慮されていないことによる。

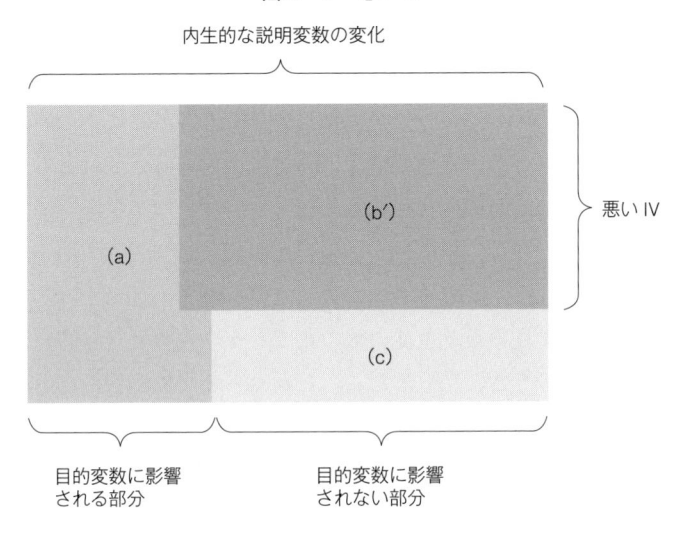

図20 - 2　悪い IV

内生的な説明変数の変化：(a) + (b')
悪い IV：(b') + (c)
目的変数に影響される部分：(a)
目的変数に影響されない部分：(b') + (c)

的変数と相関する部分があることになる。すると、内生的な説明変数を IV で回帰分析した場合に IV によって説明される変化(b')は、内生的な説明変数の変化のうち、外生的な部分だけでなく内生的な部分をも含んだものになってしまう。したがって、1段階目の推定値を説明変数として目的変数を回帰すると、再び内生性の問題によるバイアスが発生することになる。これが、悪い（wrong）または無効な（invalid）IV と呼ばれるケースだ。

唯一経路条件の難しさは、それが成立しているかどうかを検定する手法が存在しないことだ。このため、唯一経路条件の成否は、分析者が言葉で説明して読者を説得するしかない。Angrist（1990）の例であれば、くじはランダムに当選者を割り当てているから、くじ自体が直接平均賃金に影響を与えることは考えがたく、唯一経路条件が成立することに異論は生じないだろう。この他にも、自然災害の発生や新たな法律の制定など、目的変数とは無関係に何らかのイベントが発生した場合（外生的ショック〈exogenous shock〉と呼ばれる）は、有効な IV となりやすい[6]。外生的ショックは、観察データにおいて RCT の代わりにランダム化（サイコロを振ること）を実現する

229

役割を果たすため、自然実験（natural experimient）とも呼ばれる。

けれども、世の中そんなきれいな IV ばかりではない。たとえば、国別比較分析（cross-country analysis）で最近しばしば見かける怪しげな IV には、「どの語族に属するか」とか「その言語に女性代名詞がどれくらいあるか」なんてものもある。このような変数は、一見外生的そうだけれども、よくよく考えると他の社会的要因の代理変数になっていて、本当に唯一経路条件が成立しているのかどうか、結構怪しい場合が多い。

他の有名な例では、「川の本数」なんて IV もある。Hoxby（2000）は、学校選択の自由（学校の数と生徒の数の比率）が学校の質（目的変数）に及ぼす影響を測定しようとした分析だが、どれくらい学校選択の自由があるかどうかは、学校の質によっても決まってくる。ある学区の学校の質が高ければ、それだけ多くの家庭がその学区に引っ越してくるので、その学区における学校選択の自由は低下するからだ。このように、学校選択の自由は、内生的な説明変数である。

米国ではかつて、学区を決める際に登校時間を基礎にしていたので、川の本数が多いと直線的に学校に向かうことができず、橋を渡らなければいけないから、学区が細分化され、多くなる傾向がある。とすれば、学校選択の自由の程度という内生的な説明変数のために、川の本数を IV として使えば、この内生的な説明変数の変化のうち、学校の質という目的変数に連動する部分を除外でき、学校選択の自由がもたらす因果効果を推定できるはずだ、というのが Hoxby のアイデアだった。

この論文が発表された当初は「なるほど、その発想はなかったわ」と感心する向きが多かったけれども、次第に、本当にこれは適切な IV なのか？という疑問が投げかけられるようになった。実際、Rothstein（2005）は、川の本数の数え方を変えると、全く異なる結論が出ることを明らかにしている[7]。

6）たとえば、東日本大震災に伴う福島原発事故による放射能汚染は、典型的な外生的ショックだ。データ分析を生業にする者であれば、不謹慎とは知りつつも、このような外生的ショックに心躍るのを止められないだろう。

④ IVの判別条件2

　IVが因果効果を判別できるための条件その2は、「IVが内生的な説明変数に影響を与えていること（関連性；relevance）」だ。関連性条件は、成立するかしないかの二択の条件ではなくて、程度問題である。IVが内生的な説明変数に強い影響を与えていればいるほど「強い（strong）IV」で望ましく、IVが内生的な説明変数にあまり影響を与えていない場合は「弱い（weak）IV」として望ましくない。

　図20-1で説明したように、IVによる因果効果の推定で使われるのは、内生的な説明変数の変化全体(a)(b)(c)のうち、IVによって切り出された(b)の部分だけだ。ということは、IVを使った推定は、内生的な説明変数を使った推定に比べると、変化のごく一部しか使っていないから、その推定結果は誤差が大きく不安定なものになってしまう。IVが使う(b)の部分の割合が大きく、(b)(c)をあわせた部分全体をカバーするくらいIVの影響力が高ければ、それは強いIVとなって精度の高い推定ができるけれども、(b)の部分の割合がごく小さな場合は、弱いIVになって推定の精度が低くなる（図20-3の(b″)）。

　成否を検定できない唯一経路条件と違って、関連性条件は簡単にチェックできる。それは、1段階目の回帰分析の結果を見ることだ。1段階目の回帰分析において、そこでの目的変数である内生的な説明変数が、操作変数によってどれほど説明されているかをチェックすればいいのだ。OLSの場合であれば、決定係数 R^2 を見てもいいけれど、一般的に行われているのは、操作変数[8]が統計的に有意でないかどうか（帰無仮説は0）の仮説検定だ。複数の変数が使われている場合には、F 検定（第8章）で10を超える値[9]、変

---

[7] Hoxbyによる再反論としてHoxby（2005）がある……けれど、英語ってここまで口汚く罵れるんだなぁ、と（変な意味で）感心するペーパーだ。

[8] 正確には、1段階目の回帰分析には含まれているけれども、2段階目の回帰分析では除外されている変数全てについて行う。

図20-3 弱いIV

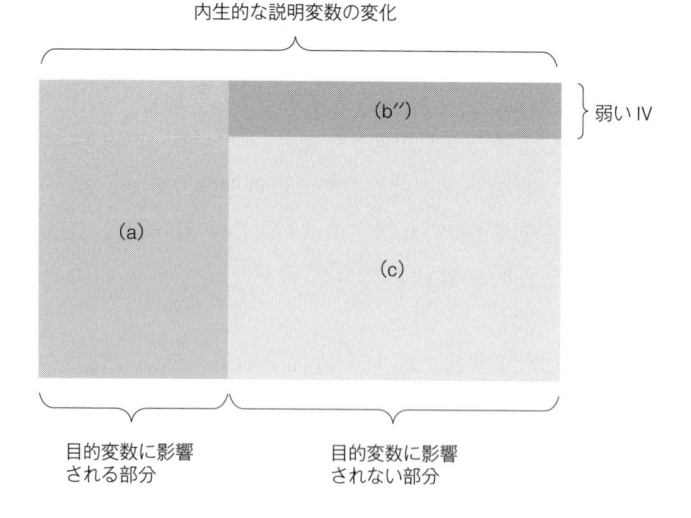

内生的な説明変数の変化

(b″)
弱いIV
(a)
(c)

目的変数に影響される部分　目的変数に影響されない部分

数が1つの場合はt値で3.2を超える値（p値で0.0016未満）になっているかどうかが、1つの目安だ。

　ともかく、IVの強弱を判断するためには、1段階目の推定結果を見ることが必須なので、IVによる分析を行う場合には、必ず、1段階目の推定結果（とF値）を報告しなければいけない。また、分析を読む側でも、単に2段階目の最終的な分析結果を見るだけでなく、1段階目の推定結果をチェックする習慣をつけることが必要だ。

⑤ IVの光と影

　以上見てきたように、IVは、内生性がある場合に因果効果を推定するための非常に強力な手法だ。『ヤバイ経済学』で有名なLevittは、IVを見つ

---

9) 最近は、10よりもっと大きい値でないとダメだ、という研究も発表されるなどしてきていて、IV利用のハードルがだんだん高くなりつつある。

け出してくるセンスに優れていて、彼の書いた論文は、素敵な IV にあふれている[10]。たとえば、前章で取り上げた「警察予算が増えると、犯罪は減るか」というモデルで、市町村が前年度の犯罪率を見て警察予算を決めているという内生性の問題について、Levitt (1997) は、地方自治体選挙を IV にして分析を行っている（選挙の前には、犯罪を減らして再選率を上げるために、警察予算が増える傾向があるけれども、選挙が直接犯罪率に影響するわけではない）。

その一方で、IV は、元の説明変数の変化のうちのごく一部を使うにすぎないから、どの IV を使うかによって、元の説明変数の変化のうちのどの部分が切り出されるかも変わり、それによって、最終的な推定結果も変わり得る。

このため、IV を「悪用」しようと考える者からすれば、自らにとって都合のよい結論が導かれるような IV を上手く探し出してきて、分析を行おうとする誘引に駆られる。このような結論の操作が行われてしまう危険性を完全に除去することは難しいけれども、前述した2つの判別条件に注意しながら読めば、騙される危険性を最小限にすることができるだろう。

---

10) もっとも、Levitt は IV 一辺倒の人では必ずしもなくて、構造推定（次章で説明する）もたまに行っている。有名なものだと、サッカーの PK で、キッカーが「右に蹴る・真ん中に蹴る・左に蹴る」の三択の戦略を持ち、ゴールキーパーが「右に飛ぶ・真ん中で待つ・左に飛ぶ」の三択の戦略を持っている場合に、両者の行動がゲーム理論の予測する混合戦略に整合していることを示した Chiappori et al. (2002) がある。

【参考文献】

Angrist, Joshua D. (1990) "Lifetime Earnings and the Vietnam Era Draft Lottery: Evidence from Social Security Administrative Records," *The American Economic Review*, 80, pp.313-336.

Chiappori, P.-A., S. Levitt and T. Groseclose (2002) "Testing Mixed-Strategy Equilibria When Players Are Heterogeneous: The Case of Penalty Kicks in Soccer," *The American Economic Review*, 92, pp.1138-1151.

Hoxby, Caroline M. (2000) "Does Competition Among Public Schools Benefit Students and Taxpayers?" *The American Economic Review*, 90, pp.1209-1238.

—— (2005) "Competition among Public Schools: A Reply to Rothstein (2004)," *NBER Working Paper*.

Levitt, Steven D. (1997) "Using Electoral Cycles in Police Hiring to Estimate the Effect of Police on Crime," *The American Economic Review*, 86, pp.270-290.

Rothstein, Jesse (2005) "Does Competition among Public Schools Benefit Students and Taxpayers? A Comment on Hoxby (2000)," *NBER Working Paper*.

Stock, James H. and Francesco Trebbi (2003) "Who Invented Instrumental Variable Regression?" *Journal of Economic Perspectives*, 17, pp.177-194.

第21章 LATEと構造推定

なんでもは知らないわよ、知ってることだけ

　前章で登場したIV（操作変数）を探す際の鍵は、「自分が問題にしている共変量（処置）に関して、ランダムに割り当てられていると言えそうな変数は何か？」だ。仮に個人個人が自分で考えながら割当メカニズムを決めているとしても、その意思決定の過程におけるランダムな要因（自然実験・外生的ショック）を取り出すことができれば、IVとして使える可能性がある。

　ベトナム戦争時の徴兵におけるくじ（前章の例）は、まさにそんなランダムな割当だ。他にもたとえば、夫婦が3人目の子供をほしがるかどうか（処置）は、最初の2人の子供の性別によって決まる、というのもIVとして使うことができる（Angrist and Evans (1998)）。つまり、最初の2人がともに女の子だったり男の子だったりすれば、その夫婦は「がんばってもう1人子供を作ろう」と考える蓋然性が高い。他方で、最初の2人の子供の性別が違っていれば、その夫婦は「これ以上子供はいらないや」と考える蓋然性が高い。そして、最初の2人の子供の性別が同じか違うかはランダムだから、この性別の異同を、子供の数（3人目の子供をほしがるかどうか）のIVとして使うことができる。こうすれば、たとえば子供の数が女性の労働参加にもたらす因果効果（子供の数という処置の割当は、労働参加した場合にどのような結果がもたらされるかを予測しつつ決定される、混同的な割当メカニズムだ）を測定できるだろう。

① IVのメカニックその2：LATE

　前章で見た、IVのメカニックを2SLSとして理解する説明は、長らく計量経済学の教科書で使われてきた。しかし、これは今となってはもはや古典的な説明方法だ。ここ15年くらいの間に急速に普及し、すでにスタンダードとなったIVのメカニックの説明方法は、LATE（local average treatment effect；局所的平均処置効果）という理解である[1]。

　LATEという理解が広まった動機は、処置が対象に与える効果は必ずしも一定ではないはずだという、ある意味当たり前の理解による。たとえば、従軍経験が平均賃金に与える影響は個人ごとに違っているはずであるし、警察予算が犯罪数に与える影響も自治体ごとに違っているはずだ。ところが、何も考えずにIVで因果効果を推定すると、その推定値は一見、母集団全体の平均因果効果を推定しているかのようにも見える。マッチング（第17章）の場合であれば、処置群における因果効果とコントロール群における因果効果とは違い得るのに比べ、IVを使った途端、そんな区別なく、母集団全体の因果効果を推定できるなんて夢のような話があるはずがない。

　そうすると、IVによる因果効果の推定の場合にも、母集団のうち、どの部分（subpopulation）について因果効果を推定しているのかを問い詰めてみることが望ましい。つまり、IVは、母集団全体（global）についての因果効果ではなく、その一部という局所的な（local）因果効果の推定のためのツールである、ということを正面から考えてみよう、というわけだ。

　そこで、最初の2人の子供の性別の異同をIV（Z）、3人目の子供を持つかどうかを処置＝内生的な共変量（W）とする具体例で考えてみよう。さて、現実の夫婦（i）には、3人目の子供がいる場合（$W_i=1$）といない場合

---

[1] LATEという略語は語呂がいいので、さまざまな論文のタイトルで活用されている。たとえば "Better LATE than Nothing" とか、"All You Need is LATE" とか。本書の各章のサブタイトルもそういった境地に達しようと努力したのだけれども、なかなか難しい。

表21 - 1　IVと処置との関係

		子供の性別が違う	
		3人目なし	3人目あり
子供の 性別が同じ	3人目なし	頑固（なし）	ひねくれ者
	3人目あり	素直	頑固（あり）

（$W_i=0$）とを想定できる。この夫婦についてはさらに、IV の値によって区分できる。最初の 2 人の子供の性別が同じ場合（$Z_i=1$）と、違う場合（$Z_i=0$）とがあり、それぞれの場合に、この夫婦が 3 人目の子供についてどのような行動をとるか、を考えることができる。すなわち、2 人の子供の性別が同じ場合の 3 人目の子供の有無（$W_i(1)$）と性別が違う場合の 3 人目の子供の有無（$W_i(0)$）とを想定するのである。

そうすると、夫婦の意思決定（行動）については、最初の 2 人の子供の性別が同じか違うかという IV の違いと、それぞれの場合に 3 人目の子供を産むか生まないかという処置の違いとで、4 通りの可能性が考えられる（表21 - 1）。もちろん、ある夫婦にとって、最初の 2 人の子供の性別が同じか違うかは、どちらか片方しか実際には起こり得ないから、起こらなかった方は反事実だ。

まず、左下のセルは、「素直な人（complier）」だ。つまり、もしも最初の 2 人の子供の性別が同じなら、3 人目の子供を産むが、もし性別が違っていたら 3 人目の子供を産まない（$W_i(1)=1; W_i(0)=0$）。子供の性別の異同という IV に、素直に反応して処置の有無を決める人だといえる。これに対し、右上のセルは、「ひねくれ者（defier）」だ。このタイプは、子供の性別が同じ場合には 3 人目の子供を産まず、性別が違う場合に子供を産むという意思決定をする人であり（$W_i(1)=0; W_i(0)=1$）、ちょっと変わり者だということになる。

他方、左上のセルと右下のセルは、どちらも、IV によっては自分の行動を変えようとしないという意味で、頑固者だ。右下のセルは、子供の性別が同じであろうと違っていようと 3 人目の子供を産む（$W_i(1)=W_i(0)=1$）、

表21-2 現実に観察できる区分

3人目		子供の性別	
		違う	同じ
	なし	素直or頑固(なし)	頑固(なし)orひねくれ
	あり	頑固(あり)orひねくれ	素直or頑固(あり)

「常に処置を受ける人（always-taker）」であり、左上のセルは、子供の性別が同じであろうと違っていようと3人目の子供を産まない（$W_i(1)=W_i(0)=0$）、「常に処置を受けない人（never-taker）」だ。

もっとも、この4区分は、あくまで想定上のものであり、現実の夫婦がこの4つのタイプのどこに入るのかを確定できるわけではない。私たちは、最初の2人の子供の性別が同じだった場合と違っていた場合という現実＋反事実の両方と、それに応じた夫婦の意思決定（つまり、$W_i(1)$と$W_i(0)$の組み合わせ）を観察できるわけではなく、子供の性別の異同と3人目の子供の有無（つまり、Z_iとW_iの組み合わせ）しか観察できないからだ。ただし、私たちは、現実の夫婦が4つのタイプのうち、どれに属するかについて、ある程度の絞り込みをかけることができる（表21-2）。

では、IVによって因果効果を推定できるのは、この表21-1のうち、どのタイプの人たちだろうか。2つの頑固者タイプは、IVによっても行動を変えようとしない人たち、つまり変化のない人たちなので、このタイプについては因果効果を推定することはできない。因果効果を推定できる可能性があるとすれば、IVによって行動を変える、素直な人とひねくれ者タイプのところだけだ。ところが、素直な人とひねくれ者とは、IVによる影響の方向が正反対なので、両者の因果効果が混ざって分離できない。そこで、IVによる因果効果の推定には、前章で見た2つの判別条件（唯一経路条件と関連性条件）に加え、第3の判別条件として、単調性（monotonicity）が必要となる。

単調性とは、IVが与える影響の方向性が全てのユニットについて同じである、という条件だ。たとえば、最初の2人の子供の性別が同じであると

（$Z_i=1$）、性別が違う場合（$Z_i=0$）に比べて、3人目の子供を持つ確率が高まるか、少なくとも減らない（$P\{W_i(1)\} \geq P\{W_i(0)\}$）、ということである。これは、素直な人タイプの他に、2つの頑固者タイプがいてもいいけれど、ひねくれ者タイプは存在しない、という条件（no-defiers）だと読み替えることもできる。この単調性条件が常に成り立つとは限らないけれども、たいていの場合には合理的な仮定だと言えるだろう。

　単調性条件が満たされていれば、ひねくれ者がいないことになるから、IVによって因果効果が推定されるのは、素直な人タイプになる[2]。つまり、IVは、母集団全体についての因果効果を推定するものではなく、その一部である素直な人（complier）だけを取り出し、その部分集団に関する局所的な平均因果効果＝LATEを推定する手法なのだ。別の言い方をすると、IVは、母集団全体ではなく、素直な人という一部についてマッチングを行う、マッチング推定手法の一種だと理解することもできる。そして、それ以外の部分集団については、処置の因果効果はわからない。

　なお、ここまでは、IVが最初の2人の子供の性別の異同という0/1の二値変数である場合を考えてきたけれど、以上の説明は、IVが連続変数である場合にも基本的に当てはまる。その場合、単調性条件は、IVの変化によって処置を受ける可能性が全てのユニットについて同じ方向へ働く（ひねくれ者がいない）、ということで同じだ。問題は、素直な人と頑固者とをどう区別するかだけれど、これは、「IVの変化に対する反応の度合い」を見ることになる。

　IVの変化に対して大きく反応する者ほど素直な人タイプに近く、小さくしか変化しない者ほど頑固者タイプに近い。そしてIVは、素直な人タイプに近い（＝IVに反応しやすい）者について、頑固者タイプに近い（＝IVに反応しにくい）者に比べてより多くの重みを付ける形で、加重平均を計算する。したがって、IVが連続変数である場合であっても、IVによる推定値

---

[2] 表21-2で考えるならば、ひねくれ者がいないので、右上のセルと左下のセルがともに頑固者だけで構成されることになり、右下のセルと左上のセルとの比較から、素直な人の割合を回復することができる。

は、IV に反応しやすい者についての局所的な平均因果効果＝LATE、あるいは、マッチング推定値だ、と理解できる。

② LATE と構造推定の仁義なき戦い

2.1 構造推定

　IV 推定値に対する LATE という呼び名は、蔑称のニュアンスも実は含んでいる。すなわち、IV でわかるのは、母集団全体の平均因果効果（ATE）ではなく、その一部の LATE だけじゃないか、というのだ。この批判は、IV だけではなく、本書でこれまでに取り上げてきたマッチングや DD などにも当てはまる。これらの手法はいずれも、RCT のような実験に近い状態を実現することで因果効果を推定することを目指すものなので、これらの手法を好んで使う人たちは、実験派（experimentalist）とか自然実験派（natural experimentalist）とか呼ばれる。

　これに対し、こういった自然実験派を批判する人たちは、構造推定（structural estimation）という推定手法を活用するので、構造推定派（structuralist）と呼ばれる。構造推定派は、IV のような自然実験は、確かに母集団の一部についての因果効果を推定できるけれども、その推定結果を母集団の全体へと拡張することは難しく、限られた意義しか持たない、と批判する。これに対し、構造推定を使えば、母集団全体がどのように影響を受けるかを予測できるから、構造推定の方が有用だ、というのである。

　では、その構造推定とは、どのような推定手法なのだろうか。構造推定は、その名の通り、社会（あるいは人間行動）の「構造」について、（一般的には）経済学に基づいた数理モデルを想定し、現実のデータがそのモデルの通りに振る舞っていると見なして、当該構造モデルのさまざまなパラメータを推定していく手法である。データを使って構造モデルのパラメータが推定できれば、あとは、さまざまな事例を考えてそれを推定されたモデルに当てはめさえすれば、その事例の下でどのような結果が発生するかを簡単に予測することができる。つまり、LATE が、素直な人という母集団の一部につい

てしか因果効果を推定できない、というのに対し、構造推定は、母集団の全体について、どこで何か起きるかを推定できる、というのである。

　もっとも、この構造推定と自然実験との対比は、相対的なものだ。第2章で見たように、非常に単純な回帰分析ですら、線形性など何らかの仮定に基づいており、仮定に基づかない実証分析というものは存在しない。また、自然実験の手法に、構造推定の手法を組み合わせる手法もたくさん存在する。

2.2　仁義なき戦い

　ともあれ、以上のように聞くと、構造推定ってすごいじゃないか、と思うかもしれない。しかし、そんなことはない。どちらにも「派」とつけたように、それぞれを推す人たちがいて、激しく論争している。その論争が一番よくまとまっているのが、2010年に公表された2つのジャーナルの特集だ (*Journal of Economic Perspectives*, 24(2) と *Journal of Economic Literature*, 48(2))。どちらも、実証分析のスーパースターたちが互いに口汚く罵りあっていて、「うわ、こいつらめっちゃ仲が悪い、絶対和解できないだろうな」と感じることだろう[3]。

　私たち自身がこの論争に巻き込まれる必要はないし、そもそも両者の区別は相対的なものだから、それぞれが有用なときに活用すればよい。しかし、論争の対立点を理解しておくことは、自然実験と構造推定のそれぞれの魅力と限界とを明らかにしてくれるから有益だ。そこで、両者の対立点を順番に見ていこう。

　第一の論点は、自然実験が経済学を破壊するか？という点だ。これは構造推定派から自然実験派に対する批判であるが、構造推定を行うためには、緻密な経済学モデル（数理モデル）を構築していくことが前提となるから、必

---

3) なかには、Sims のように、「あなた別に構造推定派じゃないでしょ、なのに何でそんなムキになって自然実験派をたたいているの？」と突っ込みたくなるような人もいる。ちなみに、Sims は構造化 VAR という手法の提唱者だが、構造化 VAR は本章で取り上げた構造推定ではない。おそらく、後述するようなマクロ経済学者としての立場から批判しているのだろう。

然的に、経済学（＋数学）に対する高度な理解が必要となる。これに対し、自然実験を行うためには、必ずしも緻密な経済学モデルを構築する必要はなく、自然実験となるような外生的ショックを探し求めればよい[4]。そうすると、緻密な経済学モデル・数理モデルを構築できるような訓練を経ずとも、実証分析ができるという印象を与えてしまい、経済学教育の基盤が脅かされる、というのだ[5]。

けれども、私たちのように経済学教育の外にいる者にとっては、経済学教育がどうなろうと知ったことではない[6]。それに、この点に関する議論の対立は、何をもって「経済学」とみなすか、という点に関する見解の違いに由来するところが大きいので、深入りしてもあまり実益はない。

第二の、そしてもっとも重要な論点は、内的妥当性（internal validity）と外的妥当性（external validity）のどちらをとるか？という点だ。前述したように、IVのような自然実験では、母集団の一部についてしか推定を行うことができない。これに対し、構造推定を使えば、その一部を超えた母集団全体について推定を行うことができる。このように、私たち分析者の目の前にあるデータ（あるいはその一部）を超えた外側についてまで推定結果を拡張できることを、外的妥当性がある、と呼ぶ。構造推定には外的妥当性があるのに対し、自然実験には外的妥当性がない。

しかし、実は、構造推定には、それ以前に重大な短所がある。それは、自然実験に比べると、内的妥当性に劣る、という点だ。内的妥当性とは、私たちの目の前にあるデータ（あるいはその一部）からわかる範囲内については、

---

[4] 実際、自然実験は、どちらかというと計量経済学というよりは統計学的な発想のものだし、自然実験派のラスボス的存在の一人であるRubinは、経済学者ではなく、統計学者だ。

[5] 特に、自然実験派のアイドル的存在であるSteven Levittによる『ヤバイ経済学』がベストセラーになったときには、妬みもあってか（？）、「『ヤバイ経済学』を読んで、あんなので経済学になると思う若者が量産されると、経済学は滅んでしまう」と言われたこともある。

[6] でも、もしあなたが経済学研究者としてジョブマーケットに打って出るのであれば、構造推定の方が自然実験よりも高度の数学力・経済学モデル構築力が必要となるので、構造推定のペーパーを書いた方が有利だ（能力のシグナリングになる）。

より適切な（＝間違いの少ない、あるいは、より真実に近い）推定結果を導けることを言う。本書で見てきたように、自然実験は、比較的少数の一般的な仮定に基づいて、RCT に近い状態を作り出し、Rubin 因果モデルに言う因果関係を判別することができる。

これに対し、構造推定は、特定の経済学モデルに依拠した推定を行う。そのモデルが、世界の真実の構造を正確に記述したものであれば、それに基づいた構造推定は、世界の真実の姿を非常に正確に（自然実験よりも！）推定できる。しかも、自然実験を構造推定のモデルを使って表現することもできる。しかし、私たちは、世界の真実の構造を決して直接知り得ないし、そのモデルが正しいかどうかも知り得ない。もし、そのモデルが不正確だったならば、構造推定は全く誤った推定結果を導いてしまう。構造推定は、自然実験よりも多くの仮定を前提とするのだ。そして、その真実性は誰も保証できない。この意味で、極論するならば、「構造推定を使った分析結果が正しいと考えているのは、その分析の筆者だけだ」ということにもなりかねない[7]。

このように、構造推定が「**なんでも知ってるわよ**」と豪語するのに対し、自然実験は「**なんでもは知らないわよ、知ってることだけ**」と言うのである。ただし、自然実験のこの言い方には裏があるのであり、「でも、**知ってることについては、とても正確に知っているわよ、少なくとも構造推定よりはね**」と続くわけだ。

加えて、自然実験に外的妥当性が全くないというわけでもない。たしかに、一つ一つの自然実験には内的妥当性しかなく、外的妥当性はない。しかし、

---

[7] この台詞は、筆者がシカゴ大学で Levitt の授業を受けているときに、彼が発したものだ。ちなみに、構造推定派のラスボス的存在である Heckman に誰かがこの台詞を告げ口したらしく、Heckman が自分の授業中に「うちのスタッフには、構造推定が正しいと考えるのはその筆者だけだ、なんて馬鹿げたことを言う奴がいる」とつるし上げた。これを伝え聞いた Levitt が、次の授業で「前回ああ言ったけれど、構造推定の中でも Heckman だけは別だよ」と弁解（？）した、なんて笑い話もある。授業を受けていた筆者たちは、「Levitt ヘタレてるじゃん」と思ったけれど、相手が Heckman ならまぁ仕方がない（ちなみに、Heckman は筆者がこれまでに受けてきた授業の中で最凶の鬼教員）。

さまざまな外生的ショックを活用した自然実験による分析が積み重なり、それらがだいたい似たような推定結果を示しているのであれば、おそらく母集団全体についても同じことが言えるだろうと推測することは合理的だ。この意味でも、自然実験と構造推定の対比は、相対的なものである。

2.3 重要なポイント

以上が構造推定派と自然実験派が激しく対立している点だけれども、私たち実証分析の利用者としては、次の2つのポイントを抑えておくべきだろう。

第一に、自然実験と構造推定のどちらがより広く使われているかは、分野による。自然実験がどちらかと言えば広く使われているのは、労働、教育、開発、ファイナンス（企業金融）といった分野であるのに対し、構造推定がより優勢なのは、産業組織論（法分野で言えば独禁法＝経済法）、マクロ経済学といった分野である[8]。

この違いはおそらく、利用可能なデータの質に由来する。自然実験が多用される分野では、外生的ショックのある個票データを集めることが相対的に容易だ。場合によっては、最近の一部の開発経済学のように、RCTを実際に行うことさえできる。これに対し、産業組織論やマクロ経済学においては、ユニットの行動のほとんど全てが内生的なものである上に、外生的なショックもなかなか存在しない。そんな中で因果効果を推定するには、構造推定によらざるを得ないことになる。

第二に、構造推定が自然実験に比べて内的妥当性で劣ることからすると、構造推定が活用可能な局面は限られてくる。構造推定において前提とされたモデルが正しいかどうかの判断は、非常に難しい。モデルの形を少し変えただけで大きく異なる推定結果が導かれることも稀ではないし、モデルに基づいてデータの外側に推定結果を拡張する場合にも、モデルのちょっとした形やパラメータの値の違いで、大きな違いが発生することもしばしばある。そ

---

[8] 特に、近時のマクロ経済学の主流であるDSGEモデルは、典型的な構造推定モデルだ。

れでも、アカデミックな世界であれば、ピア・レビューを通じて、不適切な分析はある程度排除されることが期待できる。それに、とりあえず仮説を公表させておいて、後は他の研究者による批判に委ねるという行き方も、アカデミックな世界であれば十分可能だ。

　また、アカデミックな世界以外でも、政策形成の場（立法あるいは行政）であれば、専門家たる経済学者の関与が期待できるから、適切な構造推定と不適切な構造推定とを見分けることを、ある程度は期待できる。たとえば、独禁法実務においても、公取委の審判レベルであれば、公取委内部にいる経済学者が実証分析の当否を評価することをある程度期待できるから、構造推定を活用する余地があるかもしれない。

　しかし、裁判の場においては、構造推定を使った実証分析の妥当性を評価するのは、経済学の専門家ではない裁判官である。しかも、一方当事者が構造推定による分析結果を提出した場合、反対当事者としては、それとは全く異なる分析結果を導けるような、しかし同じくらいにもっともらしそうに見える構造推定を行ってくれる専門家を探し出すことは、難しくない。そんなときに裁判官が両者の優劣を評価することは、ほぼ無理だ。そうすると、訴訟において活用可能なのは、現実的には自然実験に限られそうだ[9]。

【参考文献】

Angrist, Joshua D. and William N. Evans (1998) "Children and Their Parents' Labor Supply: Evidence from Exogenous Variation in Family Size," *The American Economic Review*, 88, pp.450-477.

森田果（2011）「放射能汚染による損害賠償におけるヘドニック・アプローチ（上）」『NBL』965号、28-37頁

9）ちなみに、近時のヘドニック・アプローチは構造推定が主流なのに対し、筆者が森田（2011）で単純なDDを提唱したのは、裁判規範としての利用可能性を考えたことが理由である。

第22章 不連続回帰（RD）
3分間待ってやる

　本章では、因果効果の推定手法として1990年代終わりくらいから急速に使われるようになってきた、RD（regression discontinuity；「不連続回帰」とか「回帰分断」と訳されることが多い）を取り上げよう。RDを活用できるのは、何らかのルール（規則）が、恣意的な切れ目（不連続；discontinuity）を生じさせている状況だ[1]。

　法律家にとっては、そのような状況を見つけるのは簡単だろう。たとえば、会社法における大会社の定義（会社2条6号）は、資本金5億円以上または負債200億円以上だけれども、この「5億円」「200億円」といった基準は恣意的なもので、「なぜ5億円？　5.1億円や4.9億円ではダメなの？」と尋ねられて答えるのは困難だ[2]。でも、この基準を超えるか超えないかで、会社法の適用のされ方は大きく異なる。また、金融商品取引法における少人数私募の条件は取得者が50名未満である場合だけれども（金商2条3項2号ハ）、これもなぜ50名であり、49名や51名でないのかを説明するのは難しいにもか

1）RDについては、Imbens and Lemieux（2008）を含む *Journal of Econometrics*, 142 (2)の特集、および、Lee and Lemieux（2010）が詳しい。

2）ムスカが待ってくれるのが、2分50秒や3分10秒でなくなぜ3分間なのかも、よくわからない。そして、3分経過の有無で処置は大きく異なる。ちなみに、ドーラが待ってくれるのがなぜ40秒なのかも、よくわからない。

かわらず、50名以上か未満かで金商法の適用は大きく異なる。他にも、生活保護法など社会保障法分野では、社会保障給付がなされる条件が、年収・障害・年齢などが一定の基準をクリアしていることが要求されていることが多い。

　RDのアイデアは、基本的には次のようなものだ。このような恣意的な基準による不連続性がある場合には、その不連続性の近くに分布しているユニットは、「だいたい」似ていると想定していいだろう。そして、この基準の両側で、法の適用（＝処置）の有無が違うのであれば、不連続性の近くで比較をすれば、法の適用の効果（処置の因果効果）を測定できるはずだ。

　このようなRDは、基準による処置の有無が「鋭い」Sharp RD（SRD）と、基準による処置の有無が「ぼやけている」Fuzzy RD（FRD）とに区別される。SRDは、基準を超えれば処置あり、超えなければ処置なしとなる場合で、FRDは、そこまできれいに分かれず、基準を超えたかどうかで処置を受ける確率が違ってくる場合だ。

① Sharp RD

　まず、SRDから見ていこう。ここでは具体例として、テストの補習の因果効果を考えてみる（Matsudaira（2008））。100点満点のテストで、60点未満の点数をとると、「赤点」として補習を受けなければならない（逆に60点以上の場合には補習を受けられない）、という規則になっていたとする。この補習によって、次回のテストの成績にどれほど効果があるかを測定したいとしよう。

　この場合、補習を受けた人と補習を受けなかった人とを単純に比較したのでは、そもそも赤点をとって補習を受けなければならなくなるような人と、赤点をとらずにすんだ人とでは、さまざまな点で違いがあることが予想されるから、両者の差が、補習の因果効果だと言うことはできない。

　けれども、60点という赤点かどうかの基準の近傍、たとえば59点をとった人たちと60点をとった人たちとを比較するのであれば、両者は平均（一人一

図22 - 1　Sharp RD

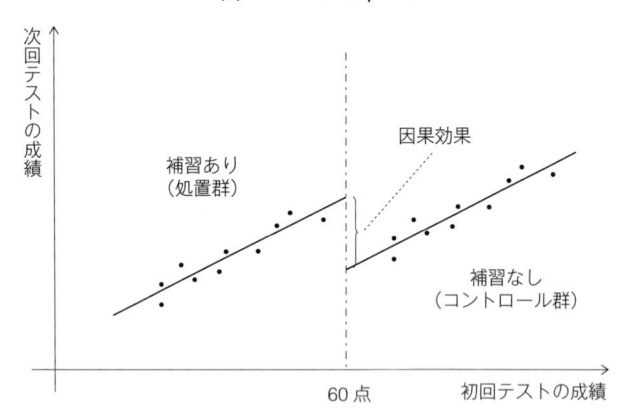

人にはもちろん個人差があることに注意）すればだいたい似ているはずだから、それぞれの平均について差をとれば、補習の因果効果だと言える。実際には、次のようにして行う。初回のテストの点数が低かった人は、次回のテストの点数も低いことが予想されるから、次回のテストの点数は、初回のテストの点数にある程度比例して決まると予想できる（線形性：第 4 章）。この場合、図22 - 1のようにして補習という処置の因果効果を推定できる。

　ここで注意したいのは、SRD は、今までに見てきた因果効果の推定手法であるマッチング（そしてその応用である DD や IV）とは大きく異なる点がある、ということだ。マッチングの場合には、処置群とコントロール群の中から、マッチングに使う共変量が同じユニットを選び出してきた上で、両者を比較することで因果効果を推定していた（第17章）。

　これに対し、SRD においては、処置を受けるかどうかを決める変数（この変数によって処置の有無が決まるので「強制変数（forcing variable）」とか、一定の範囲のたくさんの数値をとり得るので「継続変数（running variable）」と呼ばれる）によって、処置の有無は100％決まってしまう。基準を超えていれば処置を確実に受けるのに対し、基準を下回っていれば処置を確実に受けない。このため、処置群とコントロール群の中から、処置の割当の有無を決める強制変数が同じユニットのペアを取り出すことができない。あ

る閾値（補習の例なら60）を境に、処置群とコントロール群とがすっぱりきれいに分かれてしまうのである。

したがって、SRDにおける因果効果の推定は、必然的に外挿、つまり、データのカバーしない外側へと拡張する推定をはらむことになる。強制変数が基準値を超えている処置群のユニットについて、強制変数の値が基準値を超えていないコントロール群のユニットとの間で、あたかも「処置の有無以外は同じようなユニットだろう」という推測を働かせて比較をすることになるわけだ。

このような外挿をすることの正当化根拠の一つは、基準の設定が恣意的なものであれば、基準の近傍においては、基準を超えるかどうかはかなりの部分偶然に決まるから、そこにおいては、ランダム化がなされていると考えてよいだろう、というものだ。補習の例でいえば、赤点ボーダーラインすれすれの人が、60点以上をとって合格となるか、60点未満となって赤点になるかは、かなりの程度偶然によって決まっているはずだ。だとすれば、そのすれすれの人たちについて、次回のテストの成績を比較すれば、補習の因果効果を測定できる。「法の基準が恣意的に決まっているなんてとんでもない」と思うかもしれないけれど、分析者の立場からすると、恣意的に決まっているからこそ、ランダム化が実現されて有益なのだ。

② Fuzzy RD

SRDにおいては、基準を超えたかどうかで、処置の割当の有無がきっぱりと分かれた。これに対し、FRDにおいては、基準を超えたかどうかで変わるのは、処置の割当の確率だ。たとえば、テストの補習の例で、60点未満であれば無条件に補習の受講が義務付けられるのではなく、担任の先生と面談の上で補習を受けるか受けないかを決めるし、60点以上であっても、補習を受ける権利がある、という規則になっていたとしよう。この場合、60点未満であっても直ちには補講を受けるとは限らない。点数が低ければ低いほど担任の先生の強い指導によって補講を受ける確率が高まるだろう。また、60

図22-2　Fuzzy RD

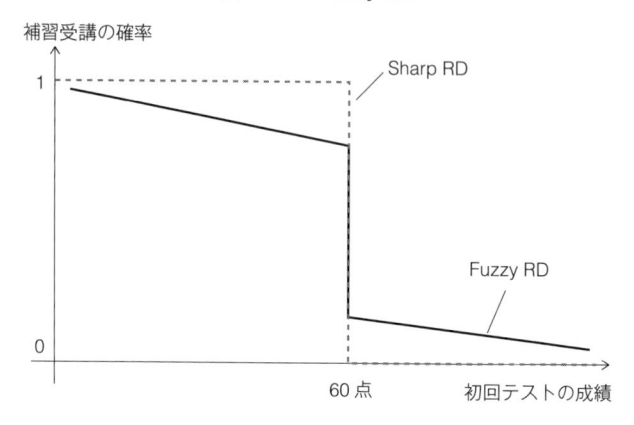

点以上であっても、直ちに補習を受けないとは限らず、赤点に近い人ほど自発的に補講を受ける確率が高いだろう（図22-2の実線）。

このようなFRDの場合であっても、SRDの場合と同様に、基準の近傍において、基準を超えた人たちと超えなかった人たちとの差をとった上で、それを基準の近傍における確率の差で割れば、処置による因果効果を推定できる。すなわち、SRDの場合と違って、FRDの場合には、基準を超えたからといって処置群であるとは限らず、基準を超えた人たちの中に、処置群に属する人とコントロール群に属する人とがいることになる。また、基準を超えなかった人たちの中にも、処置群に属する人とコントロール群に属する人とがいることになる。そこで、FRDの場合には、確率の差で割るわけである。

と、この説明を聞いて、どこかで聞いたことがあるなと感じた読者もいるかもしれない。そう、第20章で取り上げたIV（操作変数）だ。実は、FRDは、基準を超えているかどうかをIVとして因果効果を判別していることと同じなのである。そして、FRDがIVだということは、FRDによる推定値も、LATE（局所的平均処置効果）であることになる（第21章）。

LATEは、母集団のうち、「素直な人」たちだけについて処置の因果効果を推定しようとするものだった。では、FRDの場合における「素直な人」はどのような人を意味するのだろうか。素直な人とは、IVに応じて自分の

行動を変える人のことだった。ということは、「基準を超えていなければ処置を受けなかったけれども、基準を超えていれば処置を受けたであろう人」が素直な人になる[3]。補習の例では、赤点をとっていれば補習を受けたであろうけれども、60点以上をとっていれば補習を受けなかったであろう人が、素直な人に該当する[4]。

そうすると、FRD は、二重の意味で LATE であることになる。第一に、前述のように、基準に反応する素直な人だけについて因果効果を測定する、という意味で局所的だ。それと同時に、FRD も RD である以上、基準の近傍における処置の有無による違いを測定していることになるから、その意味でも局所的だ。

③ RD の注意点

以上のように、法律家にとってはなじみのある不連続性を活用して因果効果を推定しようとする RD だが、その利用にあたってはいくつかの注意点がある。

3.1 関数形とノンパラメトリック RD

これまで見てきたように、RD は基準の近傍での比較をするわけだけれども、どうやってその比較をするのかを考え出すと、なかなか難しい。ユニット一つ一つには個体差があるから、基準にもっとも近いユニットを左右から一つずつ選び出して比較したのでは、本当の因果効果ではなく、単なる個体差を拾っただけに過ぎないかもしれない。このため、何らかの形で、複数のユニットの平均をとらないと、本当の因果効果を抽出することはできない。

平均をとる一つの方法は、目的変数が、強制変数（やその他の共変量）の

---

3) もちろん、基準を超えたかどうか（あるいは処置を受けたかどうか）のうちの一方は、現実には発生しなかった反事実である点に注意。
4) そして、赤点かどうかにかかわらず補習を受ける人または受けない人が頑固者であり、赤点なら補習を受けず60点以上なら補習を受ける人がひねくれ者だ。

図22-3　線形でない関数形

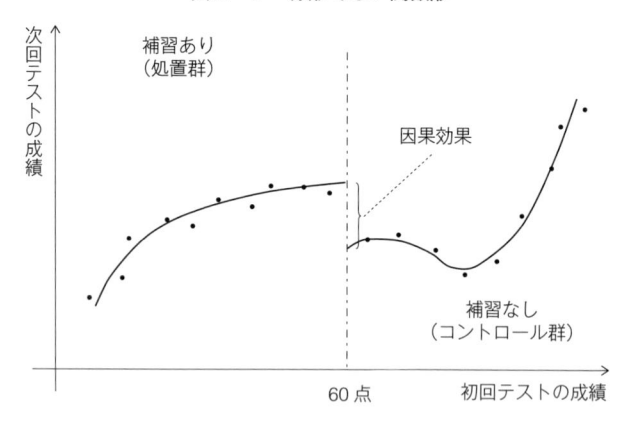

[図：横軸「初回テストの成績」、縦軸「次回テストの成績」。60点を境に左側が「補習あり（処置群）」、右側が「補習なし（コントロール群）」。60点のところに「因果効果」を示す段差。]

何らかの関数形で記述できる、と仮定することだ。たとえば、図22-1においては、次回のテストの点数（目的変数）が初回のテストの点数（強制変数）に比例して決まる、という線形性があると仮定していた。線形性があるということは、回帰直線（第4章）を引くことができるわけであり、回帰直線が基準である60点にぶつかったところの差をとれば、因果効果とみなせることになる[5]。

けれども、次回のテストの点数と初回のテストの点数の間に単純な比例関係が成り立つとは限らない。もっと複雑な関係があるかもしれない。そのような可能性を検討するためには、強制変数に加えて、その二乗・三乗……をも説明変数に加えた、高次の多項式（polynomial：第9章）を使ってみることが必要だ。さらには、基準を超えている場合と超えていない場合とでは、関数形が違っているかもしれない（図22-3）[6]。

---

5) ということは、線形性の仮定の下でのSRDの推定は、説明変数に処置の有無というダミー変数を追加したOLSによって簡単に計算できる。なお、FRDはIVと同様、2SLSで推定できる。

6) 基準を超えたかどうかで関数形が違う場合をSRDで推定するためには、高次の多項式と処置の有無というダミー変数の他に、両者の交差項を追加したOLSによって計算する。

このように、複雑な関数形を使っていけば、さまざまな場合に対応することができる。しかしそれでも、特定の関数形を利用するということは、「世界の構造がそのようになっている」という強い仮定を置くことになるから、どうしても気持ちが悪い、という人もいるだろう。そのような向きには、特定の関数形を前提としないノンパラメトリックな方法もある。

RD の基本的なアイデアは、基準の近傍における比較だ。それならば、基準の近傍のユニットだけを取り出し、その平均値を比較すればよい、というのがノンパラメトリックな RD の手法だ。けれども、ノンパラメトリックな RD にも、大きな弱点がある。それは、基準の近傍のユニットしか使えないので、サンプルの大きさが非常に小さくなってしまう点だ。元々のサンプルが十分に大きいものであれば、基準の近傍だけでもそれなりのサンプル数が稼げるかもしれないが、多くの場合には、サンプル数が小さくなって実効的な推定ができなくなってしまうだろう。これに対し、特定の関数形を使うパラメトリックな RD であれば、サンプル全体を使うから、推定作業が比較的楽である[7]。

3.2 強制変数の操作可能性

RD を使うにあたってもう一つの重要な前提は、基準を超えるかどうか（＝処置を受けるかどうか）をユニットが操作できない、ということだ。もし、処置を受けるかどうかをユニットが左右できるのであれば、処置を受けた方が有利かどうかを考えて強制変数の値を選ぶことができてしまうから、基準の近傍においてランダム化が実現されているとは言えない。混同的な割当メカニズムだから、RD による推定値にはバイアスが発生し、不正確な値になる[8]。

実際、強制変数が基準を超えるかどうかをユニットが操作できる場合は、しばしばある。たとえば、生活保護給付を受ける条件として、年収が一定金

---

7) ただし、パラメトリックな RD においては、関数形の正確な推定のためには、サンプルの幅（＝強制変数の変動幅）が大きい方がいい。数百くらいの値をとり得る変数であるのが理想的だ。

額以下であることが要請されている場合、給付を受けるために年収をその基準金額以下に抑えようとするインセンティヴが発生することは自然なことだ。あるいは、専業主婦のアルバイトが、所得税の所得控除を考慮して年間103万円以下に抑えられがちなこともよく知られている。このように、ユニットが、処置の効果を考慮して強制変数の値を操作できてしまう場合には、基準の近傍でランダム化が実現しているとは言い難い[9]。

では、このような操作が起きていないかどうかをチェックするためにはどうすればよいだろうか。一つの方法は、基準の近傍において、強制変数の分布の仕方に不連続性がないかどうかを見ることだ。「自然は連続する（natura non facit saltus）」と言われるように、人為的な操作が介在していなければ、分布は連続的であるはずである。それならば、強制変数についてヒストグラム（度数分布図）やカーネル密度図（kernel density plot）を描いてみて、基準の左右において不自然な形状をしていれば、強制変数の値について操作が行われた蓋然性が高い。

所得控除の例で言えば、103万円ちょうどかすぐ下の収入を得ている者の数は、103万円をちょっと超えた収入を得ている者の数に比べて不自然に多くなっているだろう。このような不連続性が見られる場合には、RDを使っても、適切に因果効果を判別できるとは限らない。

3.3 グラフの活用

以上のような特徴を持つRDにおいて大事なのは、「グラフを見せろ！」ということだ。まず、図22-1のようなグラフがあれば、処置による因果効果があるのかないのかは、一目で直感的にわかる。また、パラメトリックなRDを使う場合にどのような関数形が適しているのかについても、図22-1

8）操作可能性がないことは、フォーマルには、処置を受けた場合・受けなかった場合の目的変数の分布が、強制変数のどの値についても連続的である、というRDの判別条件の一部として位置づけられる。

9）これに対し、水俣病認定における病状の程度やメタボの程度などの場合には、ランダム化が実現していると言いやすいだろう。

や図22-3のようなグラフを示して、いずれの関数形がデータにより良くフィットしているのかを見せることが望ましい（もちろん、仮説検定やR^2などを使って「より良いフィット」を探すこともできる）。さらに、強制変数の操作可能性があるかないかについても、前述したようにヒストグラムやカーネル密度図を示せば直感的にわかる。

このように、RDにおいては、さまざまな場面でグラフを活用することが、直感的な理解の助けになる。ただし、グラフで全てがわかるわけではない。グラフは、作り方によって、不連続性があるようにもないようにも見せることができてしまうことがある。グラフはあくまで直感的な理解の助けに過ぎないのであって、それと同時に、しっかりとフォーマルな分析もチェックすることが重要だ。

④ 具体例：コーポレートガバナンスと企業価値

最後に、RDを活用した実証分析の具体例として、Black et al.（2006）を見てみよう。Blackらが分析しようとしたのは、「良いコーポレートガバナンスを持つ企業の市場価値は高くなるか？」という問いだ。この問いは、近時の日本の会社法改正を巡る議論においても、代表訴訟・社外取締役・監査監督委員会などの形で論じられているものと共通する問題だ。

この問いに答えるのに、単純にガバナンスの「良さ」（さしあたり、さまざまなガバナンスの特徴を数値化したコーポレートガバナンスインデックス〈CGI〉を使う）を説明変数とし、企業価値を目的変数としてOLSで回帰してプラスの統計的に有意な結果が出たとしても、「良いコーポレートガバナンスは企業価値を高める」と結論づけることはできない。

企業価値の高い企業が良いコーポレートガバナンスを選んでいるのかもしれないし（逆の因果関係）、各企業は自社にとって最適なコーポレートガバナンスを選んでいるとすれば（混同的な割当メカニズム）、プラスの相関関係は、私たちには観察できない何らかの要因を反映しているだけで（欠落変数バイアス）、より良いコーポレートガバナンスに移行しても企業価値は上

図22-4

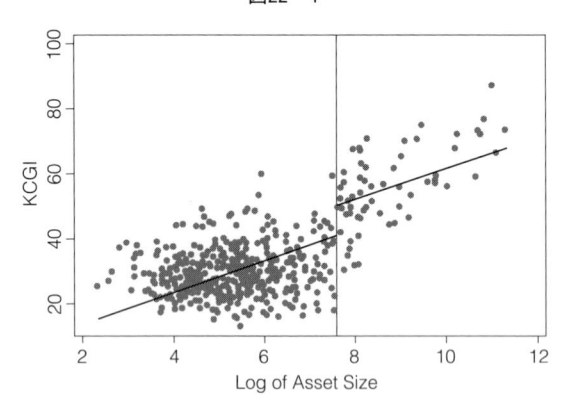

がらないかもしれない[10]。

　そこで、Blackらは、韓国の会社法の特徴を利用したRDによって因果効果を推定することを考えた。韓国の会社法においては、企業の総資産（これが強制変数）が2兆ウォンを超えると「大会社」となり、コーポレートガバナンスに関して一定のオプションをとることが義務付けられる[11]。他方、総資産が2兆ウォンを超えていない企業であっても、大会社と同様のオプションを自発的に採用することは可能である。したがって、このRDは、SRDではなくてFRDだ。

　このFRDにおいて、2兆ウォンのところで本当に不連続が発生しているのかどうかを示したのが、図22-4と図22-5だ。図22-4は横軸に総資産（の対数）、縦軸に内生的な説明変数である韓国CGIをとった散布図だ。この図22-4では、総資産2兆ウォンのところでプラスのジャンプが発生しているのが見てとれる。つまり、2兆ウォンを超えると会社法によって「より

---

10) この他にも、企業は、企業価値を改善するためではなく、投資家に対してシグナルを送るために「良い」コーポレートガバナンスを選んでいるのであり、株価はそのような投資家の期待（？）を反映しているだけだ、という可能性もあるかもしれない。
11) 日本の会社法でも、大会社であれば会計監査人の設置が強制されること（328条）を想起されたい。

図22-5

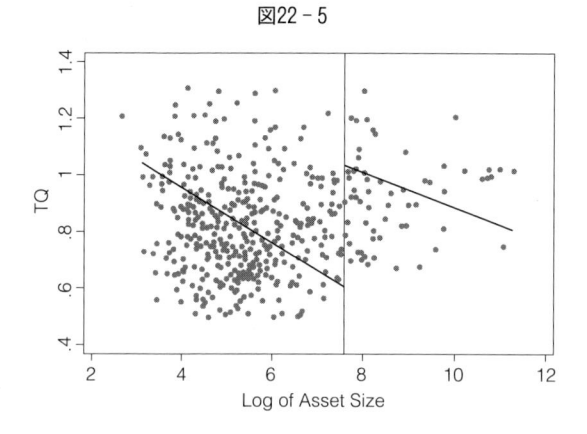

良い」コーポレートガバナンスを強制されるわけだ。他方、図22-5は、横軸に総資産（の対数）、縦軸に目的変数であるトービンのq[12]をとった散布図だ。この図22-5でも、総資産2兆ウォンのところでプラスのジャンプが発生している。

ということは、図22-4のジャンプの差分で図22-5のジャンプの差分を割れば、CGIが企業価値にもたらす影響を計算できる。どちらの差分もプラスだから、割り算の結果もプラスであり、CGIが増大する（＝「より良い」コーポレートガバナンスになる）ことによって、企業価値は増大する、という結論が得られる。Blackらは、トービンのq以外のさまざまな財務指標を使って、同様の結果が得られることを示している。

もちろん、この実証分析にも怪しい点はいくつかある。真っ先に疑われるのは、図22-5のジャンプだろう。Blackらは、総資産とトービンのqの間の関係について単純な線形性を仮定している。しかし、高次の多項式を使ってもっと柔軟な当てはめを行ったら、結果は変わるかもしれない。ただ、この問題点についてはBlackらも認識しており、さまざまな検討を行っている

---

12) 企業価値のもっとも一般的な測定方法の一つで、企業の市場価値（株式時価総額＋負債）を資産の時価総額で割ることによって得られる。

（詳しくは元ペーパーを参照）[13]。

それに、この実証分析がFRDを活用しているということは、その推定結果がLATEである（総資産が2兆ウォンを超えているか否かがIVになる）、という限界についても注意しておく必要があるだろう。つまり、良いコーポレートガバナンスによって企業価値が増加するという結果が観察されるのは、①素直な企業についてだけであり、かつ、②総資産2兆ウォンという基準の近傍の企業についてだけだ、ということである。特に、後者については、韓国会社法上の大会社に該当することによって、具体的にどのようなオプションが強制されるのか、という点について注意する必要があるだろう。それ以外のオプションの因果効果については、このLATEはカバーしていない。

【参考文献】

Black, Bernard S., Hasung Jang and Woochan Kim (2006) "Does Corporate Governance Predict Firms' Market Values? Evidence from Korea," *The Journal of Law, Economics, & Organization*, 22, pp.366-413.

Imbens, Guido W. and Thomas Lemieux (2008) "Regression discontinuity designs: A guide to practice," *Journal of Econometrics*, 142, pp.615-635.

Lee, David S. and Thomas Lemieux (2010) "Regression Discontinuity Designs in Economics," *Journal of Economic Literature*, 48, pp.281-355.

Matsudaira, Jordan D. (2008) "Mandatory summer school and student achievement," *Journal of Econometrics*, 142, pp.829-850.

---

13) この他、Blackらは、強制変数の操作可能性についての検討も行っていない。会社法の規整の適用を回避するために総資産規模を操作するということはあまり行われそうにないので、この点を問題視する必要はあまりなさそうだ。ちなみに、Black曰く、この論文を最初に書いた時点ではRDという手法の存在を知らず、ジャーナルのレフェリーから指摘されてはじめてその存在を知ったとのこと。

第23章 はじめての構造推定
見えるぞ、私にも構造が見える

　第16章から第22章までは、自然実験を前提とした因果効果の推定の手法について説明してきた。その途中、第21章で、自然実験と対立するアプローチとして、構造推定と呼ばれる手法について言及したけれど、その中身については詳しくは説明してこなかった。

　構造推定とは、社会（あるいは人間行動）のメカニズムについて、（一般的には）経済学に基づいたモデルを想定し、現実のデータがそのモデルの通りに振る舞っているとみなして、当該構造モデルのさまざまなパラメータを推定していく手法のことであった。構造推定手法は、それがベースとするモデルに応じて多様なものがあり得るから、その全てを説明することは無理だ。そこで本章では、構造推定の雰囲気を感じてもらうために、非常に単純な構造推定の例を取り上げてみたい。

　取り上げるのは、構造推定派のラスボス的存在である Heckman が1970年代に提案した2段階推定（Heckman's two-step）と呼ばれる手法だ。この手法は、現在と違ってコンピュータの計算速度がまだかなり遅かった当時の事情を反映したもので、今日の計量経済学で使われている複雑な構造推定モデルに比べると非常に単純である。このため、今日では構造推定と呼ぶのにはもはやふさわしくないかもしれない[1]。けれども、今日でも割と広く使われていて見かけることも多い手法であるし、Heckman が2000年にノーベル経

済学賞を受賞したときの受賞理由の一つとなった重要な業績でもあるので、知っておいて損はないだろう。

① Heckman の 2 段階推定

　Heckman の 2 段階推定が使われるのは、分析対象となるデータに選択バイアス (selection bias：第 1 章) がある場合だ。昔からあちらこちらで使われてきた具体例として、Mroz (1987) で用いられた1975年の米国の女性の労働参加に関するデータ (以下、Mroz データと呼ぶ) で考えてみよう。

　今、女性の賃金がどのようにして決まるのかを知りたいとする。賃金に影響を与える要因 (として Mroz データの中に含まれている変数) としては、女性の教育年数と、これまでの労働経験年数およびその二乗 (第 9 章) を採用しよう[2]。では、賃金を目的変数とし、教育年数と労働経験年数を説明変数にして OLS による回帰分析を行えば、女性の賃金がどのようにして決まるのかを知ることができるのだろうか。

　ここでの問題は、私たちが賃金を観察できるのは、労働市場で働いている女性についてのみであって、労働市場に参入していない女性 (たとえば専業主婦) については、その賃金を観察できない、という点だ。Mroz データにおいては、753名という全サンプル中、労働市場で働いているのは約57％の428名であり、残りの325名については賃金に関するデータが存在しない。したがって、OLS を使った場合、428名のデータだけで分析を行うことになる。

　もし、女性による労働市場に参加するかしないかの意思決定がランダムになされているのであれば、この428名のデータはランダムに選ばれたサンプルとみなすことができる。そして、これを使って OLS を行うことで、女性

---

[1] もっと複雑な構造推定を知りたい人は、たとえば Roy (1951) に始まる Roy モデルなどを学んでみるとよいだろう。

[2] もちろん、日本の労働市場を考えるのであれば、年功序列賃金制を考慮するために、女性の年齢を説明変数に加えるべきだろう。しかし、米国では、この要因はあまり重要ではないようなので、年齢を説明変数に加えることはしない。

の賃金の決定要因を知ることができる。けれども、労働市場参加に関する女性の意思決定がランダムではない場合（多分そうだろう）、その意思決定のなされ方を考慮に入れないと、OLSの推定値には、選択バイアスによる誤差が発生してしまう危険性がある。

そこでHeckmanが提案したのが次のような手法である。まず、労働市場参加に関する女性の意思決定のメカニズムをモデル化した上で、これを1段階目として推定する。その上で、そこで得られた推定値を元々のOLSの推定式に新たな説明変数として追加し、2段階目の推定をすることで、バイアスを除去しよう、というのである。逆に、この新たな説明変数を追加しないと、欠落変数バイアスが発生する可能性があることになる。

具体的には、1段階目として、女性が労働市場に参加するかどうかの意思決定が、先ほどの賃金の決定要因に加えて、さらに、いくつかの新たな要因を追加した——ここでは、年齢、当該世帯における女性以外の者による収入、6歳未満の子供の数、6歳以上18歳未満の子供の数、を説明変数に追加する——効用に基づいて決められていると仮定する。これらの要因（それに誤差項がつく）による効用関数の値が、一定の閾値（通常は0）を超えていればその女性は労働市場に参加し、閾値を下回っていればその女性は労働市場に参加しない[3]。この選択モデル（効用関数）の推定は、プロビットモデル（第12章）によって行われる。

この1段階目のプロビットモデルによって、私たちは、女性がどのような要因に基づいて労働市場に参加するかどうかの意思決定を行っているかを推定することができる。もちろん、これはあくまで推定にすぎず、一人一人の女性が本当はどのような要因に基づいて意思決定をしたかはわからない。けれども、もし、この意思決定に関するモデルが正しければ、一人一人の女性について、彼女が労働市場に参加する確率の期待値を（推定結果に基づいて）計算することができる。

---

3) フォーマルに書くならば、$s=1[\mathbf{z}'\mathbf{\gamma}+v\geq 0]$となる（$s$はセレクションの有無、$\mathbf{z}$は選択モデルの説明変数のベクトル、$\mathbf{\gamma}$は選択モデルのパラメータのベクトル、$v$は誤差項）。

そこで、元々のOLSの推定式に、この期待値を逆ミルズ比（inverse Mills ratio）[4]を使って変換した値——λ（らむだ）と呼ぶのが慣例——を、新たな説明変数として追加して2段階目の推定を行う。このλによって、選択バイアスがもたらす影響は吸収され、選択バイアスのない推定値が得られる、というのが、Heckmanの2段階推定のアイデアである[5]。

　実際に、Heckmanの2段階推定を使ってMrozデータを分析してみた結果が、表23-1だ。まず、選択バイアスを考慮に入れないOLSの推定結果から見てみよう。教育年数が長いほど賃金は高くなり、労働経験も長いほど賃金は高くなる。ただし、労働経験については、26年目（＝0.0416/(2×0.00081)）から逆に賃金は低くなる。

　では、選択バイアスを考慮に入れたHeckmanの2段階推定を行うと、結果はどのように違ってくるだろうか。まず、1段階目の女性の労働市場参加の意思決定に関するプロビットモデルの推定を見ると、教育年数が長いほど・労働経験が長いほど（ただし32年目まで）・当該女性以外の世帯収入が少ないほど・年齢が若いほど・6歳未満の子供の数が少ないほど、労働市場に参加する確率が高いことがわかる。ところが、この1段階目の推定結果を逆ミルズ比として追加した2段階目の推定結果を見ると、OLSによる推定結果とほとんど変わらない。

　この点については、逆ミルズ比λの係数を見ることによっても、Heckmanの2段階推定とOLSとの結果の間に違いがないことの理由を知ることができる。λの係数は、選択バイアスの大きさを示している。もし、λがゼ

---

[4] 逆ミルズ比とは、標準正規分布の確率密度を、同じく標準正規分布の累積分布で割ったものである。累積分布と同様に単調に増加する値であり、ここでは、労働市場への参加確率とだいたい同じようなものだと思っておいて問題ない。

[5] もっとも、Heckmanのオリジナルなアイデア通りに2段階に分けて推定することには、推定の精度などの点でいろいろと問題があることがわかってきている。そこで、コンピュータの計算速度の改善もあって、今日では、MLEを使って一気に推定してしまうことの方が一般的だ。RのsampleSelectionパッケージのselectionコマンドや、Statanのheckmanコマンドでは、Heckmanのオリジナルな2段階推定とMLEとの双方を使うことができる（どちらもデフォルトは、2段階推定ではなくMLEになっている）。

表23-1　女性の賃金の決定要因

目的変数	OLS	Heckman
（選択モデル）		
教育		0.131***
		(0.0253)
労働経験		0.123***
		(0.0187)
同・二乗		−0.00189***
		(0.0006)
女性以外世帯収入		−0.0120**
		(0.00484)
年齢		−0.0529***
		(0.00848)
6歳未満の子供		−0.0868***
		(0.119)
6歳以上の子供		0.0360
		(0.0435)
（賃金）		
教育	0.107***	0.0109***
	(0.0141)	(0.0155)
労働経験	0.0416***	0.0439***
	(0.0132)	(0.0163)
同・二乗	−0.00081**	−0.00086**
	(0.00039)	(0.00044)
（逆ミルズ比）		
λ		0.0323
		(0.134)
N	428	753
Adjusted R^2	0.151	0.149

注）括弧内は標準誤差。*、**、***はそれぞれ1％、5％、10％レベルで統計的に有意なことを示す。

ロであれば、そのモデルにおいては選択バイアスがなかったことになる（モデルからλを除外しても構わない）。表23-1においては、λの係数の推定値は、ゼロと統計的に有意な違いがなく（p値では0.809）、その絶対値も小さい。したがって、Mrozデータにおいては、選択バイアスをほとんど見いだせない。

そうすると、このケースでは、選択バイアスが深刻な問題とは言えないから、あえてHeckmanの2段階推定による必要はなく、OLSによる推定で十分だ、ということになる。もっともこのことは、Heckmanの2段階推定が不要だったということを意味するわけではない。このケースにおいて選択バ

イアスがほとんど見いだせないということは、Heckman の 2 段階推定を行って初めて判明したことである。そして、多くの場合において、私たちは、データを分析してみるまで、選択バイアスがどれくらい存在するかを知ることはできないのが通常だ。とすれば、選択バイアスが理論的に存在しないと確信できる場合（そんなケースはめったにないだろう）を除いて、まずは Heckman の 2 段階推定を行ってみて、OLS の結果と比較してみせることが必要だ。それは、分析結果の頑健性（第 2 章）を示すことにもつながる。

② 構造推定、さらには観察データの信頼性

さて、以上に見たような Heckman の 2 段階推定は、非常に単純だけれども、前章までに見てきたような自然実験とは大きく趣を異にすることが感じられるだろう。自然実験アプローチは、因果効果を判別するために、RCT に近い状況を活用することで反事実を構築し、事実と反事実の差分を計算していた。これに対し、Heckman の 2 段階推定においては、反事実の構築なんてことは意識されていない。そこにあるのは、「 1 段階目の意思決定プロビットモデルに見られるような形で人間は意思決定をしているはずだ」という前提だ。

この意思決定モデル自体は割と単純なもので、一応は経済学の効用に基づいたモデルではあるけれども、別に経済学が好きでない人であっても、それなりにもっともらしそうだと思えるモデルだ。これに違和感を覚える人はそんなに多くはないだろう。けれども、Heckman の 2 段階推定が正しくバイアスを除去できるか否かは、 1 段階目の意思決定モデルが、世界の真の姿を正確に捉えているかどうかにかかっている。そして私たちには、それがどれくらい正しいかを判断するすべはない。もし、この意思決定モデルが間違っていたら、Heckman の 2 段階推定は、誤った推定結果を導きかねないことになる。

そこで、Heckman の 2 段階推定、さらにはそれ以外の手法に基づいた観察データ（第16章）の分析が、実験データの分析とどれくらい近い結果をも

たらし得るのかについて比較検討した重要な業績である LaLonde（1986）を見ながら、観察データと推定手法の信頼性について考えてみよう。LaLonde（1986）は、1970年代半ばに米国で行われた職業訓練プログラムが労働者の収入に及ぼす処置効果を題材として、実験データと観察データとを比較したペーパーだ。

　LaLonde が取り上げた実験データは、NSW と呼ばれる労働訓練プログラムだ。これは、労働市場で不利に扱われがちな労働者——AFDC（生活保護の一種）を受けている女性・麻薬常用歴のある者・犯罪歴のある者・高校中退者——に対し、職業訓練を与えるか与えないかを割り当て、処置群とコントロール群の双方についてさまざまな属性データと収入データを集めたものである。NSW がランダム化された実験になっていることは、処置群とコントロール群とで、さまざまな属性データが非常にきれいにバランスしている[6]ことからも確認することができる（表23-2）。

　他方、観察データとしては、PSID および CPS-SSA と呼ばれるデータセットを使っている。これらは、連邦法に基づく職業訓練プログラムに関して収集されたデータであるが、NSW と違ってランダムな割当ではなく、職業訓練プログラムへの参加の意思決定が労働者によって自発的になされているので、実験データではなく、観察データである。そこで、これらの観察データにおけるコントロール群を、NSW におけるコントロール群と入れ替え、NSW における処置群と比較すれば、NSW における処置効果を同様に測定できるはずだと考えたのである[7]。まず、選択バイアスを考慮に入れずにさまざまな分析結果を比較してみたのが、表23-3だ。

　ちょっと変わった表だけれど、最初の行が実験データである NSW による

---

6) ちなみに、マッチング（第17章）を行うときも、これくらいきれいに共変量がバランスしていると、理想的だ。

7) NSW のプログラムの対象は、その性質上、かなり偏っている。NSW の参加者は、PSID や CPS-SSA の参加者と比べて、低所得・低学歴の者が多いし、人種的にも黒人やヒスパニックが多い。このため、PSID や CPS-SSA の処置群にマッチするコントロール群を NSW から探し出すのは難しい。しかし、その逆なら可能性がある。

表23-2 THE SAMPLE MEANS AND STANDARD DEVIATIONS OF PRE-TRAINING EARNINGS AND OTHER CHARACTERISTICS FOR THE NSW AFDC AND MALE PARTICIPANTS

	Full National Supported Work Sample			
	AFDC Participants		Male Participants	
Variable	Treatments	Controls	Treatments	Controls
Age	33.37	33.63	24.49	23.99
	(7.43)	(7.18)	(6.58)	(6.54)
Years of School	10.30	10.27	10.17	10.17
	(1.92)	(2.00)	(1.75)	(1.76)
Proportion	.70	.69	.79	.80
High School Dropouts	(.46)	(.46)	(.41)	(.40)
Proportion Married	.02	.04	.14	.13
	(.15)	(.20)	(.35)	(.35)
Proportion Black	.84	.82	.76	.75
	(.37)	(.39)	(.43)	(.43)
Proportion Hispanic	.12	.13	.12	.14
	(.32)	(.33)	(.33)	(.35)
Real Earnings	$393	$395	1472	1558
1 year Before	(1,203)	(1,149)	(2656)	(2961)
Training	[43]	[41]	[58]	[63]
Real Earnings	$854	$894	2860	3030
2 years Before	(2,087)	(2,240)	(4729)	(5293)
Training	[74]	[79]	[104]	[113]
Hours Worked	90	92	278	274
1 year Before	(251)	(253)	(466)	(458)
Training	[9]	[9]	[10]	[10]
Hours Worked	186	188	458	469
2 years Before	(434)	(450)	(654)	(689)
Training	[15]	[16]	[14]	[15]
Month of Assignment	−12.26	−12.30	−16.08	−15.91
(Jan.78=0)	(4.30)	(4.23)	(5.97)	(5.89)
Number of				
Observations	800	802	2083	2193

注) The numbers shown in parentheses are the standard deviations and those in the square brackets are the standard errors.

分析結果、それより下の各行は、PSIDおよびCPS-SSAのさまざまなデータをコントロール群として採用した場合の分析結果だ。各列は、NSWの職業訓練プログラムがもたらす処置効果を、さまざまな分析手法で推定したもの（括弧内は標準誤差）を表している。まず、1行目のNSWデータの推定結果を見ると、単純なDD（第18章）である(4)列において、851ドルという処置効果が推定されている。そして、この推定結果は、推定モデルをさまざ

表23-3 EARNINGS COMPARISONS AND ESTIMATED TRAINING EFFECTS FOR THE NSW AFDC PARTICIPANTS USING COMPARISON GROUPS FROM THE PSID AND THE CPS-SSA[注1)][注2)]

Name of Comparison Group[注4)]	Comparison Group Earnings Growth 1975-79 (1)	NSW Treatment Earnings Less Comparison Group Earnings Pre-Training Year, 1975 Unadjusted (2)	NSW Treatment Earnings Less Comparison Group Earnings Pre-Training Year, 1975 Adjusted[注3)] (3)	NSW Treatment Earnings Less Comparison Group Earnings Post-Training Year, 1979 Unadjusted (4)	NSW Treatment Earnings Less Comparison Group Earnings Post-Training Year, 1979 Adjusted[注3)] (5)	Difference in Differences: Difference in Earnings Growth 1975-79 Treatments Less Comparisons Without Age (6)	Difference in Differences: Difference in Earnings Growth 1975-79 Treatments Less Comparisons With Age (7)	Unrestricted Difference in Differences: Quasi Difference in Earnings Growth 1975-79 Unadjusted (8)	Unrestricted Difference in Differences: Quasi Difference in Earnings Growth 1975-79 Adjusted[注3)] (9)	Controlling for All Observed Variables and Pre-Training Earnings Without AFDC (10)	Controlling for All Observed Variables and Pre-Training Earnings With AFDC (11)
Controls	2,942 (220)	−17 (122)	−22 (122)	851 (307)	861 (306)	833 (323)	883 (323)	843 (308)	864 (306)	854 (312)	−
PSID-1	713 (210)	−6,443 (326)	−4,882 (336)	−3,357 (403)	−2,143 (425)	3,097 (317)	2,657 (333)	1746 (357)	1,354 (380)	1664 (409)	2,097 (491)
PSID-2	1,242 (314)	−1,467 (216)	−1,515 (224)	1,090 (468)	870 (484)	2,568 (473)	2,392 (481)	1,764 (472)	1,535 (487)	1,826 (537)	−
PSID-3	665 (351)	−77 (202)	−100 (208)	3,057 (532)	2,915 (543)	3,145 (557)	3,020 (563)	3,070 (531)	2,930 (543)	2,919 (592)	−
PSID-4	928 (311)	−5,694 (306)	−4,976 (323)	−2,822 (460)	−2,268 (491)	2,883 (417)	2,655 (434)	1,184 (483)	950 (503)	1,406 (542)	2,146 (652)
CPS-SSA-1	233 (64)	−6,928 (272)	−5,813 (309)	−3,363 (320)	−2,650 (365)	3,578 (280)	3,501 (282)	1,214 (272)	1,127 (309)	536 (349)	1,041 (503)
CPS-SSA-2	1,595 (360)	−2,888 (204)	−2,332 (256)	−683 (428)	−240 (536)	2,215 (438)	2,068 (446)	447 (468)	620 (554)	665 (651)	−
CPS-SSA-3	1,207 (166)	−3,715 (226)	−3,150 (325)	−1,122 (311)	−812 (452)	2,603 (307)	2,615 (328)	814 (305)	784 (429)	−99 (481)	1,246 (720)
CPS-SSA-4	1,684 (524)	−1,189 (249)	−780 (283)	926 (630)	756 (716)	2,126 (654)	1,833 (663)	1,222 (637)	952 (717)	827 (814)	−

注1) The columns above present the estimated training effect for each econometric model and comparison group. The dependent variable is earnings in 1979. Based on the experimental data, an unbiased estimate of the impact of training presented in col. 4 is $851. The first three columns present the difference between each comparison group's 1975 and 1979 earnings and the difference between the pre-training earnings of each comparison group and the NSW treatments.

注2) Estimates are in 1982 dollars. The numbers in parentheses are the standard errors.

注3) The exogenous variables used in the regression adjusted equations are age, age squared, years of schooling, high school dropout status, and race.

注4) See Table 2 for definitions of the comparison groups.

まに変えた(5)〜(10)列においても、850ドル前後というほぼ同様の推定結果が得られている。

他方、観察データを使った処置効果の推定結果については、どうだろうか。まず、(4)列の2行目以下を見ると、見事にバラバラな推定結果（マイナスの値すらある！）が出ている。もっとも、私たちが観察データを使って処置効果を推定する際に、(4)列のような単純なDDを使うことは、通常あり得ない。さまざまな共変量をコントロールしたり（(4)(7)(9)(10)(11)列）、成長率の違いを見たり（(6)(7)列）、トレーニングを受ける前の収入レベルをコントロールしたり（(8)(9)(10)(11)列）するのが一般的だ。実際に、普通の計量経済学者が使うであろう推定手法は、(8)(9)(10)(11)列あたりになるだろう（なお、(10)(11)列はデータの範囲を変えてみた場合）。

これらは、(4)列に比べると、だいぶマシな結果ではある。特に(9)列の多くは、850ドルという実験データによる推定結果に割と近い値が出ているものが多い。しかし、どのデータを使うか、また、どのようなモデルでDDを行うかによって、かなり大きなばらつきがあることが見てとれるだろう。

次に、観察データには選択バイアスがあることを考慮して、Heckmanの2段階推定を用いた推定結果が表23-4だ[8]。この表もちょっと特殊な作り方になっている。1列目は、表23-3の(11)列と同様のデータについての分析結果なので、両者を比較するのが、基本的な読み方だ。2列目は、Heckmanの2段階推定における逆ミルズ比λの係数だ。3列目・4列目は、本書で省略した表と比較するためのものなので、説明は省略する。

行に関しては、Heckmanの2段階推定の選択モデル（1段階目）において追加される説明変数に何を採用するか、および、どのデータのコントロール群を利用したか、によって分類されている。一番下の3行は、1段階目と

---

[8] 通常の選択バイアスでは、「処置を受けるかどうか」の意思決定がランダムでないのに対し、今回は、NSWデータにおける処置群に入るかどうか自体はランダムな割当である。しかし、NSW以外のデータにおいてコントロール群に入るかどうか（「処置を受けないかどうか」の意思決定）がランダムではないので、やはり選択バイアスがあることになる。

表23-4 ESTIMATED TRAINING EFFECTS USING TWO-STAGE ESTIMATOR

		NSW AFDC Females		NSW Males	
		Heckman Correction for Program Participation Bias, Using Estimate of Conditional Expectation of Earnings Error as Regressor in Earnings Equation			
Variables Excluded from the Earnings Equation, but Included in the Participation Equation	Comparison Group	Estimate of Coefficient for			
		Training Dummy	Estimate of Expectation	Training Dummy	Estimate of Expectation
Marital Status, Residency in an SMSA, Employment Status in 1976, AFDC Status in 1975, Number of Children	PSID-1	1,129 (385)	−894 (396)	−1,333 (820)	−2,357 (781)
	CPS-SSA-1	1,102 (323)	−606 (480)	−22 (584)	−1,437 (449)
	NSW Controls	837 (317)	−18 (2376)	899 (840)	−835 (2601)
Employment Status in 1976, AFDC Status in 1975, Number of Children	PSID-1	1,256 (405)	−823 (410)	—	—
	CPS-SSA-1	439 (333)	−979 (481)	—	—
	NSW Controls	—	—	—	—
Employment Status in 1976, Number of Children	PSID-1	1,564 (604)	−552 (569)	−1,161 (864)	−2,655 (799)
	CPS-SSA-1	552 (514)	−902 (551)	13 (584)	−1,484 (450)
	NSW Controls	851 (318)	147 (2385)	889 (841)	−808 (2603)
No Exclusion Restrictions	PSID-1	1,747 (620)	−526 (568)	−667 (905)	−2,446 (806)
	CPS-SSA-1	805 (523)	−908 (548)	213 (588)	−1,364 (452)
	NSW Controls	861 (318)	284 (2385)	889 (840)	−876 (2601)

注) The estimated training effects are in 1982 dollars. For the females, the experimental estimate of impact of the supported work program was $851 with a standard error of $317. The one-step estimates from col. 11 of Table 4 were $2,097 with a standard error of $491 using the PSID-1 as a comparison group, $1,041 with a standard error of $503 using the CPS-SSA-1 as a comparison group, and $854 with a standard error of $312 using the NSW controls as a comparison group. Estimates are missing for the case of three exclusions using the NSW controls since AFDC status in 1975 cannot be used as an instrument for the NSW females. For the males, the experimental estimate of impact of the supported work program was $886 with a standard error of $476. The one-step estimates from col. 10 of Table 5 were $-1,228 with a standard error of $896 using the PSID-1 as a comparison group, $-805 with a standard error of $484 using the CPS-SSA-1 as a comparison group, and $662 with a standard error of $506 using the NSW controls as a comparison group. Estimates are missing for the case of three exclusions for the NSW males as AFDC status is not used as an instrument in the analysis of the male trainees.

2段階目で全く同じ説明変数しか使わなかった場合、次の3行は、雇用状態と子供の数を1段階目において追加される説明変数とした場合、次の3行は、雇用状態・AFDCの有無・子供の数を1段階目で追加した場合、一番上の3行は、婚姻状態・都市圏居住の有無・雇用状態・AFDCの有無・子供の数を1段階目で追加した場合、の推定結果を意味する。

まず、実験データであるNSWについて見てみよう。Heckmanの2段階推定の1段階目においてどのような説明変数を追加したかにかかわらず、職業訓練プログラムの処置効果は850ドル前後であるし、2列目のλの係数もほとんど0（括弧内の数値は標準誤差）だ。このため、ランダム割当のなされたNSWデータにおいては選択バイアスが存在せず、Heckmanの2段階推定をしても推定結果は変わらないことがわかる。

他方、観察データの場合はどうだろうか。PSID-1について見ると、表23-3の(11)列では2097ドルという推定結果が得られているのに対し、1段階目に追加する説明変数の数を増やして行くにつれて次第に推定値は減少していき、最終的には1129ドルまで下がり（1行目）、実験データの推定結果にかなり近づく。選択モデルとして何を採用したとしても、Heckmanの2段階推定によって推定値のパフォーマンスが改善していることが見てとれる。

これに対し、CPS-SSA-1の方はそう簡単ではない。1段階目に追加する説明変数の数を増やすにつれ、処置効果の推定値は、805ドル・552ドル・439ドル・1102ドルと変化していく。PSID-1の場合と異なり、Heckmanの2段階推定によってパフォーマンスが改善するとは必ずしも言えない。実験データであるNSWにもっとも近い推定値は、805ドルである。しかし、私たち分析者が事前に（＝分析結果を見る前に）、この選択モデルが「正しい」と自身を持って主張できるかと言うと怪しい。

さらに、2つの観察データにおけるλの係数は、5％レベルで統計的に有意と言えるかどうか、ぎりぎりのラインをさまよっており、有意でない場合もいくつかある（ただし、統計的に有意でないからといって選択バイアスが存在しないとは断言できないことに注意。第7章）。結局、Heckmanの2段階推定のパフォーマンスは、どのようなデータを使うか、また、1段階目

の選択モデルとしてどのようなものを使うかによって、大きく左右されてしまうことになる。

　そうすると、Heckmanの2段階推定は、確かに多くの場合に推定値のパフォーマンスを改善してくれる。けれども、そこで使われた1段階目の選択モデルが正しいと言えるかどうかについて、分析者が自信を持って断言できるか、というとかなり難しい。Heckmanの2段階推定が、実験データと同じ分析結果に到達できるかどうかは、使われているのがどのようなデータなのか、および、選択モデルとして何を使っているのかに、大きく左右される。そして、手元に実験データが存在しない場合、私たちは、どのような選択モデルが眼前の観察データを分析するのに適切なのかについて、確信を持って断言することは難しい。

　もちろん、このことは、Heckmanの2段階推定のような構造推定が信頼できないということを直ちに意味するわけではない。表23-3を見ても明らかなように、実験データではなく、観察データを使うこと自体によってすでに、推定結果にはかなり大きなばらつきが発生し得るのである。それに、Heckmanの2段階推定の結果を示した表23-4は、表23-3の中でもかなりパフォーマンスの悪い(11)列についての分析結果であることに注意して欲しい。上手く「はまれば」構造推定も有用なのだ。はまっているかどうかを事前に知ることが難しいのが難点なのだけれども。

【参考文献】

Heckman, James J. (1979) "Sample Selection Bias as a Specification Error," *Econometrica*, 47, pp.153-161.

LaLonde, Robert J. (1986) "Evaluating the Econometric Evaluations of Training Programs with Experimental Data," *The American Economic Review*, 76, pp. 604-620.

Mroz, Thomas A. (1987) "The Sensitivity of an Empirical Model of Married Women's Hours of Work to Economic and Statistical Assumptions," *Econometrica*, 55, pp.765-799.

Roy, A. D. (1951) "Some Thoughts on the Distribution of Earnings," *Oxford Economic Papers*, 3, pp.135-146.

第24章 イベントスタディ
昨日の僕は今日の僕ではない

　本章では、イベントスタディ（event study）と呼ばれる分析手法を取り上げる。イベントスタディは、特定のイベント（出来事）の効果を測定するための手法で、上場株式のような証券価格データについて行われることが多い。理論的には、証券価格以外であっても、連続して値を観察できるデータについて行うことができるが、ここでは、上場株式を前提にして説明する。

　イベントスタディは、私たちが知りたいと思っている特定のイベント（組織再編・収益予想・新株発行・株式公開・配当など）が、企業価値に影響を及ぼしているかどうかを検証するための統計的手法だ。もし、当該イベントが（プラスにせよマイナスにせよ）企業価値に影響を及ぼしているのであれば、それによって株価が変動しているはずだ[1]。とすれば、株価を観察すれば、当該イベントが企業価値に影響を及ぼしているかどうかを検証することができるだろう。

　もっとも、株式市場には、さまざまな情報が不断に供給されており、それ

---

[1] この前提として、株式市場が情報効率的であることが必要だ。市場の情報効率性にはさまざまな考え方があるけれども、ここではとりあえず、公表された情報は直ちに株価に織り込まれる、ということ（セミストロング型）だと理解してもらえばよい。もっとも、どれだけ素早く株価に織り込まれるかは、情報効率性の程度に応じてさまざまである。

を反映して株価は上がったり下がったりする。このため、特定のイベントが起きた1つの企業を取り上げて、そのイベントの前後の株価の変化を観察しても、その変化が当該イベントによって引き起こされたのか、それとも、たまたまその企業にその時点に到来したランダムな他の情報によって引き起こされたのかを判別することは難しい。

しかし、同じイベントを経験した多数の企業を集めてきてサンプルデータを作ることができれば、話は変わる。これらの企業に共通しているのは、同じイベントを経験したという事実だけである。他のさまざまな要因は、それらの情報がランダムに到来している以上、平均的には相殺されているはずだ（ランダム化と同じメカニズム）。とすれば、この多数の企業サンプルの平均を取り上げれば、当該イベントの影響だけを抽出することができる。

そして、このようにして当該イベントの影響を判別する前提として「もし当該イベントが発生していなかったならば、その企業の株価はどのような値だったか」という反事実を構築し、反事実と現実の株価との差分を計算する必要がある（マッチング：第17章）。当該イベントが起きた後の株価は、当該イベントによって影響を受けているので、当該イベントが起きる前の株価とは違う（**昨日の僕は今日の僕ではない**）。そこで、どうやってこの反事実を構築するかも大事な問題だ[2]。

① イベントスタディ

標準的なイベントスタディは、次の手順で行われる[3]。まず、①イベントとそのイベントが株価に影響を与えるであろう期間（イベントウインドウ〈event window〉）を定義する。次に、②サンプルにどのような企業を含めるかを決めた上で、③反事実を構築するためのモデルを決め、④そのモデル

---

[2] なお、本章で言及しなかったイベントスタディをめぐるさまざまな問題については、Kothari and Warner（2007）を参照。

[3] Rには開発中のパッケージ（https://r-forge.r-project.org/projects/eventstudies/）、Stataではモジュール（ssc install eventstudy でインストールできる）が存在する。

を推定ウインドウ（estimation window）のデータを使って推定する。その上で、⑤推定結果を利用して仮説検定を行い、その結果を解釈する。順番に説明していこう。

まず、どのようなイベントの影響を測定したいのか（どのような仮説を検証したいのか）、を定義することが必要だ（①）。組織再編や買収防衛策の導入など、企業価値に影響を与えそうなイベントを拾い出す。その上で、それがどのように株価に影響を与えているかを考えて、イベントウインドウを設定する。もし、市場が完全に情報効率的であれば、公表された情報は、直ちに適切に株価に反映されるだろう。その場合には、イベントウインドウは、情報公開日（開示のタイミングによってはその翌日）1日[4]だけでよい。

けれども、市場が情報を織り込むのに時間がかかる場合や、逆に情報に過剰反応しすぎてその後に揺り戻す場合もあるし、あるいは、情報公開前にすでにそれが一定程度織り込まれている場合もある（たとえば、最近の公募増資をめぐるインサイダー取引のケース）。そういった状況に対処するためには、イベントの前後数日間をイベントウインドウに設定した方がよい。

なお、イベントを定義する場合には、それが本当に企業価値に影響を与えるイベントなのかどうかを確かめることが必要だ。有名な例では、米国における買収防衛策の導入がある（Coates（2000））。買収防衛策が企業価値に及ぼす影響について多数のイベントスタディが行われてきたが、その結果は一致してこなかった。その原因は、そもそも米国法（デラウェア州法）においては、買収防衛策の導入は、敵対的買収が現れた後であっても取締役会限りで随時に行うことができるから、それより以前に行われる買収防衛策の「導入」は何の意味も持たない（企業価値に影響を与えない）からなのである。また、イベントが内生的（株価の変化によってイベントが発生するかどうか

---

[4] ここでは、日次リターンを使ったイベントスタディを前提にしているけれども、月次リターンや年次リターンが使われることもある。なお、細かいことだが、株価については、配当修正や株式分割・併合修正を施したデータが使われる。無料でインターネットからダウンロードできる株価データの多くは、かかる修正が施されていないので、注意が必要だ。

が決まる）な場合も、イベントスタディは難しい。

　次に、サンプル企業（②）は、基本的に多ければ多い方がいい。その方が、仮説検定がしやすくなるからだ。もっとも、イベントの発生した日に、別のイベントが発生している企業は除外する必要がある（clean sample）。典型例は、定時総会決議における買収防衛策の導入という情報の公表が、配当や業績公表などと同時にされている場合だ。このような企業をサンプルに含めてしまうと、買収防衛策の導入が企業価値に与える影響だけでなく、配当や業績などが与える影響も同時に測定してしまうことになり、買収防衛策の導入だけの影響を判別することができなくなる[5]。

　こうしてサンプルを構築したら、次は、反事実を構築するためのモデルを決める（③）。さまざまなモデルが提唱されてきたけれど、実務においてもっとも使われているのは、マーケットモデルと呼ばれるものだ。マーケットモデルは、単純な線形モデルであり、株価が、マーケットインデックス（TOPIX など）に比例して動く部分とそれ以外の部分（観察不能項）からなる、とするモデルだ。

　なお、イベントスタディの世界では、反事実のことを正常リターン（normal return）と呼び、反事実と現実の株価との差分のことを異常リターン（abnormal return；AR）と呼ぶ。この正常リターンとは、「もし当該イベントが発生していなかったならば成立していたであろうその企業の株価」のことであり、会社法を学んだ人にとっては「ナカリセバ価格」と言った方が馴染みがあるかもしれない。

　では、この正常リターンと異常リターンとをどのようにして推定すればよいのだろうか（④）。正常リターンは、「もし当該イベントが発生していなければ、その株価が付けたであろう価格」という反事実だ。ということは、イベントウインドウよりも前の期間の株価を使って③のモデルを推定し、その上で、イベントウインドウの間の株価を予測すれば、それをイベントの影響

---

[5] 別の言い方をすると、反事実を構築するときに、「買収防衛策の導入がなかったならば」という反事実を構築できず、「買収防衛策の導入と配当・業績アナウンスがなかったならば」という反事実しか構築できないからだ。

図24-1　イベントウインドウと推定ウインドウ

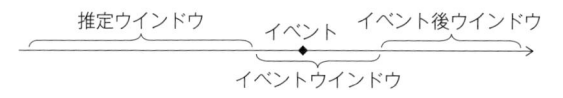

```
   推定ウインドウ     イベント  イベント後ウインドウ
┌─────────────┐    ◆    ┌──────────────┐
                 └─────────┘
                 イベントウインドウ
```

を受けなかった反事実として使えるだろう。いわば、イベントが発生する前の「昨日の自分」を使って（＝イベント発生前の傾向がイベント後もそのまま存続していただろうと仮定して——DDに似た仮定）、コントロール群を作るわけだ。このように、モデルの推定に使う期間を推定ウインドウと呼び、イベントウインドウより前の期間を採用するのが通常だ（図24-1）[6]。

たとえば、イベントウインドウを、そのイベントが公表された日の前後1日（合計3日間）として、それより前の180日を推定ウインドウとして採用したとしよう。この場合、まず、推定ウインドウのデータを使って、目的変数を当該企業の株価、説明変数を市場インデックス（たとえばTOPIX）としてOLSを行う。次に、この推定結果（切片と市場インデックスの係数とが推定されているはず）に基づいて、イベントウインドウの3日間について、正常リターン（反事実）を計算する。具体的には、この3日間の市場インデックスの値に推定された係数を掛け合わせ、それに推定された切片を足し合わせればよい。

こうして計算された正常リターンと実際の株価との差が、イベントウインドウ内の各日の異常リターンとなる。なお、この場合のように、イベントウインドウが1日ではなく、複数の日にまたがる場合は、この3日間の間の異常リターンの合計である、累積異常リターン（cumulative abnormal return；CAR）を見ることになる。そして、サンプルに含まれる企業が100あるならば、以上の手続を企業ごとに100回繰り返すことが必要になる[7]。

6）推定ウインドウを、イベントウインドウより後も含めて採用することも、後述する長期のイベントスタディの場合は、例外的にある。過去のデータを使ったリスクの推定は、過小推定になりがちなことがよく知られているからだ。しかし、イベントウインドウを推定ウインドウに含めてはならない。「もし当該イベントが発生していなければ」とは言えなくなるからだ。

さて、こうして異常リターンが計算できたならば、最後に仮説検定を行う（⑤）。イベントスタディにおける問題関心は「当該イベントは企業価値（≒株価）に影響を与えたか？」だ。そこで、仮説検定の対象となる帰無仮説は、「当該イベントは株価に影響を与えていない」、すなわち、「サンプルに含まれる企業の（累積）異常リターンの平均が０」になる。この帰無仮説が棄却されれば、（累積）異常リターンの平均が０だとは言えない、すなわち、当該イベントが企業価値に影響を与えたと言えるし、棄却できなければ影響の有無はわからない、ということになる。

　仮説検定をする際には、標準誤差（分散）が必要だ。しかし、私たちには、異常リターンの分散を直接知ることはできないから、手元にある異常リターンから推定するしかない。先ほどの具体例の場合、私たちの手元には、300個（３日間×100社）の異常リターンがあり、これは母集団からのランダムなサンプルだとみなせるから、これを使って母集団の分散の推定を行う（第７章）[8]。なお、累積異常リターンの分散については、異常リターンの分散をイベント期間の長さだけ足し合わせればよい。先ほどの例では、イベントウインドウが３日だから、累積異常リターンの分散は、異常リターンの分散の３倍（標準誤差で言えば$\sqrt{3}$倍）になる。

　このようにして計算された標準誤差で（累積）異常リターンの平均を割れば、帰無仮説の下でのt値が得られる。後は、通常の仮説検定と同様に評価すればよい。たとえば、サンプル数が多ければt値の絶対値が1.96を超えると５％レベルで統計的に有意と言える。イベントスタディにおいては、このような仮説検定以外にも（特に、仮説検定を行った結果、帰無仮説が棄却されて統計的に有意と言えた場合に）、どのような要因によって異常リターン

7）実際に計算する際には、ループを組んでしまえば簡単だ。
8）（累積）異常リターンの分散を推定するためには、いくつかの方法がある。本文で説明した方法は、それらのうちでもポピュラーでもっとも単純なものである。なお、サンプル数が少なかったり、母集団の分布の形（正規分布）に自信が持てなかったりする場合、分散の計算にブートストラップ（bootstrap）と呼ばれるノンパラメトリックな手法が使われることもある。

が決まってくるのか、を調べることもできる。たとえば、新株発行のアナウンスによって株価が下がる（マイナスの統計的に有意な（累積）異常リターンが観察される）、としよう。この場合、どのような特徴（業種・負債比率・時価簿価比率・規模・ガバナンス構造など）を持った企業ほど、そのような異常リターンが観察されやすいかを分析することも可能だ。そのためには、（累積）異常リターンを目的変数とし、関心のある要因を説明変数としてOLSを行えばよい。

② 長期のイベントスタディ

　イベントウインドウが半年とか1年とかを超える場合を、長期のイベントスタディと呼ぶ。それより短いものが、短期のイベントスタディだ。最近の実証研究では、短期だけでなく長期の分析結果もあわせて提示することを求められることが多い。

　前述した手法は、短期のイベントスタディを前提にしている。これに対し、長期のイベントスタディは、短期のイベントスタディにはない、難しい問題がいくつもある。

　第一の問題は、当該イベントの前後で企業の株価のリスクが大きく変わっているかもしれない、という点だ。短期のイベントスタディであれば、万が一このリスクの大きさを誤って推定していたとしても、大した問題にはならない（それによって結果が変わらない）。しかし、長期のイベントスタディでは、その推定の誤差がたくさん積み重なっていくから、深刻な問題となる。この問題に対処するための一つの方法は、イベント後ウインドウ（図24-1）を推定ウインドウに採用することだ。

　もう一つの問題は、正常リターンをどのようなモデルを使って推定するかだ。短期のイベントスタディでは、前述したように、市場インデックスを使ったマーケットモデルの利用が一般的だ。このマーケットモデルは、CAPM（資本資産評価モデル；capital asset pricing model）と親和的な発想だ。CAPMとは、企業の株価は、市場ポートフォリオ（TOPIXなど）と比

較したリスクの大小によって決まる、という考え方だ。

　しかし、CAPM は、とにかく当たらない（多数の実証研究により否定されている）ということで、今日ではもはや使われない[9]。その代わりに生み出されたのが、マルチファクターモデルだ[10]。そのオリジナルである Fama-French の 3 ファクターモデル（Fama and French (1993)）は、市場ポートフォリオと比較したリスクの大小に加えて、企業の規模（株価時価総額）および時価簿価比率を加えると株価を正しく予想できる、という。彼らの後、3 ファクターにさまざまな要因（ファクター）を付加することが提案されてきており、それらをまとめてマルチファクターモデルと呼ぶ。

　マルチファクターモデルは、とにかく当たる（データに沿う）のだけれども、なぜ当たるのか、理論的な根拠は存在しない。ただ、イベントスタディを行うためには、理論はともかく正常リターンを正確に推定できればよい。そこで、長期のイベントスタディにおいては、マーケットモデルに基づいた累積異常リターンは使われず、マルチファクターモデルの考え方に基づいた異常リターンが使われるのが一般的だ。

　具体的には、BHAR（buy-and-hold abnormal return）と呼ばれる手法が使われることが多い[11]。これは、当該イベントの発生した企業について、イベントウインドウの初めに株式を買って終わりに売却した場合のリターンと、イベントが発生した以外はほぼ同じ企業（マッチングをしたコントロール群）について同じように売買した場合のリターンを比較し、両者の差分をもって異常リターンとする手法だ。マッチングの際には、マルチファクター

9）けれども、MBA や LLM などの修士課程レベルでは、未だに CAPM しか教えられないことが多い。これは、後述するマルチファクターモデルは、確かによく当たるのだけれど、なぜそうなっているのかについての説明が難しいのに対し、CAPM は理論的な説明が易しく、初心者にも理解しやすいからだ。

10）このあたりの事情については、マルチファクターモデルの生みの親である Fama へのインタビュー（Fama and Litterman (2012)）がわかりやすい。

11）BHAR の他に、マルチファクターモデルを活用した「Jensen の α」という手法も使われる。カレンダータイムポートフォリオ（calender time portfolio）と呼ばれることもある。BHAR よりも、この手法の方がバイアスが少ないとされる。

モデルにおいて使われているファクターが使われる。

長期のイベントスタディには、この他にも、異常リターンの分散が歪んでいる（株価はマイナスにはならない）とか、サンプル内の企業の異常リターンが、互いに独立したランダムなサンプルではなく、相互に相関をしている可能性があるとか、さまざまな問題がある。この結果、長期のイベントスタディは、モデルを少し変えると違った結果が導かれることも多いし、統計的に有意な結果を検出できる蓋然性（パワー）も高くないなど、多くの難しい問題をはらんでいる。

③ 単一企業の場合

以上のようなイベントスタディは、多数の企業をサンプルに含めることで、当該イベント以外の情報がもたらす影響を相殺し、当該イベントの影響だけを取り出すことにあった。これに対し、訴訟の場で求められるのは、特定の企業について、あるイベントがどのような影響をもたらしたか、という問いであることが多いだろう。このように単一企業については、イベントスタディは活用できるのだろうか。

3.1 イベントスタディ

答えは簡単で、少なくとも標準的なイベントスタディの手法は利用できない。なぜなら、前述した手順⑤における分散の計算ができないからだ。サンプルに含まれる企業が1個では、異常リターンも1個しかなく、たった一つのデータから母集団の分散を推定することは不可能だ（単一の時系列データでは、ランダムサンプリングにならない）。このため、単一企業についてイベントスタディを行うためには、何か別の形で異常リターンの分散を計算する必要がある。

そこで、森田（2010）などで使われている方法は、推定ウインドウにおけるマーケットモデルの推定において計算された、誤差項の分散を代用することだ。つまり、異常リターンは本来、イベントウインドウにおいて推定され

るものであり、推定ウインドウにおいて推定されるものではない。けれども、「あり得そうな株価」からの乖離という点では、誤差項も異常リターンと似た性質を持っているから、代用してはどうだろうか、というわけだ（そして、それくらいしか代用できそうなものはないし、異常リターンを標準化する際にも実際にこれが使われている）。

けれども、これは異常リターンそのものの分散ではないから、異常リターンの分散と一致しているかどうかの保証はない。推定ウインドウを長くとるだけで分散は小さくなる。また、ランダムなサンプリングをした上での平均をとっているわけではないから、影響を測定しようとしているイベント以外の情報が影響して当該異常リターンが形成されている可能性も否定できない。この意味で、単一企業のイベントスタディについては、その結果を割り引いて捉えるべきだろう[12]。

3.2 反事実＝ナカリセバ価格の構築

以上のように、単一企業についてのイベントスタディには難しい点があるけれども、たとえば株式買取請求訴訟や金商法上の虚偽情報開示に基づく損害賠償訴訟などにおけるナカリセバ価格の推定は、異常リターンについて分散を使った仮説検定をする必要がなく、単純に正常リターン（反事実）を計算するだけなので、あまり問題がない。

もっとも、短期間のナカリセバ価格の推定についてはマーケットモデルを使うことで割と簡単に行えるけれども、長期間にわたってナカリセバ価格を推定することには、いろいろと問題がある。まず、長期のイベントスタディにおいて述べたように、CAPMは現実データと適合していないから、それと親和的なマーケットモデルを使ってナカリセバ価格を推定することには問題がある。長期間にわたるナカリセバ価格の推定には、マルチファクターモデルを活用した推定（たとえばマッチングが一案）が望ましいであろう[13]。

[12) Gelbach et al. (2013) は、単一企業のイベントスタディにおける問題点とそれに対する解決策の一つを提案している。

図24-2

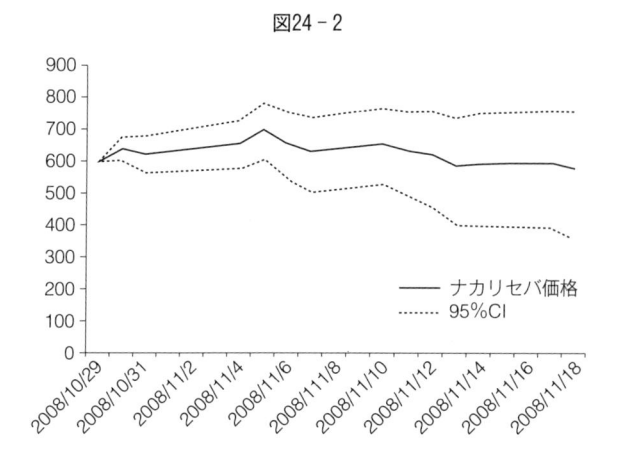

　もう一つの問題は、長期間にわたる推定では、誤差が大きくなることだ。図24-2は、ある企業についてマーケットモデルを使って推定した場合のナカリセバ価格と95％信頼区間（CI）を示したものである。たった20日間にもかかわらず、推定の不確実性がどんどん高まっていくのが見てとれるだろう。もちろん、不確実性が高まったとしても、ナカリセバ価格の推定値自体は、マーケットモデルを前提とすれば「一番あり得そうな値」（期待値）ではあるから、それを採用することには一定の合理性がある。しかし、期間が長引くにつれて、どのようなモデルを使うかによって大きな違いが出てきてしまうことの一端は感じ取れるのではないだろうか。

---

13) そうであっても、当該イベントが内生的である場合には、コントロール群と処置群とのマッチングが上手く行きにくい、という問題点が残る。

【参考文献】

Coates, John C. (2000) "Takeover Defenses in the Shadow of the Pill: A Critique of the Scientific Evidence," *Texas Law Review*, 79, pp.271-382.

Fama, Eugene F. and Kenneth R. French (1993) "Common risk factors in the returns on stocks and bonds," *Journal of Financial Economics*, 33, pp.3-56.

—— and Robert Litterman (2012) "An Experienced View on Markets and Investing," *Financial Analysts Journal*, 68, pp.1-5.

Gelbach, Jonah B., Eric Helland and Jonathan Klick (2013) "Valid Inference in Single-Firm, Single-Event Studies," *American Law and Economics Review*, 15, pp.495-541.

Kothari, S. P. and Jerold B. Warner (2007) "Econometrics of event studies," in *Handbook of Corporate Finance*, 1, pp.3-36.

森田果 (2010) 「会社訴訟における統計的手法の利用——テクモ株式買取請求事件を題材に」『旬刊商事法務』1910号、4-17頁

第25章 量的テキスト分析
読まずに死ねるか

　法学の基本は、テキストの分析だ。私たち法律家は、法文であろうと、判決であろうと、テキストを解釈することによって法ルールを抽出する。その仕方については、法学の分野で伝統的に行われてきた方法論が存在し、法学部や法科大学院で教えられている。

　法学のこのような伝統的な方法論にも意義があるけれども、2つの短所がある。まず、人によって出来がバラバラだ。たとえば、1つの判決についての判例評釈（あるいは論文）を複数並べてみれば、その中のうちのいくつかについては「これはダメダメな分析だな」と感じることがあるだろう。でもその評釈の著者にしてみれば、「わかってないのは読者であるお前の方だ！」と言いたいかもしれない。他の人の意見も聞いてみれば、どちらが妥当な評価かは何となくわかるけれども、なかなか主観を離れた評価は難しい。

　もう一つは、大量のテキスト――テキストの集合をコーパス（corpus）と呼ぶ――の処理には向かない、という点だ。通常の判例評釈であれば、その1本の判例（さらには先行裁判例）だけを厳密に読み込んで分析を行う。けれども、分析対象となる判例の数が多くなってくると、この作業はやっかいだ。いい論文が書けると思えば、まぁ100本くらいの判例なら読む。けれどもこれが、1000本、2000本となってくるとやる気が低下するだろう（そうすると分析精度も落ちる）。

そこで、量的テキスト分析（quantitative text analysis）[1]の出番だ。これは、テキストをデータ化してしまい、それに統計的な処理を加えることでテキストの分析を行おうというものだ。もちろん、このようなアプローチは、判例評釈のように深く精密な分析に取って代わることはできない（とはいえ、ダメダメな評釈よりはマシ？）。けれども、客観的な基準に従った分析ができる。また、大量のテキストに対しても、コンピュータの力を借りることで統一的な分析ができる。特に最近では、大量のテキストを電子データとして入手することが容易になってきたから、この点は魅力的だ。

　量的テキスト分析は、さまざまなところで活用されている。たとえば、最近しばしば耳にするビッグデータの文脈で、Twitter や facebook の書き込みの分析について聞いたことがあるだろう。これらは典型的な量的テキスト分析（テキストマイニング：text mining）であるし、私たちが使っているメールソフトのスパムフィルタにも使われている。法学に近い分野では、政治学における量的テキスト分析が先行していたが、最近では、法学においても量的テキスト分析がなされ始めている（たとえば、Evans et al.（2007）や森田（2010））[2]。

　もっとも、量的テキスト分析と言っても、分析の方法には多様なものがあり、それら全てをここで説明することはできない。そこで本書では、法学において活用の余地がありそうな、テキストの分類とテキストを利用したスケーリング（配列）を取り上げる[3]。

　なお、量的テキスト分析を行うにあたっては、注意すべき重要な点がある。それは、私たちはテキストというデータの正確な生成過程（DGP：第13章）

---

1) テキスト分析（の一部）は、コンテント分析（content analysis）と呼ばれることもある。
2) 日本では、裁判官の個別意見が開示されることは少ないので分析が難しいが、たとえば、最高裁の少数意見から各裁判官の立ち位置を推定することは理論的に可能だ。また、立法過程における国会での議論なども、分析対象にすることができそうだ。
3) 本書で取り上げなかったさまざまな手法については、Jurafsky and Martin（2008）や金（2009）を参照。東北大学　乾・岡崎研究室の「言語処理100本ノック」（http://www.cl.ecei.tohoku.ac.jp/index.php?言語処理100本ノック）も有益だ。

を知らない、ということだ。現在の言語学においては、テキストの生成のされ方についての確率モデルが解明されているわけではない。このため、テキスト分析は、常に「正しくない」(Grimmer and Stewart (2013))。テキスト分析の結果をどれほど説得的なものとして受け止めるべきかは、その分析結果を慎重に確認（validate）した上で判断しなければならない。

① テキストの入手とクリーニング

　最近は、多くのテキストが電子データとして入手できるようになってきている。特に、一部のサイト（たとえば Lexis Nexis）では、複数のファイルをまとめてダウンロードするサービス（バッチ処理）に対応しており、何千個ものファイルを個別にダウンロードする必要がなくて便利だ。

　問題は、バッチ処理を提供していない場合にインターネット上にあるテキストデータをどうやって入手するかだ。一つ一つのテキストを表示・ダウンロードしたり、コピペで保存したりするのは、骨が折れる。この場合でも、Ruby や PHP、Python といった言語の知識がある程度あれば、データを自動収集するプログラム（スクレイピング；scraping）を書けばよい。ただし、DoS 攻撃にならないように（業務妨害罪あるいは不法行為を構成する可能性がある）注意する必要があるし、対象サイトがスクレイピングを禁じている場合も注意が必要だ[4]。最終手段は人海戦術になる。

　電子データになっていない紙のテキストの場合は、スキャナで読み込んで OCR（光学文字認識）にかけることになる。また、手書きの場合には、そもそも OCR が効かないことが多いから、もう人海戦術でテキストを打ち込

---

[4] といっても、相手方サーバの運用に支障をきたさない限り、損害が認められないので、債務不履行に基づく利用契約の解除等を受けるにとどまるだろう。しかも、最近は、DoS 攻撃への対処方法が発達しているから、現実の損害が発生する事態はほとんど考えられない。当該サーバへのアクセスを拒否される結果になるくらいだろう。また、利用契約の締結もなしに相手方が一方的にスクレイピングの禁止を宣言している場合には、不法行為の成否が問題になるだけだ（そして損害はまず立証できない）。

んでいくしかない（＝お金がかかる）。

　さて、以上のようにしてテキストデータを入手できたら、次はこれをクリーニングする必要がある。入手できたデータが、きれいなテキストファイルにまとまっている、ということはあまりない。PDFファイルだったり、Wordファイルだったり、HTMLファイルだったり、XMLファイルだったりと、いろいろだ。文字コードもShift-JISだったりUTF-8だったりとバラバラかもしれない。変換ソフトなどを活用して、これらをシンプルなテキストファイルにそろえる。

　その上で、これらのファイルは、ヘッダや日付のように、分析には不要な情報を含んでいることが多い。そこで、これらの情報を除去して、テキスト本体だけが含まれているようにする。ファイル一つ一つについて手動でこれを行うのは面倒なので、Perlなどを使って余計な情報を削ってしまうのが楽だろう。

② 前処理

　テキストをデータとして扱うと言っても、複雑な構造をしたテキストをそのまま統計ソフトウエアに流し込むわけにはいかない。テキストが持っている情報のうち、分析に有用な情報を保持しつつ、些末な情報やあまりに複雑すぎて活用しにくい情報を捨て去ることで、単純な数量データを作り出す必要がある。

　そのようなやり方にはさまざまな方法があるが、もっとも頻繁に利用される方法は、言葉の順序という情報を捨て去り、使用されている言葉のリストだけに着目する方法だ。そんな馬鹿な、と思うかもしれない――だって、「赤いザクは通常のザクの3倍の性能だ」と「通常のザクは赤いザクの3倍の性能だ」とでは、使われている言葉は全く同じだけれど、意味が正反対だ。しかし、意外なことに、かかる情報集約を行った後でも、十分に有意義な分析が可能なことが多数の研究で示されてきている（テストの採点もこの手法で良い？）。

もちろん、順序をある程度取り込んだ数量データを作ることもできる。「赤い」「ザク」「は」……というように単語1つずつに分解する（unigramと呼ぶ）のではなく、「赤いザク」といった2つの単語（bigram）以上の組（3語の組ならtrigram）をベースにしてもよい（これらをn-gramと呼ぶ）。けれども、多くの場合はunigramで十分だ。

　もっとも、英語のように単語と単語の間がスペースで分かち書きされている言語とは違って、日本語は、単語と単語が続けて表記されるから、コンピュータに単語の区切りを教えなければならない。そのための作業が形態素解析と呼ばれ、MeCab（和布蕪）やChaSen（茶筌）といったソフトウエアがある。これらのソフトウエアは、辞書を参照しつつ形態素解析を行うので、対象とするコーパスにあわせて辞書をカスタマイズすると、解析の精度が上がる[5]。

　形態素解析ソフトは、単に単語を区切るだけでなく、品詞情報なども付加してくれる。助詞は通常、有用な情報を含んでいないから、捨て去ってよい（英語ならa/the/ofなどは不要だ）。テキストが含んでいる感情が分析の対象であるような場合には形容詞に着目することが適切かもしれないが、多くの場合は、名詞だけを抽出すれば十分だろう。また、極端にまれにしか使われていない（1個か2個のテキストでしか出現していない）単語も、区別には役立たないから、除去する。

　そうすると、1つのテキストは、たとえば |「赤い」が○回、「ザク」が×回、……、「ドラえもん」が0回| というデータに単純化され、そのようなデータの固まりが私たちの分析対象になる[6][7]。

5）英語にはそんな面倒くささがないから楽でいいなと思うかもしれないが、単数複数や活用などによる語尾変化があるから、語幹を取り出す作業が必要だ。

6）数学的には、一つ一つのテキストはunigramのベクトルとして記述でき、コーパスはunigramの行列として記述できることになる。

③ テキストの分類

　以上のような準備が終わったところで、やっと実際の分析が行える。量的テキスト分析の主要な活用場面の一つは、大量のテキストを分類することだ。たとえば、特定の政策に対して肯定的・否定的どちらの立場なのかといった分類を行える。このような分類をする場合には、どのようなカテゴリに分類すべきかがすでにわかっている場合と、わかっていない場合とがある。

3.1　カテゴリが既知の場合

　どのようなカテゴリに分類すべきかがわかっている場合、分類の手法には2つある。最初の方法は、分類のために作られた既存の辞書を使う方法だ。この辞書には、さまざまなキーワードについて、特定のカテゴリに属するテキストがそれを含んでいるかどうか（あるいは含んでいる蓋然性）のリストが並んでいる。

　もっとも単純な方法は、次のように行う。各テキストに含まれる言葉のリストとこの辞書とを照らし合わせて、キーワードが1つ入っているごとに、当該キーワードの点数を加算していく。その合計を当該テキストの単語数で割れば、当該テキストのスコアが算出される。後は、このスコアの値に従って、各テキストをいずれかのカテゴリに分類していくだけだ（たとえば、マイナスの値なら「否定的」・プラスの値なら「肯定的」）。

　このように既存の辞書を活用した分類方法は、当該辞書が、分析対象となっているコーパスにおける「正しい」点数を各キーワードに対して付けていることが適切な分類を実現する前提となる。同じキーワードであっても、文

7）こうしてまとめたデータを見ると、テキストのデータは、変わった分布を持っていることに気付くだろう。一部の単語は何回も使われるけれども、多くの単語はごくわずかしか使われない（あるいは全く使われない）。正規分布などとはかけ離れた歪んだ分布をしており、ジップの法則（Zipf's law）と呼ばれる分布に従うことが知られている。ジップの法則について楽しく学ぶには、森田（2013）を参照。

脈が異なれば違う重み付けをした方がよい場合がある。このため、他の分野での利用を前提に作られた辞書を使って分類を行うことは、危険だ[8]。

　そこで、第2の方法として、辞書に頼らずに分類を行う方法がある。ここでは、まず、人手を使って、コーパスの一部（訓練セット）を分類する。次に、この訓練セットの分類結果を、コンピュータアルゴリズムに「学習」させる（機械学習：machine learning）。すなわち、アルゴリズムは、どのような単語を使って分類をすべきかを学ぶのだ（教師つき学習；supervised learning）。その上で、このアルゴリズムが正確な分類を行えるかどうかを、コーパスの別の一部（試験セット）に当てはめて検証する。もし、適切に作動していれば、コーパスの残り全部に対して分類を行う。

　まず、訓練セットは、コーパスからのランダムな抽出で選ばれることが望ましい。数としては、100から500程度あれば足りる。訓練セットの人手による分類は、アルゴリズムに学ばせるための「お手本」になるから、慎重に行う必要がある。ここで不適切な分類をしてしまったら、せっかくの自動分類がおじゃんだ。

　次に、この訓練セットを使ってアルゴリズムに学習させる。訓練セットには、各テキストがどのカテゴリに属するかの情報が含まれている。そこで、各テキストが持っている属性をカテゴリに変換するメカニズム（数学的には関数）を推定することが、「学習」だ。この方法にはさまざまなものがあるが、その中で、単純だけれども強力なものとして広く使われているのが、単純ベイズ（naïve Bayes）法だ[9]。

　単純ベイズ法は、次章で説明するベイズの定理を応用したアルゴリズムだ。ベイズの定理を使うと、「ある単語リストを持つテキストがあるカテゴリに属する確率∝当該カテゴリに属する確率×当該カテゴリの下で当該単語リス

---

8) もっとも、辞書を使った分類を行った研究の多くは、その分類が妥当だったかどうかの検証を行っていない。これは、「辞書が正しい」ことを暗黙の前提にしていることになるが、それは問題だ。

9) このほかにも、ランダムフォレスト（random forest）法や、サポートベクターマシーン（support vector machine）法など、さまざまな手法がある。

トが生ずる確率」という関係（∝は比例）が成り立つ。このうち、「当該カテゴリに属する確率」は、コーパス中の当該カテゴリに属するテキストの割合だ。問題は、「当該カテゴリの下で当該単語リストが生ずる確率」の推定だ。単純ベイズ法は、一つ一つのキーワードが独立していると仮定し、この確率は、「当該カテゴリに属するテキストにキーワードが使われる確率」を全てのキーワードについて掛け合わせれば得られるとする[10]。

　この単純ベイズ法は、電子メールのスパムフィルタ（スパムかそうでないかの分類を行う）などに広く使われている。強すぎる仮定に依拠しているにもかかわらず、データの数が増えるにしたがって非常に正確な分類を実現できるからだ。ユーザーは、あるテキストがどのようなカテゴリに属するかだけをアルゴリズムに教えてやるだけでよい。

　そして、アルゴリズムの学習が終わったところで、学習済みアルゴリズムを使って、試験セット（コーパスの一部を取り出す）の分類を行ってみる。前述したように、量的テキスト分析は、「正しくない」分析手法だから、正確に分類ができているかどうかを検証してみるわけだ。具体的には、アルゴリズムの分類結果と、人手による分類結果とを比較して、両者が一致しているかを確認できれば理想的だ。もし上手くいっていれば、コーパスの残りを一気にアルゴリズムで分類する。

3.2　カテゴリが未知の場合

　以上の手法は、テキストをどのようなカテゴリに分類すべきかがあらかじめわかっていることを前提としていた。しかし、どのようなカテゴリに分類すべきかが事前にわかっておらず、コーパスの中身を見てから、カテゴリの設定を行いたい場合もしばしばある（教師なし学習；unsupervised learning＝お手本がない）。そんな場合に使われるのが、クラスター分析（clustering）と呼ばれる手法だ。

---

10) ベイジアン的に言えば、「当該カテゴリに属する確率」は事前確率、「当該カテゴリの下で当該単語リストが生ずる確率」は尤度、「ある単語リストを持つテキストがあるカテゴリに属する確率」は事後確率となる。この点について詳しくは、次章を参照。

クラスター分析にもさまざまな手法が存在しているけれども[11]、比較的単純でよく使われているのは、K平均（*K* means）法だ。K平均法を使うためには、まず、カテゴリの数K個をあらかじめ決める。その上で、各カテゴリに属するテキストから、そのカテゴリの中心（＝平均）までの距離が近くなるようにカテゴリを組み直していき、ベストの分類を探索していく手法だ。

このようにしてカテゴリとそれへのテキストの分類がなされたら、次はそのカテゴリが、いったい何を意味しているのかを解釈する——たとえば、「消費者寄り」「事業者寄り」といったように。そのためには、それぞれのカテゴリに分類されたテキストを実際に読んでみて、それらの共通点をくくり出す。

そして、この手法についても、その分析結果が「正しい」かどうかを検証する必要がある。検証するためにはさまざまな方法がある。たとえば、分類されたテキストをいくつか取り出して第三者に見せて評価させてみて、その評価が分類結果と一致するかを見たり、外生的なイベントによってカテゴリに属するテキストの数が変動するかどうかを観察したりする方法などだ。

④ スケーリング

テキストを活用したスケーリング（scaling）と突然言われても、何のことやらわかりにくいだろう。そこで、ちょっとした沿革から話を始めよう。

米国の連邦議会においては、個別の法案について各議員がどのような投票（賛成 Yea・反対 Nay）をしたかを記録する roll call vote と呼ばれるデータがある[12]。この投票行動データを使えば、各議員がどのような考え方に基づいて投票をしているかを推測できる。具体的には、たとえば保守からリベラルまでの政治的態度があるとした上で（一次元のスケールを仮定）、各議

---

[11] クラスター分析の手法は、それぞれ固有の前提に基づいており、分析結果も違ってくることがある。このため、自分の使う手法が分析対象としているコーパスに適しているかどうかは、要注意だ。

[12] http://thomas.loc.gov/home/rollcallvotes.html

図25-1　ideal point（理想点）

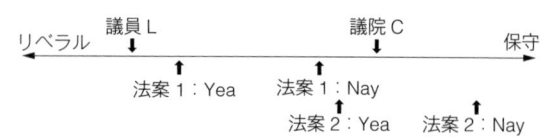

```
           議員L              議院C
           ↓                  ↓
リベラル ←――――――――――――――――――――――――→ 保守
           ↑        ↑
        法案1:Yea  法案1:Nay
                    ↑        ↑
                 法案2:Yea  法案2:Nay
```

員が固有の理想点（ideal point）を持っており、個別の法案への賛否はその理想点からの距離によって決まる、と仮定する。その上で、各議員の理想点を推定するわけだ。たとえば、図25-1のようなケースでは、法案1については、議員Lは賛成・議員Cは反対なのに対し、法案2については、LもCも賛成することになる。

このような議員の立ち位置（これは目に見えない）がわかれば、それ自体興味深い分析だし、将来の法案に対してどのような投票がなされるのか予測もつくから有益だ。けれども、日本の国会のように政党による党議拘束がきつくて各議員が自分の信念に従った投票をしていない場合もあるし、そもそも投票行動のデータが存在しない場合も多い（たとえば無記名投票）[13]。しかし、そのような場合でも、各人が公表するテキストは入手できることが多い。そこで、さまざまなアクターが公にするテキストを使って、その背後にある当該アクターの立ち位置を推定しよう、というわけだ。

テキストを使ったスケーリングについても、いくつかの方法がある。1つ目は、wordscoresと呼ばれる手法だ。wordscoresにおいてはまず、テキストの中で、一次元のスケールの両端に来るテキストを訓練セットとして決める。たとえば、最高裁判事の中でもっともリベラルと考えられる裁判官の全てのテキストを、リベラル端の代表として抽出し、逆に、もっとも保守的と考えられている裁判官のすべてのテキストを、保守端の代表として抽出する。

その上で、さまざまな言葉がリベラル端のテキストと保守端のテキストのいずれに含まれやすいかについての比率に基づいて、それぞれの言葉の点数

---

[13] 最高裁判所の判決は、各裁判官が自分の信念に従って投票しているし、誰がどこで少数意見を書いたかのデータも残っている。このため、最高裁判事の理想点推定は可能だ。実際、米国についてはそのような研究がある。

を計算する。いわば、訓練セットを使って、言葉の点数を「学習」するわけだ。続いて、残りのテキストについて、そこに含まれている言葉から点数を計算する。各テキストがどこに位置するかを推定でき、それに基づいて、そのようなテキストを公表した裁判官がどのような立ち位置にあるかを推定することができる。

　このようなwordscoresのアルゴリズムは、スケールが一次元の場合だけでなく、多次元の場合などにも拡張でき、便利だ。しかし、wordscoresによる分析結果は、訓練セットとして何を使うかによって決定的に違ってきてしまう。この意味で、どのようなテキストを訓練セットに抽出するか、また、点数を計算する言葉として何を選ぶかに関しては、要注意だ。

　このようなwordscoresの欠点を克服するために、訓練セットに頼らずに自動的にスケーリングを行おうという試みも提案されている。項目応答理論（item response theory；IRT）に基づいたwordfishと呼ばれる手法だ。wordfishにおいては、各アクターがどのような言葉をどれだけ使うかというデータだけから、アクターの立ち位置を推定する。

　wordfishは、訓練セットに頼らない自動的なアルゴリズムだという点が、強みであると同時に弱みになる。訓練セットに左右されないという点では頑健だが、分析結果が分析者の意図したものとなっているかどうかの保証がない。このため、wordfishが明らかにした結果をどのように解釈すべきかについては、慎重でなければならない。たとえば、特定のイデオロギーを前提としたテキストであれば、wordfishはそのイデオロギー上の立ち位置を明らかにしてくれるが、そうでないテキストであれば、wordfishは違った視点からの立ち位置を明らかにするだろう。

【参考文献】

Evans, Michael, Wayne McIntosh, Jimmy Lin and Cynthia Cates (2007) "Recounting the Courts? Applying Automated Content Analysis to Enhance Empirical Legal Research," *Journal of Empirical Legal Studies*, 4, pp.1007-1039.

Grimmer, Justin and Brandon M. Stewart (2013) "Text as Data: The Promise and Pitfalls of Automatic Content Analysis Methods for Political Texts," *Political Analysis*, 21, pp.267-297.

Jurafsky, Dan and James H. Martin (2008) *Speech and Language Processing: An Introduction to Natural Language Processing, Computational Linguistics, and Speech Recognition*, 2nd ed., Prentice Hall.

金明哲 (2009)『テキストデータの統計科学入門』岩波書店

森田果 (2010)「日本航空の事業再生と株主の地位——法・メディア・政治」『ジュリスト』1401号、29-37頁

──(2013)「民法教科書総選挙」『新世代法政策学研究』19号、109-148頁

第26章 ベイジアン統計学

ベイジアンは滅びぬ、何度でもよみがえるさ！

　ベイジアン（ベイズ主義、Bayesian）は、本書がこれまで前提としてきた頻度主義（frequentist）統計学（古典的統計学とも言う）とは、ちょっと違った「確率」についての考え方を前提とする統計学（と意思決定手法）だ。ベイジアンは、これまで何度も、滅亡の淵からよみがえってきた。

　ベイジアンという名前の由来になったベイズの定理（Bayes' theorem）は、18世紀の英国の牧師 Thomas Bayes によって発見された。といっても、ベイズ自身がベイズの定理を発表したわけではなく、彼の死後になって、他の人が彼の発見を見つけだしている。これが1回目のよみがえり。

　さらに、ベイズの定理が発表されても、すぐにベイジアン統計学が盛んになったわけではない。ベイズの定理自体は、20世紀半ば頃から再び脚光を浴びるようになったけれども、ベイジアン統計学が真の意味でよみがえるのは、20世紀後半まで待たなければならなかった。

　ベイジアン統計学のよみがえりが遅れたのは、後述するような多重積分の計算が難しかったからだ。けれども、MCMC（マルコフ連鎖モンテカルロ、Markov Chain Monte Carlo）というシミュレーション手法が開発されるとともに、コンピュータの処理能力の爆発的な向上によって、MCMC を使った多重積分の計算が可能になった。これが現代にベイジアンが復活した理由だ。

　今では、ベイジアン統計学は、統計学では標準的なツールとなっているし、

理論計量経済学や計量政治学の一部においても活発に利用されている。実際の応用の場面でベイジアン統計学を使った実証分析を見ることはまだ必ずしも多くはない。けれども、将来のことを考えると、簡単な考え方くらいは知っておいた方が有益だろう。

① ベイズの定理

まず、ベイズの定理を、新型インフルエンザの検査薬を使った具体例で考えてみよう。今、1万人当たり100人の割合（1％）で、感染者がいることがわかっているとする。感染者かどうかを調べるための検査薬は、真の感染者を98％の確率で陽性と判定し（2％は間違って陰性と判定）、感染者でない人を5％の確率で間違って陽性と判定する（95％は正しく陰性と判定）としよう。では、あなたがこの検査薬によって陽性と判定された場合、本当に感染している確率はどのくらいだろうか？

98％の確率で陽性ならばもうあきらめざるをえないと感じるかもしれないが、そんなことは全くない。直感的には、次のように考える。1万人の被験者を準備すると、そのうち、9900人は非感染者であり、感染者は100人だけだ。すると、この1万人のうち、検査薬によって陽性と判定されるのは、9900×0.05＋100×0.98＝593人だ。この593人のうち、本当の感染者は98人だから、陽性と判断された人が本当の感染者である確率は、98/593＝16.5％ということになる[1]。

ここで重要なのは、検査薬を使う前は、あなたが感染者である確率は1％だったのに対し、陽性というデータが追加されたことによって、あなたが感染者である確率が16.5％にアップデートされた点だ。ここにベイズの定理が働いている。ベイズの定理は、ある事象 B の確率が、別のある事象 A が起きる前（**事前確率**〈**分布**〉、prior probability/distribution）と起きた後（**事後**

---

[1] このように、陽性と判定されたからといって直ちに悲しむ必要はなく、まだ本当の感染者である確率はたった16.5％しかない。多くの検査薬が、1次検査で陽性と判定された後にさらに2次検査を必要とするのは、これが理由だ。

確率〈分布〉、posterior probability/distribution〉とでどのように変わるか、を計算するものだ。この事例では、事象 B (＝感染者) である確率が、事象 A (＝検査薬での陽性判定) の発生の前後で、1％から16.5％に変化したことになる。ベイズの定理は、次のように表記される：

$$P(B|A) = \frac{P(A|B)P(B)}{P(A)} \tag{1}$$

ここで $P(A)$、$P(B)$ はそれぞれ事象 A、B が起きる確率、$P(B|A)$ は事象 A が発生したことを条件として事象 B が起きる確率 (＝事後確率)、$P(A|B)$ は事象 B が発生したことを条件に事象 A が起きる確率——A がデータだということを前提にすれば、事象 B の下でデータ A が観察される**尤度** (likelihood：第13章) ——だ[2]。

検査薬のケースで確認してみよう。$P(B)$ は0.01、$P(A|B)$ は感染者である場合に陽性になる確率だから0.98、$P(A)$ は陽性になる確率だから、0.99×0.05＋0.01×0.98＝0.0593となる。したがって、陽性であった場合に感染

---

[2] ベイズの定理がなぜ成り立つか自体は、簡単に理解できる。下の図において、事象 A と事象 B が同時に起きる確率 ((3)) の計算の仕方として、「事象 A が起きる確率×事象 A が発生したことを条件に事象 B が起きる確率」と「事象 B が起きる確率×事象 B が発生したことを条件に事象 A が起きる確率」との2通りがあり得ることを考えればよい。すなわち、

$$\frac{(2)+(3)}{(1)+(2)+(3)+(4)} \times \frac{(3)}{(2)+(3)} = \frac{(3)+(4)}{(1)+(2)+(3)+(4)} \times \frac{(3)}{(3)+(4)}$$

であり、これはすなわち、

$$P(A)P(B|A) = P(A|B)P(B)$$

であり、この両辺を $P(A)$ で割れば、ベイズの定理 ((1)式) が導かれる。

ベイズの定理の導出（ベン図）

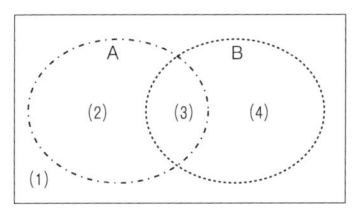

者である確率は、$P(B|A)=0.01\times0.98/0.0593=0.165$と計算できる[3]。

このように、ベイズの定理は、新しい情報（データ）が入ってくるたびに、事前の予想をアップデート（事前確率→事後確率）していくという構造を持っており、私たちの日常的な認知プロセスになじみやすい考え方だ。前章で取り上げた単純ベイズ法は、このメカニズムを使って、たとえばあるメールがスパムか否かというデータが追加されるごとに、スパムフィルタの内容を更新していたのである。

② ベイジアン統計学

2.1 頻度主義との違い

このように、ベイズの定理は、事象 A についてのデータが得られたことを前提にして、事象 B の確率をアップデートする仕組みだ。このことを本書でこれまで取り上げてきたような統計分析の枠組みに置き換えるなら、次のように考えることができる。

$$y=\beta_0+\beta_1 x+\varepsilon \tag{2}$$

私たちが知りたいのは、何らかのモデルのパラメータだ。たとえば、(2)式というモデルによって世界を記述できると考えた場合、β_0、β_1、ε がどのような値なのかを知りたい[4]。ベイジアンの世界では、こういったパラメータをまとめて θ と書くのが慣行だ。

頻度主義に基づく古典的統計学においては、この θ について、一定の**真の値**が存在している（けれども、それを直接知ることができない）、と考える。

---

3) この検査薬の具体例は、私たちが尤度（の一部）だけに着目しがちで（ここでは98％という数字）、事前確率（ここでは1％）が実際に果たす役割の大きさを失念しがちであることを教えてくれる。

4) 通常の線形回帰モデルにおいては、ε そのものではなく、それが平均0、分散 σ^2（の正規分布）に従うとモデル化するのが通常だが、本文では、説明の簡略化のために、ε として表記している。

そして、私たちには直接知り得ない母集団から標本を**繰り返し**サンプリングすることによって、母集団の真の値を推定しようとする。頻度主義の仮説検定で使う95%信頼区間というのは、サンプリングを何回も繰り返していれば、そのうち95%は、その信頼区間の中に真の値が存在している、ということを意味する（したがって、私たちが実際に観察する一つ一つの標本については、真の値が信頼区間の中に含まれているかいないかのどちらかだ）[5]。

これに対し、ベイジアンの世界では、パラメータ θ の真の値などというものが存在するとは考えない。θ は何らかの確率分布に従う変数であり、それがたまたま特定の値をとって実現したことによって私たちの手元にあるデータ（標本）が観察されたにすぎない、と考える。そこで、ベイジアンは、手元にあるデータ（X）が観察されたということに基づいて、θ に関する事前（確率）分布（$P(\theta)$）を事後（確率）分布（$P(\theta|X)$）に更新するのである（図26-1）。

なお、ベイジアンの文脈では、この更新に使うベイズの定理を次式のように表記するのが一般的だ。次式の2行目では、分母を省略して比例の形で書いているけれど、これは、推定にあたって興味があるのは θ の分布である一方、分母 $P(X)$ は θ に依存せず、無関係だからだ（事後確率が合計（積分）して1になるように調整すればよい）。ベイズの定理に従えば、**事前分布×尤度**（パラメータ θ を前提にデータが観察される確率）で、事後分布が得られることになる。

$$P(\theta|X) = \frac{P(X|\theta)P(\theta)}{P(X)}$$
$$\propto P(X|\theta)P(\theta)$$

ともあれ、ベイジアンにおいては、θ の母集団における真の値が存在するという考え方はとらず、データに基づいて θ の事後分布がどのような形をし

---

[5] 頻度主義の立場に立つ限り、実際に繰り返しサンプリングしたかどうかは問題ではない（手元にある標本が1個でもかまわない）。そのような形で手元の標本が得られただろう、と観念することが重要なのである。

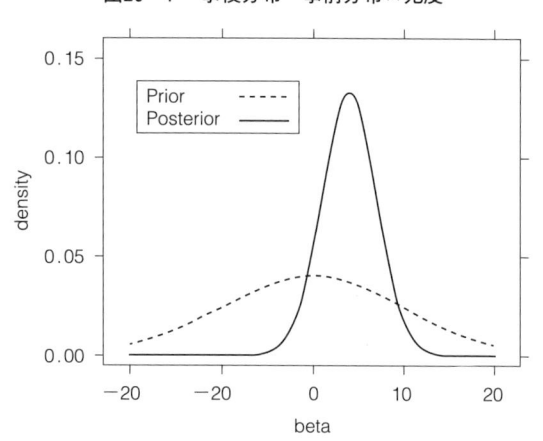

図26-1　事後分布＝事前分布×尤度

ているのかを推定することになる。もちろん、θの**事後分布**についての平均値（これが頻度主義における「真の値」の推定値に相当する）や分散を求めることはできる。しかし、頻度主義とは違って、仮説検定を行うことはないし（あんな回りくどい推論をすることはない！）、したがって、p値・t値・z値などの概念も存在しない[6]。

2.2　事前分布と主観確率

このように見てくると、ベイジアンは、私たちの思考プロセスに忠実な「自然な」考え方のように思えるけれど、一つ重要なポイントがある。それ

---

[6] 確かにベイジアンの世界には仮説検定はない。けれども、それに近いものとして、複数のモデルの間でいずれがより望ましいかについての選択に使われる、ベイズファクター（Bayes factor）というものがある。データ D が観察された状態で、モデル A とモデル B のいずれがより確からしいと言えるかどうかを評価するためには、次のようなベイズファクター K を計算すればよい：
$$K = P(D|A)/P(D|B)$$
すなわち、モデル A の前提の下でデータ D が観察される確率を、モデル B の前提の下でデータ D が観察される確率で割ったもの（尤度比に近い）がベイズファクターだ。K が1より大きければ A の方が B よりも確からしいし、1より小さければ B の方が A よりも確からしいことになる。

は、事前分布が何であるかを決めておかないと、事後分布が決まらない点だ。

事前分布について、前述の新型インフルエンザの具体例のように、客観的な情報が得られる場合には、あまり問題がない。しかし、多くの場合、事前分布についてさほどはっきりした情報が得られるわけではない。そこにあるのは、私たちの思い込み（信念）だけに過ぎないこともしばしばだ。この意味で、ベイジアンは、「主観確率（subjective probability）」を許容する立場である。

事前分布が多くの場合に主観確率に過ぎないということは、ベイジアンに対して加えられる最大の批判の一つである。恣意的な思い込みに過ぎない主観確率に依拠するなんて科学的ではない、というわけだ。

もっとも、この批判に対してベイジアンは次のように反論する。まず、主観確率であろうとも事前分布を考慮に入れないことは、私たちの知っている重要な情報を使わずに捨て去ってしまうことを意味する。

たとえば、梅雨のある日の朝、アマガエルがゲロゲーロと鳴いているのを見つけたときに、その日に雨が降る確率を推定したいとしよう。このとき、「アマガエルが鳴く」というデータだけに基づいて降水確率を考えるよりも、「今は梅雨の時期だから、3日に1日は雨が降る」という知識を事前確率として取り込んだ方が、より正確な推定ができるだろう。事前確率を使わないということは、私たちの持っているこのような知識を捨て去ることを意味するのだ。

特に、頻度主義の下で推定されるパラメータの信頼区間は、ベイジアンから見れば、事前分布として一様分布（第3章）を仮定したときに得られるパラメータの事後分布の最高事後密度区間（highest posterior density interval、頻度主義の信頼区間に相当するもの）と一致する（図26-1において、事前分布が一様分布であれば、尤度と事後分布は一致する）。このことから、ベイジアンは頻度主義に対して逆に、「頻度主義は何の根拠もなく、事前分布が一様分布であると仮定している」と批判を加えることになる。

また、ベイズの定理によれば、事後分布は、事前分布と尤度を掛け合わせることによって決まる。ということは、サンプルサイズが大きくなれば（デ

ータの数が増えれば——たとえばいわゆるビッグデータのように)、事前分布としてどのようなものを採用しようとも、たいていは尤度によって「塗りつぶされて」ほぼ同じ結果が導かれることになる。このため、サンプルサイズが十分に大きければ、事前分布のあり方を気にする必要は小さくなる。

2.3 情報を持たない事前分布（無情報事前分布）

　以上のような批判に応えるために、ベイジアンにおける実際の推定の際には、事前分布として「情報を持たない事前分布（uninformative prior、無情報事前分布）」を採用することが多い。

　たとえば、「Perfumeの3人のうち誰が好み？」という問題について、世の中にいるのっち・かしゆか・あ～ちゃんのファン数を調べ、その割合を3名それぞれの事前確率に割り振れば、私たちの持つ情報を活用した、「情報のある事前分布（informative prior）」を使ったことになる。けれども、そのような情報が手元にない場合には、のっち・かしゆか・あ～ちゃんそれぞれに1/3の確率を割り振ることが合理的だろう。これが、情報を持たない事前分布だ[7]。

　前述した一様分布も、情報を持たない事前分布の一例だ。もっとも、実際の推定では、変数の値がとり得る範囲が決まっている一様分布は使いにくい（一様分布はたとえば「−1から1までの間の一様分布」という形で定義される）。そこで、分散の大きな正規分布などで代用することも多い。ともあれ、このような情報を持たない事前分布を使えば、「事前分布の仮定が恣意的だ」という批判には応えられることになる。ただし、その場合の推定結果は頻度主義によるものとあまり変わらなくなってしまうのだけれども。

---

[7] 他にもたとえば、「異性に告白したときにOKをもらえる確率」を考えるときに、情報を持たない事前分布なら、フラれる確率もフラれない確率も1/2だ。これに対し、情報のある事前分布なら、自分がこれまでモテたか・モテなかったかという過去の経験を反映して1/2より大きい、あるいは小さい確率を採用することになる。ベイジアンは、このような事前確率を、「目があったときににこっとしてくれた（むすっとされた）」「メールの返事が早い（遅い）」などのデータに基づいて事後確率にアップデートするわけだ。

③ MCMC

3.1 個別のパラメータの事後分布の推定

　以上のように、事前分布を仮定して、データからパラメータの尤度（これは MLE（第13章）の場合と同様に計算すればよい）を計算すれば、パラメータの事後分布が推定できる。けれども問題は、ここで推定された事後分布が、複数のパラメータの同時分布（joint distribution）であることだ。(2)式のモデルの例で言えば、β_0、β_1、ε の組み合わせがどのように分布しているか、という情報しか得られない。

　でも、私たちが通常知りたいのは、このような同時分布ではない。私たちが知りたいのは、たとえば β_1 という特定のパラメータの事後分布が、どのような形をしているかだ。そのためには、この同時分布から β_0、ε を消去して β_1 だけの周辺分布（marginal distribution）を得る必要がある。これは数学的には、β_0、ε に関して（多重）積分することで得られる[8]。

　この積分計算が、解析的（analytical）に解ければ話は簡単だ[9]。けれども、多くの場合には、パラメータの同時事後分布は複雑な形をしており、解析的に解くことは難しい。そのような場合に、コンピュータの計算力を借りて数値的（numerical）に解いてしまおうというのが、MCMC だ。

3.2 モンテカルロ

　MCMC の後半の「MC」は、第10章でも取り上げたモンテカルロシミュレーションだ。第10章では、単なる繰り返し試行という形でモンテカルロシ

8）ちなみに、英語では、ある変数に関して積分して当該変数を消去してしまうことを "integrate out" と言う。日本語よりも out の語感がフィットしていてわかりやすい。
9）事後分布の形をわかりやすい分布の形に誘導するために、事前分布に特定の形状のものを採用することがしばしば行われる。特に、事前分布と事後分布が、同じ系統（family）に属するような場合には、事後分布の形状の特定が容易である。このような事前分布は、共役事前分布（conjugate prior）と呼ばれる。もっとも、MCMC の力業に頼る場合には、必ずしも共役事前分布に依拠する必要はない。

図26 - 2　モンテカルロシミュレーションと積分

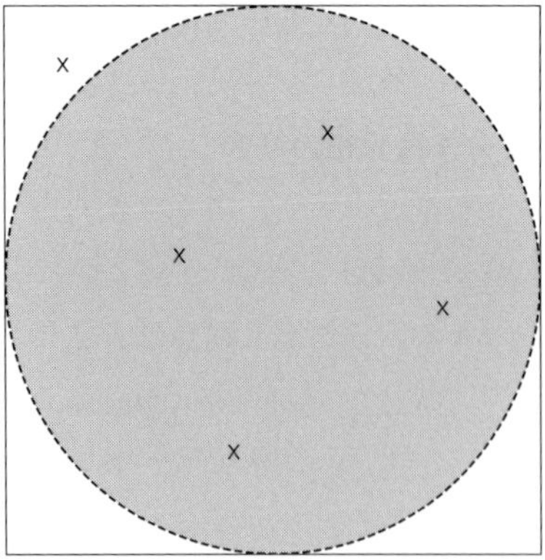

ミュレーションを取り上げたけれど、積分（＝足し算して面積を求めること）にも使える。たとえば、円周率πを求めたいとしよう。

この場合、まず、正方形の中に円を描く（図26 - 2）。その上で、この正方形の中にランダムに（＝たとえばサルに投げさせる）ダーツを投げていく（図26 - 2は5本目を投げた状態）。投げたダーツの本数が十分に多ければ、円の内側のダーツの本数を数えることによって、円の面積が求められるはずだ。後は、円の面積からπを逆算すればよい。このように、モンテカルロシミュレーションは、力業での積分をするのにも活用できる。

3.3　マルコフ連鎖

他方、MCMCの前半の「MC」のマルコフ連鎖は、このダーツの投げ方に関するものだ。マルコフ連鎖とは、ある時点の状態が、その直前の時点の状態に基づいて確率的に決まる状態のことを言う。

図26 - 2の例では、正方形の中にダーツを投げればよいとわかっていた。けれども、普通の確率分布は（一様分布を除くと）、このように範囲が決まっているわけではない。また、確率分布には、山になっている部分と、滅多に起こらない裾野（tail）部分とがあり、うまく「山」の部分を中心に（でもときには裾野にも万遍なく）ダーツを投げる必要がある。特定のマルコフ

連鎖を使うと、このようなダーツの投げ方が実現できるのである。
具体的には、次のようなステップを踏む（(2)式のモデルの例で考える）：

[1] β_1、εについて適当な初期値を与える。
[2] この初期値を前提としたβ_0の周辺事後分布からβ_0をランダムに発生させる。
[3] このβ_0とεの初期値を前提としたβ_1の周辺事後分布から、β_1をランダムに発生させる。
[4] こうして得られたβ_0、β_1を前提としたεの周辺事後分布から、εをランダムに発生させる。
[5] こうして得られたβ_1、εを前提に、[2]に戻る。

このようなステップを繰り返して得られた多数のβ_0、β_1、εの組を、ギブス・サンプラー（Gibbs sampler）と呼ぶ。ある回のβ_0、β_1、εの組み合わせは、その前の回のβ_0、β_1、εに従って確率的に決まるから、これはマルコフ連鎖だ。

実際には、このダーツ投げが上手く周辺事後分布に収束していくように、メトロポリス＝ヘイスティング法（Metropolis-Hastings algorithm：どちらも発案者の人名）という棄却ルールを使って、ダーツを適宜に間引くことが行われる。また、このようにして得られたマルコフ連鎖のうち、最初の数回は、初期値に依存しすぎている可能性があるために捨て去り（burn in）、残りの連鎖部分を使うのが通常だ。

具体的に、筆者が3つのパラメータα、β、λを使ったあるポワソン回帰モデルについてMCMCを走らせてみた結果（のうち、αとβについてのみ）が図26-3だ。この例では、1万回のMCMCを走らせ、そのうち最初の5000回を捨てている。いずれのマルコフ連鎖も、だいたい特定の分布に収束していっている様が、左側（trace）のグラフから見て取れるだろう[10]。

---

10) 筆者の知人に「MLEは最大値を探して地道に山を登っていくけれど、MCMCはサルにダーツを投げさせるんだから、不安定で気持ち悪い」と言った人がいたけれども、気持ちはまぁわからないでもない。

図26 - 3

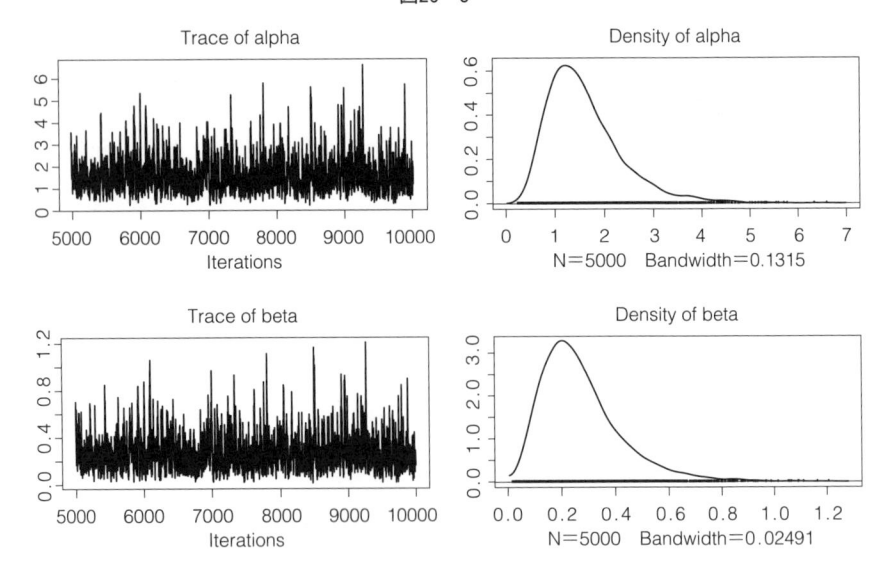

[図: Trace of alpha, Density of alpha, Trace of beta, Density of beta]

　こうして得られたサンプルから事後分布を描いたものが右側（density）のグラフになる。後は、この事後分布から、各パラメータの平均値や95％最高事後密度区間を計算すればよい。

3.4　ソフトウエア

　このようなMCMCの計算はかなり大変だ。コンピュータの計算能力に大きく依存する作業である。もちろん、CやFORTRANといった言語を使って自分でプログラムを組んでもよいけれど、それはかなり面倒なので、既存のソフトウエアを使うのが便利だ。広く使われているギブス・サンプラーの生成プログラムとしては、Stanがある（ただしハミルトニアン法を利用）。いずれも簡単にダウンロードできるから、ベイジアンに興味のある人は、入手して試してみるとよい。

　また、統計ソフトウエアRには、これら3つのソフトウエアを扱うライブラリが開発されている。さらに、Rには、これらのソフトウエアで生成され

たマルコフ連鎖が、本当に目的としている事後分布に収束しているのかどうかを検証するためのライブラリ（たとえばcoda）も存在している。これらも同時に活用するとよいだろう。

④ おわりに

以上に見てきたようなベイジアンは、頻度主義では難しいモデルの推定[11]も容易に行えるし、パラメータの不確実性を取り込んだ予測——こちらの想定の方が現実的な文脈はたくさんあるだろう——の推定にもベイジアンは有用だ。このため、一部の分野（たとえばファイナンスの一部）では、ベイジアンが活発に利用されている。

ともあれ、ベイジアンの世界は、コンピューテーショナル・サイエンスの発達に伴い、日進月歩で発展している。たとえば、どのようなMCMCを走らせればよいかについてはさまざまな提案がなされてきており、もし自分で本格的に使うのであれば、ベイジアン統計学の教科書をきちんと読んで（しかも自分の手でMCMCを走らせてみて）勉強しなければならない。ベイジアンの教科書はいろいろあるが、たとえばGelman et al.（2014）が、わかりやすく、練習問題も豊富でおすすめだ。

【参考文献】

Gelman, Andrew, John B. Carlin, Hal S. Stern, David B. Dunson, Aki Vehtari and Donald B. Rubin（2014）*Bayesian Data Analysis*, 3rd ed., Chapman and Hall/CRC.

---

11) 本書では取り上げてこなかったけれども、マルチレベルモデル（multilevel model、階層型モデル〈hierarchical model〉とも呼ばれる）などが、その典型例だ。また、構造VARモデル、理想点推定（第25章）、変化点分析（change point analysis）なども、推定すべきパラメータの数が多いため、ベイジアンによる推定が有益である。

第27章 その他の分析手法
もう何も怖くない

本書の最終章では、これまで登場してこなかったけれども、実証分析に触れるうちにしばしば目にする実証分析手法について説明しておこう。以下では、いくつかの推定手法について説明した上で、ノンパラメトリックな手法をいくつか取り上げ、最後にその他にしばしば見かける分析手法を見る。そんな装備で大丈夫か？ 大丈夫だ、問題ない[1]。

① 推定手法

1.1 GMM

推定手法として最初に取り上げるのは、2013年のノーベル経済学賞受賞者の1人であるHansenが提唱した一般化モーメント法（generalized method of moments；GMM）だ。最近の経済学系大学院のコアカリキュラムでは、Hayashi（2000）を計量経済学のテキストとして採用することが多く、その結果、「GMM体系」とでも呼ぶべき発想を持った経済学者が多い。これは、同書が、GMMを推定手法の中心に据え、本書で説明してきたOLSやIVなどもGMMの特殊な場合として位置づけ、計量経済学全体をGMMで統一

---

[1] これももちろん、死亡フラグ。

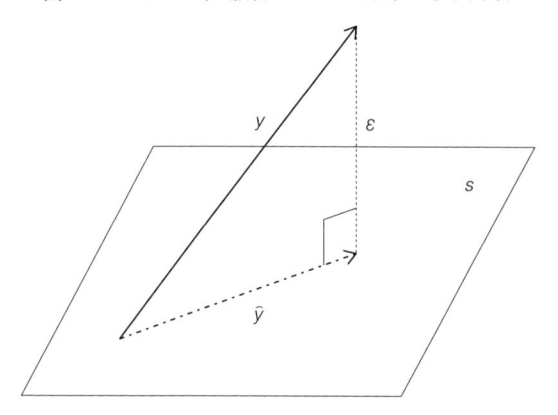

図27-1　GMM（一般化モーメント法）と直交条件

的に説明しているからだ。

　GMMの名称のベースになっているモーメント（積率）とは、平均（1次のモーメント）や分散（2次のモーメント）など、確率分布の形を決める一定の値だ。モーメント法は、母集団のモーメントについて成立しているはずの条件が、私たちの手元にある標本について計算されるモーメントにおいても同様に成立するはずだ、ということから推定する手法だ。……というのが一般的な説明だけれど、何を言っているのかわからないと思うので、もうちょっと直感的な説明をしよう。

　GMMでは、さまざまなモーメントの中でも、直交（orthogonality）条件と呼ばれるものが使われることが多い。この直行条件を直観的に理解するには、図27-1のような概念図を使うとわかりやすい[2]。

　今、目的変数 y をいくつかの説明変数によって構成される平面[3]（世界）S

---

2) 図27-1のような推定手法の理解の仕方を、幾何学的（geometric）アプローチと呼ぶ。このようなアプローチを採用する計量経済学の教科書としては、MacKinnon and Davidson（2003）がわかりやすくてすばらしい。
3) 写し取る先（数学的には写像と呼ばれる）が、2つの説明変数からなる場合（二次元）であれば、それは平面だが、それ以上の説明変数がある場合（多次元）には、このような形での図示はできない。しかし、背後に働くロジックは共通だ。

に写し取って推定値 $\hat{y}$ を得ることを考える。この場合、もっとも適切な $\hat{y}$ は、y から平面 S に対して垂線 ε を下ろすことで得られるだろう。とすれば、y の推定値 $\hat{y}$ の特徴は、$\hat{y}$ と ε とが直角に交わることに見出せる。これが直交条件だ。OLSの場合であれば（第4章）、残差と説明変数とが無相関という特徴が直交条件に該当するし[4]、IVの場合であれば（第20章）、操作変数の唯一経路条件が直交条件に該当する。

　あとは、この直交条件を満たすような形で連立方程式を解けば、パラメータの推定値が得られる。もっとも、たとえばIVにおいて、操作変数の個数が内生的な説明変数の個数よりも多い場合には（over identification、過剰識別）、解くべきパラメータの個数よりも連立方程式の数の方が多くなり、全ての直交条件を同時に満たすような解が存在しなくなる。そんな場合であっても、妥当な解を求めることができるのが[5]、通常のIVなどに比べたGMMの優れた点だ。

1.2　EL

　もう一つ、皆さんが実証分析を読む際に見かけるかもしれない推定手法が、経験尤度法（empirical likelihood；EL）だ。ELは、その名前から想像がつくように、MLE（最尤法：第13章）と関連している。

　第13章で見たように、MLEは、私たちの手元にあるデータの生成過程

---

[4] 第4章において、この無相関が成り立つのは、それが「説明変数を使ったもっとも上手な目的変数の説明をした」と言えることにつながるからだ、と説明されたことを思い出してほしい。これがまさに「もっとも適切な $\hat{y}$ を求める」作業だったわけだ。

[5] 連立方程式（これは数学的には行列）が全体としてもっとも0に近くなるように計算するわけだが、問題になるのは、1つ1つの方程式ごとに値の振れ幅はさまざまだということだ。たとえば、ある方程式の値は−1から1くらいまでしか動かないのに、別の方程式の値は−500から500くらいまで動くかもしれない。これらの方程式を「平等に」扱うために、それぞれの方程式の振れ幅の逆数（数学的にはモーメントの分散行列の逆行列）をウェイトとして掛け合わせる。問題は、このウェイトの推定だ。最初に全ての方程式に等しいウェイトを与えて（数学的には単位行列を使う）計算してみて振れ幅を推定した後、それ使ってウェイトを更新して再計算を行う、という2段階（two-step）GMMもあるし、この手続を一定の値に収束するまで反復する、繰り返し（iterated）GMMもある。

(DGP) について、一定の仮定を置くことによって推定を行うものだった。たとえば、通常の線形回帰モデルであれば誤差項が正規分布しているという仮定を置くし、ロジットモデルであればロジスティック分布、プロビットモデルであれば正規分布の仮定を置く。

けれども、このような分布に関する仮定が本当に世界の真実（これは私たちには観察できない）と整合しているかどうかはわからない。真実と違っていたら、MLE による推定は不正確な結果を導く。そこで、このような仮定を置かずに最尤推定をするのが EL だ。

このような特徴を持つ EL は、MLE のような仮定に依拠しないことや、GMM よりも一定の場面では優れた（バイアスの小さい）推定量が得られることから、理論計量経済学の最先端では注目されており、多くの研究が生み出されてきている。

しかし、GMM にしろ、EL にしろ、それらが他の推定手法より優れている点があるにもかかわらず、私たちが読む応用的（applied）な実証分析で出会うことは、それほど多くはない（GMM はそこそこ出会う）。その原因には、次のような背景がありそうだ。

応用的な実証分析でもっとも大事なのは、適切なデータを入手することだ。GMM や EL が有用になってくるのは、基本的に、操作変数の数が多いときなのだけれども、操作変数が大量に入手できるケースは、そう多くはない。それにそもそも、操作変数を入手できたとしても、それが本当に唯一経路条件を満たす適切な操作変数なのかを確かめることも難しい。それならば、いたずらに高尚（fancy）な推定手法を使って推定を行うよりも、第16章～第22章で見てきたような因果推論（causal inference）をきちんとおさえる方が、有用な実証分析ができる蓋然性が高い。因果推論の分野でも、多くの進展が日々なされている。法学で使う政策評価を中心とした応用的な実証分析での実用性を考えるなら、因果推論の分野における発達をフォローする方がより実際的なように思われる。

② ノンパラメトリックな手法

　統計学には、パラメトリック（parametric）な手法とノンパラメトリック（non parametric）な手法とがある（両者の中間にセミパラメトリック〈semi-parametric〉もある）。パラメトリックな手法とは、一定の関数形あるいは確率分布を仮定する分析手法で、ノンパラメトリックな手法とは、そのような仮定を置かない分析手法だ。ノンパラメトリックな手法とは、「データに素直に語らせる」頑健な手法だといえる。

　本書の中でもこれまで何度か出てきたし（第22章のノンパラメトリックRD、第24章のブートストラップ）、たった今登場したELもそうだ。ここでは、皆さんが見かけるかもしれないノンパラメトリックな手法のいくつかについて、解説していこう。

2.1　ブートストラップ

　1つ目は、第24章で言及したブートストラップだ。私たちが通常行う推測とは、手元にある標本（サンプル）から母集団の性質を探る作業だ。これに対し、ブートストラップにおいては、手元にある標本を再標本化（resampling）することによって得られた再標本を使って母集団の性質を探る[6]。ブートストラップがどのような手法なのかを、簡単な例で見てみよう。

　今、ある大学の1年生の英語クラス50名（この50名は、その大学の1年生全体からのランダムサンプリングになっていると仮定する）についてバイト等による年収を調べることで、1年生全体の年収の平均について知りたいとしよう。この場合の難点は2つある。まず、年収というデータは、正規分布ではなくかなり歪んだ分布をしている（0や低額が多く高額は少ない）ことが知られているから、正規分布を仮定して、母集団の平均の推定に関する標

---

[6] 頻度主義統計学においては、標本は、母集団からの繰り返しサンプリングによって得られたものと観念されている（第26章）ことを思い出してほしい。標本からの再標本化は、ちょうどこれと同じ手続を複製していることになる。

準誤差を計算することは不適切だ。また、このデータのサンプルサイズは50と比較的小さいので、母集団を上手く代表していない危険性がある。

これらの問題（未知の分布・小さなサンプルサイズ）があるときでも、ブートストラップを使えば、上手く標準誤差を計算できる可能性がある。ブートストラップにもいろいろなやり方があるが、もっとも単純なブートストラップは、次のような手順で行う。

[1] 手元のサンプルから、50個のデータを復元抽出する（＝たとえば1個目のデータとして X さんを取り出したら、X さんをサンプルに戻して、2個目のデータを抽出する。これを50回繰り返す。結果として、X さんが複数回抽出されることがあり得る）。
[2] こうして作られた再標本（ブートストラップ標本とも言う）の平均を計算する。
[3] [1]と[2]を多数回（たとえば1万回）繰り返し、それによって、平均の分布を近似する。
[4] [3]で得られた分布を使って、信頼区間の推定や仮説検定を行う。

「ブートストラップ」という名称は、あたかもブーツの靴紐をキュキュッと絞めていくかのように、何度もリサンプリングを行うことで推定値の分布に「あたり」をつけていくことからつけられた（諸説ある）。なお、繰り返しシミュレーションという点では、ブートストラップはモンテカルロ法の一種でもある。

ブートストラップは、ここで見たように、コンピュータの計算能力に頼った力業の推定手法だ。このため、一昔前まではあまり使用されなかった。しかし今日では、特定の分布に依拠しないノンパラメトリックな標準誤差などの推定が簡単に（あまり時間もかからずに）できるとして、多くの場所で使われている[7]。実証分析の読者としては、頑健な標準誤差（第11章）の上級

---

7) Rには、boot や bootstrap というパッケージがあるし、Stata でも多くの推定コマンドのオプションとしてブートストラップによる標準誤差の計算が使用できるし、bootstrap や bsample というコマンドもある。

版だ、という程度に思って読めばよいだろう。

2.2 Lowess/Loess

「ろーえす」(LOcally WEighted Scatterplot Smoothing または LOcal regrESSion の略) は、ノンパラメトリックな回帰分析手法の一つだ。たとえば OLS を使う場合、私たちは、説明変数と目的変数の間の関係が線形、すなわち、直線状の比例関係にあると仮定する。けれども、説明変数と目的変数との間の関係は、そんな単純ではないかもしれない。説明変数が増えるに従って、当初は目的変数も増えるが、その後減少し、また再度増加する、なんて関係かもしれない。

このようなさまざまな可能性を考慮するため、loess は次のような形でのデータへの当てはめを行う:

- データをたくさんの短い区間（band と呼ばれる）に分割する。
- その短い区間において、何らかのモデル（いろいろなものが使用可能）で回帰分析を行う。
- それらの局所的な回帰分析をなめらかにつなげる。

こうすれば、「データに語らせる」形での当てはめができる。band 幅を小さくすればよりクネクネとした当てはめが得られるし、band 幅を大きくすれば線形回帰に近くなる。たとえば、2012年の AKB48総選挙（選抜メンバーのみ）について、ジップの法則（第25章）の当てはめを、OLS（実線）と loess（破線）で行ってみたのが図27-2 だ。このケースでは、loess の方がより適切な当てはめになっていることが見て取れるだろう。言い換えれば、AKB48総選挙においては、ジップの法則が成立していないことになる（その原因については想像にお任せ）。

このように、特定の仮定に依拠しないという意味で強力な loess だけれども、応用的な実証分析で多く使われている手法であるとは言いにくい。これは、loess を使った場合、説明変数と目的変数の間の関係について1つの推定値が得られるのではなく、増えたり減ったりといった関数形になってしま

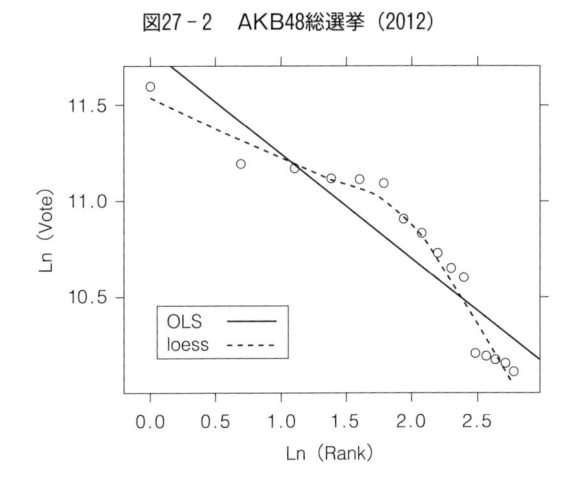

図27-2　AKB48総選挙（2012）

い、分析のインプリケーションが曖昧になりがちだからだ。けれども、少なくとも、分析の前段階において「目で（グラフを使って）見当をつける（eyeball）」段階では、loess は有用なツールになるだろう。

2.3　bounds アプローチ

ノンパラメトリックな手法の最後に、限界（bounds）アプローチについて簡単に紹介しておきたい。

bounds アプローチは、その名の通り、推定値が取り得る上限と下限を探っていく手法だ。通常のパラメトリックな推定手法が、特定のモデルに基づいてたった1つの推定値を計算していくのに対し、bounds アプローチでは、できるだけ少ない仮定に基づいて（「データに語らせる」）、推定値が取り得る範囲を計算する。そして、仮定を少しずつ増やしていくに従って、その範囲がどのように変化するかを調べる。

私たちが特定の法ルールの影響を測定するなど、政策評価に関心がある場合の多くは、たった1つの推定値があった方が判断を行いやすい。このため、応用的な実証分析において、bounds アプローチが利用されることは多くはない。けれども、bounds アプローチは、私たちの行う実証分析が、どのよ

うな仮定に基づいて推定を行い、それらの仮定によってどれだけ結論が左右されているのかを明らかにしてくれる。

boundsアプローチは、データに対して非常に真摯に向き合う分析手法だ。統計的な実証分析の手法を学んでいくどこかで、自分で実際に使うことはないにしても、boundsアプローチに触れてみることが望ましい。Manski (1995) がその代表的な著作であり、読みやすい。ある程度勉強が進んだ段階で Manski の考えに触れれば、きっと感動を覚えることだろう。

③ その他の手法

3.1 SUR

SURとは、見かけ上無相関の回帰 (seemingly unrelated regression) のことだ。まぁ滅多に見ることはない (のだけれど、つい最近見かけたので、説明する)。

通常の回帰分析では、1つの目的変数についてさまざまな説明変数で回帰する。けれども、複数の目的変数について同時に回帰分析を行いたい、というケースもあるだろう。このとき、一つ一つの回帰式が全く無関係であるのならば、一つ一つ別々に回帰分析を行えばよい。けれども、複数の回帰式の間に何らかの関連があると想定した方が自然な場合も多い。

このような場合に、複数の回帰式の誤差項の間に何らかの相関関係があると仮定して分析を行うのが、SURだ。つまり、それぞれの回帰式は、一見何ら関係もないように見えるけれども、ごく一部 (誤差項) だけ相関があると想定するわけである。

SURにおいては、誤差項の相関係数も推定されるので、その推定値を見れば、複数の回帰式 (の誤差項) の間に相関関係があるかないかがわかる。もし、SURを行ってみた結果、誤差項の間に相関関係がないとわかれば、その場合には、SURを使う必要はない (SURを使っても使わなくても結果は同じ) ことになる。しかし、あらかじめそう判断できない場合には、SURを使っておく方が安全だ。

3.2 主成分分析と因子分析

　主成分分析（principal component analysis；PCA）や因子分析（factor analysis）は、マーケティングや心理学、社会学などの分野で多用されている分析手法だ。どちらも数学的なメカニズムはよく似ている。

　主成分分析は、さまざまな説明変数を、互いに無相関な（＝直交する）複数の「主成分」に変換する。たとえば、ある大学で実施した授業評価アンケートを使って、授業の評価をしたいと考えよう。アンケートにはたくさんの項目（20個あるとしよう）があり、そのまま並べたのでは、どの授業がよくてどの授業が悪いのかを判断するのが難しい。授業の善し悪しを評価するための何らかの尺度を導入した方がよい。

　そこで、20個の項目（説明変数）を組み合わせた指数を作ることを考える。これが、主成分だ[8]。主成分は、説明変数の個数だけ計算されるが、通常は、その中でももっとも説明力の高い第1主成分と次の第2主成分だけを使う。この第1主成分と第2主成分に換算した各授業の「得点」を二次元平面上にプロットすれば、それぞれの授業の位置づけがわかりやすい。ここでは、20個の説明変数をたった2個に減らすことで、授業の良し悪しの判断がしやすくなったわけだ。

　もっとも、主成分分析によって推定された主成分それ自体には何ら意味がない。各主成分が何を意味するかについては、分析者が解釈するしかない。たとえば、第1主成分は、総合的な評価、第2主成分は授業のわかりやすさ、第3主成分は役立つかどうか、といった形で解釈できるかもしれない。

　ともあれ、主成分分析は、本書でこれまで登場した分析と違い、世界のあり方について何らかのモデルを前提として分析しようとするのではなく、どのようなモデルを使うべきか探索する局面で使う、いわば投網を投げてみるような分析手法だ。このため、口の悪い人は、主成分分析のことを「理論なき分析」とも呼ぶ。

　8）数学的には、データの行列を固有値分解して、固有値（eigen value）と固有ベクトル（eigen vector）を取り出すことになる。固有値が最大の固有ベクトルが第1主成分、その次が第2主成分……となる。

他方、因子分析は、主成分分析とはちょうど逆の発想に基づく分析手法だ。主成分分析が、目の前にあるデータから、新しい尺度＝主成分を合成することを目指すのに対し、因子分析は、目の前にあるデータが何らかの目に見えない要因によって合成されていると想定し、その隠れた要因＝因子をあぶり出すことを目指す。心理学など、私たちに直接観察できない心の中のあり方を探る場合に有用な分析手法だ。

　因子分析においては、第25章で登場したクラスター分析の場合と同様に、くくり出す因子の数をあらかじめ決めなければならない。また、因子分析によってくくり出された各因子をどのように解釈するかについて、因子分析自体は教えてくれない。各因子が、個別の変数とどのように関連しているか（因子負荷量〈factor loading〉）を見て、背後に隠された要因の意味を、分析者自身が解釈することになる。

3.3　欠損値の補完

　補完（imputation）については、因果効果の推定において登場した（第16章）けれども、本来の文脈は、サーベイなどにおける欠損値（missing value）の扱いだ。質問票などを使ったサーベイ調査では、回答者が全ての質問項目について回答してくれるとは限らない。回答し忘れる場合もあれば、収入に関する項目など回答したくない場合もあれば、回答がわからない（たとえば、「はい」でも「いいえ」でもなく、「わからない（Don't Know）」を選ぶ）場合もあるだろう。

　このような欠損値があった場合の対処方法の一つは、欠損値があるデータについては、サンプルから落としてしまって分析に使用しないことだ。欠損値が少なければ、この方法でも問題はない。しかし、質問項目が多い場合などに、欠損値があるデータをサンプルから落としていくと、分析に利用できるデータの数が激減しかねない。欠損値を含むデータであっても、欠損値以外の部分は多くの情報を有しているのだから、それを捨て去ってしまうのはもったいない。

　このような場合に、欠損値を他の値で代替してしまおう、というのが補完

だ。補完手法には、欠損値の発生原因に応じて、さまざまな手法がある[9]。補完をすることは、欠損値のあるデータも利用可能になるという利点があるけれども、欠損値を埋めるために、欠損していないデータを活用することになるから、真の値とは違う値が入ってしまい、バイアスのある推定値が得られてしまったり、標準誤差が狂ってしまったり（しばしば小さくなる）といった危険性もある。

このため、欠損値がある場合に補完を行うべきか否かは、分野や個人の趣味に応じて判断が異なる。一般的には、欠損値の割合が多い場合には補完を行うことがより望ましくなるけれども、そのような場合でも、補完を行った後の推定結果だけでなく、補完を行う前の推定結果も示すことで、頑健性を示すことが望ましい。

④ おわりに

最後に、実証分析に向き合う際の心構えを2つ述べておきたい。

まず、本書において、実証分析のさまざまな手法について説明してきたけれども、実証分析において重要なのは、それらの手法を利用する際の「理論」や「常識」だ。多くの実証分析の基本的なアイデアは、被説明変数の変化と説明変数の変化とを比較することにある。その分析がどのような変化を活用しているかをまずはしっかりと確認しよう。その上で、複数の変数の変化の間をつなぐ説明が、理論（経済学でも社会学でも心理学でも）あるいは常識によって説明できるかどうかを考える。逆に言えば、実証分析の信頼性を評価するためには、統計的な手法についての知識のみならず、理論と常識

9）欠損値の発生メカニズムには、完全にランダムなMCAR（missing completely at random）、何らかの変数に基づいて発生するMAR（missing at random）、欠損した変数に基づいて発生するNMAR（not missing at random：混同的な割り当てメカニズムに似ている）がある。MCARとMARは補完が比較的容易だが、NMARは難しい。補完については、RにおいてもStataにおいても、さまざまな手法が利用可能である（たとえば、RにはICEやMICEといったパッケージがある）。

がとても重要になってくる。統計的手法だけに頼ると簡単に死亡フラグが立ってしまうのだ。

　もう一つは、実証分析は万能の手段ではない、ということだ。実験が広く普遍的に利用可能な自然科学とは異なり、社会科学においては実験が行えないことが多い。さらに、観察データの入手も必ずしも容易ではないし、観察データを入手できたとしても、それが活用しやすいデータであるとは限らない。このため、社会科学においては、実証分析によって検証できる仮説よりも、検証できない仮説の方が圧倒的に多い。だから、「データによって裏付けられない仮説（たとえば立法論）には依拠しない」という態度をとることは非現実的だ。実証分析に過度の期待をかけることなく、間接的な証拠として活用したり、理論の一部の検証に活用したり（理論全体の正しさの推測に役立てる）するなど、現実的で有効な活用方法を模索していくべきだ。

【参考文献】

Hayashi, Fumio (2000) *Econometrics*, Princeton University Press.

MacKinnon, James G. and Russell Davidson (2003) *Econometric Theory and Methods*, Oxford University Press.

Manski, Charles F. (1995) *Identification Problems in the Social Sciences*, Harvard University Press.

索引

英字

AIC → 赤池情報量基準
BHAR (buy-and-hold abnormal return) 280
BLUE 114
Breusch-Pagan テスト 124
defier → ひねくれ者
differences-in-differences (DD, DID) 200
differences-in-differences-in-differences (DDD) 207
Efron 法 171
EL → 経験尤度法
exact 法 171
Fama-French の 3 ファクターモデル 280
F 分布 82
F 値 (F-statistic) 92
FE → 固定効果法
GLS → 一般化最小二乗法
GMM → 一般化モーメント法
Hausman 検定 219
Heckman の 2 段階推定 (Heckman's two-step) 259
IIA (independence of irrelevant alternatives) 155
Jensen の α 280
K 平均 (K means) 法 293
LATE → 局所的平均処置効果
Loess 316
Lowess 316
MCMC 305
MLE → 最尤法
Newton-Raphson 法 143
n-gram 289
OLS → 最小二乗法
p 値 (p-value) 79
R^2 → 決定係数
RD (regression discontinuity) 246
　　Fuzzy —— 249
　　Sharp —— 247
RE → ランダム効果法
roll call vote 293
Rubin の因果モデル (Rubin Causal Model) 179
SUR → 見かけ上無相関の回帰
SUTVA (stable unit-treatment-value assumption) 181
synthetic control → 合成コントロール
t 値 (t-statistic) 85
t 検定 82
unigram 289
White テスト 124
WLS → 重み付き最小二乗法
wordfish 295
wordscores 294
z 値 (z-statistic) 85, 152

ア 行

赤池情報量基準（Akaike information criterion；AIC）147
異常値（outlier）117
異常リターン（abnormal return；AR）276
1段階目の回帰分析（first stage）227
一様分布（uniform distribution）34, 133
一致性（consistency）114
一般化最小二乗法（Generalized Least Squares；GLS）126
一般化モーメント法（generalized method of moments；GMM）310
イベントウインドウ（event window）274
イベントスタディ（event study）273
イベントヒストリー分析（event history analysis）164
因果関係（causation）23
因果効果（causal effect）177
　　──の推定（causal inference）177
　　──を推定する際の根本的な難しさ　180
因子分析　320
インテリジェンス事件高裁決定　69
打ち切り（censoring）166
オッカムの剃刀　63
オッズ（odds）136
　　──比　155
重み付き最小二乗法（Weighted Least Squares；WLS）125

カ 行

回帰　38
　　──直線（regression line）42
回帰分断　→ RD
外生性　228
外生的ショック（exogenous shock）229
階層化（stratification）185
外的妥当性（external validity）242
χ^2分布　82
下位分類化（subclassification）185
確率変数（random variable）32
確率密度関数（probability density function）32
過剰識別（over identification）312
仮説検定（hypothesis testing）76
加速ハザード（accelerated failure time；AFT）モデル　169
片側検定（one-sided test）80
傾き（slope）39
カレンダータイムポートフォリオ（calender time portfolio）280
頑健性（robustness）17
頑健な標準誤差（robust standard error）122
観察データ（observational data）184, 265
観察不能項（unobserved term）41
完全な（perfect）多重共線性　88
感度（sensitivity）17
関連性（relevance）231
機械学習（machine learning）291
棄却域（rejection region）80
期待値（expectation）33
ギブス・サンプラー（Gibbs sampler）307
帰無仮説（null hypothesis）76
　　──を棄却する（reject）77
　　──を棄却できない（fail to reject）77
逆ミルズ比（inverse Mills ratio）262
共役事前分布（conjugate prior）305
教師つき学習（supervised learning）291
教師なし学習（unsupervised learning）292
強制変数（forcing variable）248
共分散（covariance）31
　　──行列（variance-covariance matrix）121
共変量（covariate）184
局所的平均処置効果（local average treatment effect；LATE）236
距離基準（distance metric）193
切り捨て（truncation）166
均一分散（homoskedasticity）119
空間相関（spatial correlation）121
区間推定　73
クラスター分析（clustering）292

索　引

クラスタリング（clustering）　214
繰り返しサンプリング　301
クロスセクションデータ　56
経験尤度法（empirical likelihood；EL）　312
傾向（trend）　20
経済的に重要（*economically* significant）　90
継続変数（running variable）　248
形態素解析　289
系列相関（serial correlation）　121
欠測値（missing data）　116
決定係数（R^2）　61
　　adjusted ――（修正済み決定係数）　63
　　centered ――　69
　　pseudo ――（擬似決定係数）　146
　　uncentered ――　69
欠落変数バイアス（omitted variable bias）　110
限界（bounds）アプローチ　317
交差項（interaction term）　100
合成コントロール（synthetic control）　196
構造推定（structural estimation）　240
　　――派（structuralist）　240
公表バイアス（publicity bias）　19
項目応答理論（item response theory；IRT）　295
効率的（efficient）　114
コーパス（corpus）　285
誤差項（error term）　41
コックス比例ハザード（Cox proportional hazard；Cox PH）　170
固定効果法（fixed effects；FE）　212
古典的統計学　297
コンテント分析（content analysis）　286
コントロール（対照）　179
　　――群における平均因果効果・処置効果（average causal/treatment effect on control；ACEC/ATEC）　190
コントロール変数（controlled variable）　39

サ 行

最高事後密度区間（highest posterior density interval）　303
最小二乗法（ordinary least squares；OLS）　42
最尤法（maximum likelihood esrimation；MLE）　140
サバイバル分析（survival analysis）　164
サポートベクターマシーン（support vector machine）法　291
残差（residuals）　43
サンドイッチ標準誤差　122
シェーンフェルド残差（Schoenfeld residuals）　172
識別条件 → 判別条件
時系列クロスセクション（time series cross section；TSCS）　222
時系列データ　56
次元の呪い（curse of dimensionality）　194
事後確率（posterior probability）　299
事後分布（posterior distribution）　299
指数（exponential）ハザード　168
事前確率（prior probability）　298
自然実験（natural experiment）　230
　　――派（natural experimentalist）　240
自然対数　49
事前分布（prior distribution）　298
実験データ　265
実験派（experimentalist）　240
実行可能一般化最小二乗法（Feasible Generalized Least Squares；FGLS）　126
質的変数（qualitative variable）　95
ジップの法則（Zip's law）　290
資本資産評価モデル（CAPM）　279
重回帰（multiple regression）　53
従属変数（dependent variable）　39
自由度（degree of freedom）　75
周辺分布（marginal distribution）　305
主観確率（subjective probability）　303
主成分分析（principal component analysis；PCA）　319
順序プロビット（ordered probit）　154
順序ロジット（ordered logit）　154

325

情報行列（information matrix） 151
情報を持たない事前分布（無情報事前分布、uninformative prior） 304
除外制約（exclusion restriction） 228
処置（treatment） 179
　――群における平均因果効果・処置効果（average causal/treatment effect on treated；ACET/ATET） 190
信頼区間（confidence interval；CI） 74
信頼度（confidence level） 74
推定（estimation） 42, 72
　――ウインドウ（estimation window） 275
スクレイピング（scraping） 287
スケーリング（scaling） 293
スチューデントの t 分布 34
素直な人（complier） 237
正確マッチング（exact matching） 194
正規分布（normal distribution） 34
政策評価（policy evaluation） 2, 177
正常リターン（normal return） 276
生存率関数（survival rate function, survivorship function） 165
切片（intercept） 39
　――なしモデル 67
説明変数（explanatory variable） 39
セミパラメトリック（semi-parametric） 314
線形（linear） 39
　――確率モデル（Linear Probability Model；LPM） 130
潜在的結果（potential outcome） 179
潜在変数（latent variable） 137
選択バイアス（selection bias） 6, 260
専門委員制度 71
相関関係（correlation） 23, 29
相関係数 31
操作変数（instrumental variable；IV） 223
　強い（strong）―― 231
　弱い（weak）―― 231
　悪い（wrong）または無効な（invalid）―― 229
相対ハザード（relative hazard） 170

測定誤差（measurement error） 4, 116
存続モデル（duration model） 164

タ 行

大数の法則（law of large numbers） 36
対数変換 51
タイプ 1 エラー（type I error） 78
タイプ 2 エラー（type II error） 78
対立仮説（alternative hypothesis） 76
代理変数（proxy） 4, 115
多項式（polynomial） 100
多項プロビット（multinominal probit；MNP） 155
多項ロジット（multinominal logit；MNL） 155
多重共線性（multicollinearity） 88
脱落率（failure rate） 165
ダミー変数（dummy variable, binary variable） 96
　――法 214
単回帰（simple regression） 53
単純ベイズ（naïve Bayes）法 291
単調性（monotonicity） 238
弾力性（elasticity） 52
中心極限定理（central limit theorem） 34
直交条件（orthogonality） 311
常に処置を受けない人（never-taker） 238
常に処置を受ける人（always-taker） 238
定性的な実証分析 3
定量的な実証分析 3
データ生成プロセス（data generating process；DGP） 112, 147
テキストマイニング（text mining） 286
統計的推測（statistical inference） 35
統計的に有意（*statistically* significant） 77, 90
同時決定性（simultaneity） 217
同時分布（joint distribution） 305
同時方程式（simultaneous equation） 224
トービット（Tobit） 172
独立変数（independent variable） 39
トレンド 219

索　引

ナ　行

内生性（endogeneity）　217, 223
内生的（endogenous）　183
内的妥当性（internal validity）　242
ナカリセバ価格　276, 282
二段階最小二乗法（two-stage least squares；2SLS）　226
2段階目の回帰分析（second stage）　227
ノンパラメトリック（non-parametric）　314

ハ　行

バイアス（bias）　36
ハザード関数（hazard function）　165
パネルデータ　57
パラメトリック（parametric）　314
バランス　185
パワー（power）　78
反事実（counterfactual）　180
判別条件（identification assumption）　196, 200, 204, 216, 228
被説明変数（explained variable）　39
非線形（nonlinear）モデル　135
ひねくれ者（defier）　237
標準誤差（standard error；SE）　84
標準偏差（standard deviation）　28, 34
標本（sample）　35
　　——分散　36
　　——分布（sampling distribution）　35
比例ハザード（PH）　170
　　——テスト　172
頻度主義（frequentist）　297
頻度分布（histogram）　26
フィールド実験（field experiment）　184
ブートストラップ（bootstrap）　278, 314
プールされたクロスセクション（pooled cross section）　56
不均一分散（heteroskedasticity）　121
負の二項分布（negative binominal distribution）　148
不偏性（unbiasedness）　113
不偏（unbiased）分散　36
プラセボ（placebo）コントロール群　206
不連続回帰 → RD
プログラム評価（program evaluation）　177
ブロック化（blocking）　185
プロビット（probit）　135
プロペンシティ（傾向）スコア（propensity score）　195
分散（variance）　28, 34
平均（mean）　26
平均因果効果（average causal effect；ACE）　181
平均処置効果（average treatment effect；ATE）　181
並行トレンド（parallel trend）　202
ベイジアン（ベイズ主義、Bayesian）　297
ベイズの定理　299
ベイズファクター（Bayes factor）　302
ベースカテゴリ　96, 155
ベースラインハザード（baseline hazard）　170
ヘシアン行列（Hessian matrix）　151
偏差　31
　　——積　31
ポアソン分布（Poisson distribution）　148
他の条件を一定とした上で（ceteris paribus）　54
補完（imputation）　182, 320
母集団（population）　35
ボラティリティ　28

マ　行

マーケットモデル　276
マッチング（matching）　189
マルコフ連鎖　306
マルチファクターモデル　280
見かけ上無相関の回帰（seemingly unrelated regression；SUR）　318
密度分布（density plot）　26
メディアン（median）　27
メトロポリス＝ヘイスティング法（Metropolis-Hastings algorithm）　307

モーメント（積率）　311
目的変数（response variable）　39
モンテカルロ・シミュレーション（Monte Carlo simulation；MC）　111

ヤ　行

唯一経路（only through）条件　228
有意水準（significance level）　78
尤度（likelihood）　142, 299
　——関数（likelihood function）　142
　——比検定（likelihood ratio test；LR test）　146
対数——関数　143
ユニット間変化（between variation）　215
ユニット内変化（within variation）　215
ユニット平均値除去法　214
予測値（fitted value）　43

ラ　行

ランダム化比較対照実験（randomized controlled trial；RCT）　183
ランダム効果法（random effects；RE）　218
ランダムフォレスト（random forest）法　291
ランダム割当　5, 15
離散変数（discrete variable）　95
理想点（ideal point）　294
両側検定（two-sided test）　80
量的テキスト分析（quantitative text analysis）　286
臨界点（critical value）　80
累積異常リターン（cumulative abnormal return；CAR）　277
累積分布関数（cumulative distribution function）　32
連続変数（continuous variable）　95
ロジスティック分布　135
ロジット（logit）　135

ワ　行

ワイブル（Weibull）ハザード　168
割当メカニズム（assignment mechanism）　181
　混同的でない（unconfounded）——　183
　混同的な（confounded）——　182

● 著者紹介

森田果（もりた・はつる）
1997年東京大学法学部卒業。同大学大学院法学政治学研究科助手、東北大学大学院法学研究科助教授、シカゴ大学ロースクール客員准教授等を経て、2015年より東北大学大学院法学研究科教授。専門は商法、実証分析。
[著書]『金融取引における情報と法』（商事法務、2009年、第5回商事法務研究会賞受賞）、『支払決済法——手形小切手から電子マネーまで〔第2版〕』（共著、商事法務、2014年）、『法学を学ぶのはなぜ？——気づいたら法学部、にならないための法学入門』（有斐閣、2020年）

実証分析入門——データから「因果関係」を読み解く作法

● ──── 2014年6月20日　第1版第1刷発行
　　　　　2023年6月15日　第1版第12刷発行
著　者──森田果
発行所──株式会社　日本評論社
　　　　東京都豊島区南大塚3-12-4　振替 00100-3-16
　　　　電話 03-3987-8621（販売）, 03-3987-8595（編集）
　　　　https://www.nippyo.co.jp/
印刷所──精文堂印刷
製本所──井上製本所
装　幀──林健造
検印省略　©MORITA Hatsuru, 2014
Printed in Japan
ISBN 978-4-535-55793-2

JCOPY　〈(社)出版者著作権管理機構　委託出版物〉
本書の無断複写は著作権法上での例外を除き禁じられています。複写される場合は、そのつど事前に、(社)出版者著作権管理機構（電話：03-5244-5088、FAX：03-5244-5089、e-mail：info@jcopy.or.jp）の許諾を得てください。また、本書を代行業者等の第三者に依頼してスキャニング等の行為によりデジタル化することは、個人の家庭内の利用であっても、一切認められておりません。

経済学の学習に最適な充実のラインナップ

入門 経済学 [第4版] 伊藤元重／著　　　　　　　　　(3色刷)3300円	**例題で学ぶ 初歩からの経済学** 白砂堤津耶・森脇祥太／著　　　　　3080円
ミクロ経済学 [第3版] 伊藤元重／著　　　　　　　　　(4色刷)3300円	**例題で学ぶ 初歩からの計量経済学** [第2版] 白砂堤津耶／著　　　　　　　　　3080円
マクロ経済学 [第2版] 伊藤元重／著　　　　　　　　　(3色刷)3080円	**例題で学ぶ 初歩からの統計学** [第2版] 白砂堤津耶／著　　　　　　　　　2750円
経済学入門 奥野正寛／著　　　　　　　　　　　　2200円	**入門 公共経済学** [第2版] 土居丈朗／著　　　　　　　　　　　3190円
ミクロ経済学 上田 薫／著　　　　　　　　　　　　2090円	**入門 財政学** [第2版] 土居丈朗／著　　　　　　　　　　　3080円
計量経済学のための統計学 岩澤政宗／著　　　　　　　　　　　　2200円	**経済学を味わう** 東大1,2年生に大人気の授業 市村英彦・岡崎哲二・佐藤泰裕・松井彰彦／編　1980円
計量経済学 岩澤政宗／著　　　　　　　　　　　　2200円	**しっかり基礎からミクロ経済学** LQアプローチ 梶谷真也・鈴木史馬／著　　　　　2750円
ゲーム理論 土橋俊寛／著　　　　　　　　　　　　2420円	**ミクロ経済学** 戦略的アプローチ 梶井厚志・松井彰彦／著　　　　　2530円
財政学 小西砂千夫／著　　　　　　　　　　　2200円	**入門マクロ経済学** [第6版] (4色刷) 中谷 巌・下井直毅・塚田裕昭／著　3080円
マーケティング 西本章宏・勝又壮太郎／著　　　　　2200円	[改訂版] **経済学で出る数学** 尾山大輔・安田洋祐／編著　　　　2310円
ミクロ経済学入門 清野一治／著　　　　　　　　　(2色刷)2420円	**計量経済学のための数学** 田中久稔／著　　　　　　　　　　　2860円
マクロ経済学入門 [第3版] 二神孝一／著　　　　　　　　　(2色刷)2420円	**最新 日本経済入門** [第6版] 小峰隆夫・村田啓子／著　　　　　2750円
ミクロ経済学の力 神取道宏／著　　　　　　　　　(2色刷)3520円	**経済論文の書き方** 経済セミナー編集部／編　　　　　2200円
ミクロ経済学の技 神取道宏／著　　　　　　　　　(2色刷)1870円	**大学生のための経済学の実証分析** 千田亮吉・加藤久和・本田圭市郎・萩原里紗／著　2530円

日評ベーシック・シリーズ / 新エコノミクス・シリーズ

※表示価格は税込価格です。

〒170-8474 東京都豊島区南大塚3-12-4　TEL：03-3987-8621　FAX：03-3987-8590　**日本評論社**
ご注文は日本評論社サービスセンターへ　TEL：049-274-1780　FAX：049-274-1788　https://www.nippyo.co.jp/